AF474186

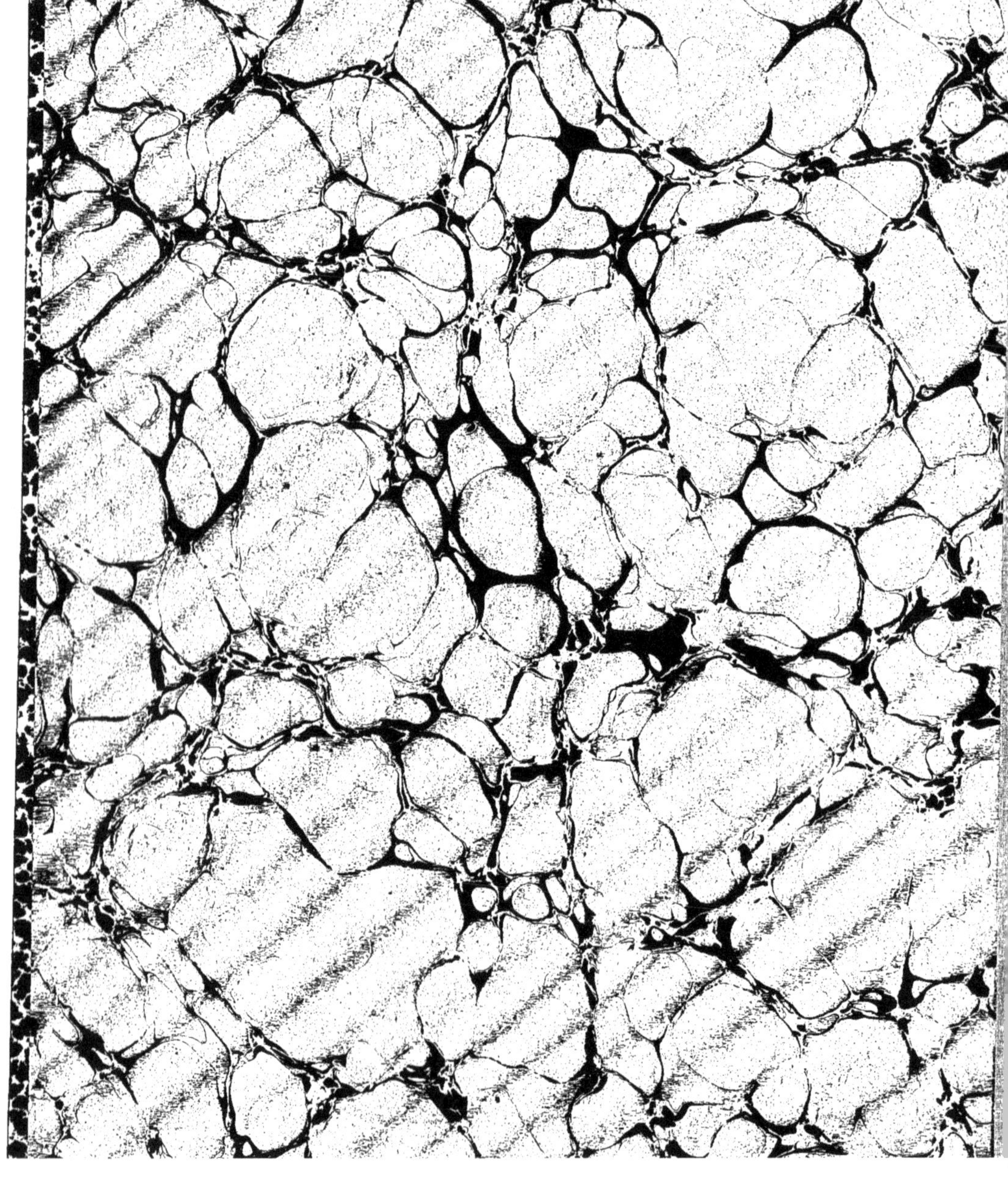

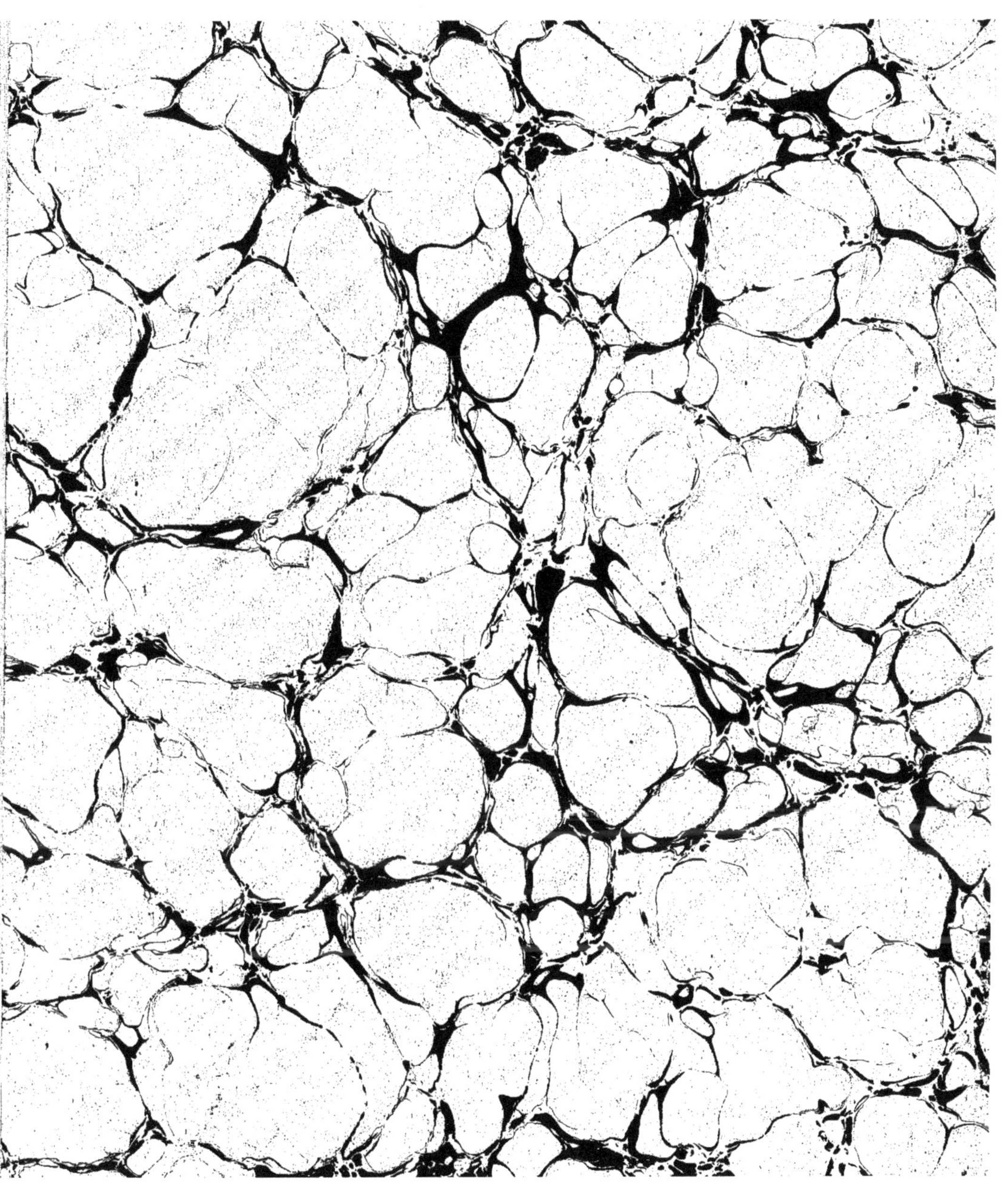

ARCHIVES

DE LA

VILLE DE MONTPELLIER

INVENTAIRES ET DOCUMENTS

TOME PREMIER — PREMIER FASCICULE

NOTICE SUR LES ANCIENS INVENTAIRES DES ARCHIVES MUNICIPALES DE MONTPELLIER

PAR

FERDINAND CASTETS
Maire de Montpellier, Doyen de la Faculté des Lettres

JOS. BERTHELÉ
Chargé de la haute direction des Archives de Montpellier

MONTPELLIER
IMPRIMERIE SERRE ET ROUMÉGOUS, RUE VIEILLE-INTENDANCE

1895

ARCHIVES

DE LA

VILLE DE MONTPELLIER

INVENTAIRES ET DOCUMENTS

ARCHIVES

DE LA

VILLE DE MONTPELLIER

INVENTAIRES ET DOCUMENTS

PUBLIÉS PAR LES SOINS DE L'ADMINISTRATION MUNICIPALE

TOME PREMIER

NOTICE SUR LES ANCIENS INVENTAIRES

INVENTAIRE DU GRAND CHARTRIER

MONTPELLIER

IMPRIMERIE SERRE ET ROUMÉGOUS, 5, RUE DE LA VIEILLE-INTENDANCE

1895-1899

INTRODUCTION

NOTICE SUR LES ANCIENS INVENTAIRES

DES ARCHIVES MUNICIPALES DE MONTPELLIER

LES ANCIENS INVENTAIRES

DES

ARCHIVES MUNICIPALES DE MONTPELLIER

Les Archives de la Ville de Montpellier sont, comme le mot l'indique, le dépôt où pendant des siècles on a centralisé les chartes et documents de toute sorte, qui définissaient les droits, les obligations, les usages et règlements de la Cité, ainsi que les actes officiels émanant des pouvoirs constitués. La vie municipale, dans son intimité et dans ses rapports avec les autorités extérieures, s'y est ainsi reflétée année par année. Grâce à son heureux climat, au culte traditionnel des Lettres, des Sciences et des Arts, à la réputation de sa florissante Université, à un commerce étendu qui justifiait l'expression de « l'or de Montpellier », si fréquente dans les Chansons de geste, à de fécondes institutions hospitalières, grâce enfin à un esprit de sage initiative et à un ensemble d'aptitudes et de qualités, que personnifient, depuis la Révolution, les noms de Cambacérès, de Cambon, d'Auguste Comte, des Renouvier, de Balard, de Cabanel et de Paladilhe, Montpellier a toujours tenu et tient encore une place importante parmi les villes méridionales, et l'on peut dire que les longues suites de textes, de valeur inégale, mais toujours témoins fidèles du passé, qui sont aujourd'hui conservées à la Tour des Pins, présentent un très réel intérêt, aussi bien pour l'histoire générale que pour l'histoire locale.

Le classement actuel (1) et l'existence de plusieurs anciens inventaires manuscrits avaient seuls permis jusqu'ici de consulter les Archives de Montpellier. La Municipalité a pensé qu'il y aurait avantage à fournir au public des instruments de recherches d'un usage plus facile et, au mois de décembre 1894, un crédit annuel a été inscrit au budget pour la publication d'une série d'*Inventaires* et de *Documents* (2).

(1) Sur les dispositions matérielles de ce classement, — qui est en majeure partie l'œuvre de feu M. L. DE LA PIJARDIÈRE, ancien archiviste du département de l'Hérault, — cf. GRAND (E.-Daniel), ancien archiviste de la ville de Montpellier, *Archives municipales, Récolement (février 1889)*, dans le *Bulletin municipal de la ville de Montpellier*, 9e année, nos 8 et 9, août et septembre 1889, pp. 833 à 869; tiré à part (à 250 exempl.) sous le titre : *Récolement des archives municipales*, in-8° de 39 pp. (Montpellier, imp. Serre et Ricôme, 1889).

(2) Cf. *Ville de Montpellier*, *Budget de 1895* (supplément au *Bulletin municipal* des mois de décembre 1894 et janvier 1895), pp. 53-54, art. 18.

Conformément à l'avis de la Commission spéciale des Archives (1), il a été décidé que cette publication débuterait par le plus considérable et le plus fréquemment consulté des anciens inventaires, celui que l'historiographe Pierre Louvet a consacré en 1662-1663 au fonds important dit des *Grandes Archives* ou du *Grand Chartrier.* Ce choix n'a pas été dicté seulement par le désir de rendre cet inventaire d'une lecture et d'un maniement plus aisés et d'en assurer la conservation ; on a voulu en même temps mettre à la portée des érudits et des curieux, étrangers à Montpellier, un document très précieux en lui-même par les nombreux renseignements historiques qu'il contient, et qui se trouve par surcroît présenter une importance bibliographique toute particulière, en raison de la date où il a été établi.

D'autres inventaires, anciens ou nouveaux, suivront celui de Louvet, et parallèlement des textes importants seront publiés. A côté du *Petit Thalamus* et du *Liber Instrumentorum* déjà édités (2), d'autres recueils (tels que le *Grand Thalamus*, le *Livre noir*, etc.) et de nombreux documents méritent l'attention des érudits et intéresseront tous ceux qui aiment à suivre dans l'histoire particulière d'une ville les changements que le temps et les événements politiques apportent aux usages et aux institutions (3).

Il a paru utile de faire précéder cette collection d'inventaires et de documents, dont l'œuvre de Louvet formera le tome premier, d'une notice sur les divers inventaires des Archives de Montpellier du XIIIe au XVIIIe siècle, notice à laquelle se joindront naturellement quelques détails sur les locaux dans lesquels ces Archives ont été ou sont actuellement conservés. Dans sa simplicité et sa sécheresse, cette étude de bibliographie rétrospective présentera au lecteur une sorte d'histoire sommaire (4) de la collection de titres formée par la Ville depuis le XIIe siècle et qui nous est parvenue pour ainsi dire sans lacunes.

(1) La Commission des Archives municipales a été instituée par arrêté de M. E. Bertrand, maire de Montpellier, en date du 15 février 1871. Par le même arrêté, M. ACHILLE MONTEL était « chargé de la révision et du catalogue des archives de la commune ». — En 1871, cette Commission n'était composée que de MM. *A. Germain*, doyen de la Faculté des Lettres, *E. Thomas*, archiviste du département, et *C. de Tourtoulon*.

Réorganisée au mois de juin 1889, elle se compose aujourd'hui de MM. *Berthelé*, archiviste du département; *Castets*, doyen de la Faculté des Lettres; *Cauvet*, président honoraire à la Cour d'appel; *Chabaneau*, professeur de philologie romane à la Faculté des Lettres; *Coste*, ancien maire de Montpellier, membre de la Société archéologique; *Fécamp*, bibliothécaire universitaire; *Gachon*, professeur d'histoire à la Faculté des Lettres; *Gaudin*, bibliothécaire de la ville; *Grasset-Morel*, secrétaire de la Société archéologique; *Léon-G. Pélissier*, professeur d'histoire à la Faculté des Lettres, et *Vigié*, président de la Société archéologique, doyen de la Faculté de Droit.

(2) *Thalamus parvus, le Petit Thalamus de Montpellier*, publié pour la première fois, d'après les manuscrits originaux, par la Société archéologique de Montpellier. (Montpellier, imp. Martel, 1840, 1 vol. in-4° de LXIX-653 pp.)

ACH. MONTEL, *Archives de Montpellier, le Mémorial des Nobles*, dans la *Revue des Langues romanes*, tome IV, 1873, pp. 481 à 501; tome V, 1874, pp. 40 à 79 et 237 à 273; tome VI, 1875, pp. 39 à 67. — A. GERMAIN, *Liber Instrumentorum memorialium, Cartulaire des Guillems de Montpellier*, publié d'après le manuscrit original par la Société archéologique de Montpellier. (Montpellier, impr. Martel, 1884-1886, 1 vol. in-4° de LXX-850 pp.).

(3) Pour contribuer à cet ordre de publications, la Municipalité a déjà fait préparer la copie des Procès-verbaux du Corps de Ville, de 1750 à 1789.

(4) Cette histoire n'a été jusqu'ici que très partiellement esquissée. — En 1851, Germain a donné une *Note sur les Archives de la commune de Montpellier*, dans le tome I de son *Histoire de la commune de Montpellier*, pp. 297 à 299. — De 1870 à 1872, Achille Montel a publié, dans la *Revue des Langues romanes*, trois inventaires des XIIIe et XIVe siècles que nous aurons à citer.

I

LES INVENTAIRES ANTÉRIEURS A 1662

PREMIER INVENTAIRE DES ARCHIVES DE LA COMMUNE CLOTURE.— 1264.

Le plus ancien inventaire des Archives municipales de Montpellier, qui nous soit parvenu, remonte au troisième quart du XIIIe siècle. Il forme un des chapitres du *Livre* dit *des Privilèges des Ouvriers* (1), rédigé en 1264 (2). Il est très bref, — quatre pages et 1/2 environ, de petit format (3),— et n'embrasse qu'une partie des titres intéressant la Ville : — ceux qui se référaient spécialement à l'*Œuvre de la Commune Clôture* (4).

Vingt-cinq articles seulement le composent, qui contiennent l'analyse très brève et sans aucune indication chronologique précise, d'une quarantaine de chartes, relatives aux franchises et libertés de l'OEuvre,— aux portails de la Saunerie, de St-Gély, du Peyrou, de Montpelliéret, etc.,— à l'es-

(1) Ce *Livre des Privilèges des Ouvriers* était autrefois conservé dans le fonds dit des *Archives du greffe de la Maison consulaire*, armoire *G*, sac *F*, n° *197*.— Il porte aujourd'hui la cote *EE. 1*.— Joffre le décrit ainsi : «un petit livre en feuillets de parchemin com- » menceant... au fol. 15 par un acte de 1261 et finissant... au fol. 60, » en l'année 1517, contenant en latin et en vulgaire les ordres observés » aux eslections des dits Ouvriers et de leur Escuyer, avec certain » dénombrement de leurs esmolumens, ensemble création du Baille » de Montpellier et autres actes concernant les Privilèges de la ditte » ville, le dit livre couvert de bazane noire sur bois et cotté par » n° *197*.» (Archiv. municip. de Montpellier, *II*. 11, fol. 96 r°).

Les parties en langue romane de ce manuscrit ont été publiées : — cf. ACHILLE MONTEL, *Archives de Montpellier*, I. *Le Livre des Privilèges de la Commune Clôture*, dans la *Revue des Langues romanes*, tome II (1871), pp. 65 à 108, tiré à part, in-8° de 28 pp.

(2) «... En l'an de la... encarnation mil CC LXIIII.... foron elegut e fag obrier de la vila de Monpeslier.... li qual feron aquest libre....» (Archiv. municip. Montp. *EE. 1*, fol. 15 v° ; cf. *Revue des langues romanes*, tome II, pp. 85, 87, 90 et 91.)

(3) *EE. 1*, fol. 25 r° à 27r° ;— ACH. MONTEL, *Revue des Langues romanes*, tome II, pp. 97 à 99.— Nous reproduisons ces quatre pages et demie en fac-similé phototypique (pp. V, VIII, IX, XIII et XVI).

(4) « Ces... magistrats populaires, au nombre de sept, étaient pris annuellement un dans chaque échelle et dans les divers corps de métiers. Ils avaient pour mission de veiller, toujours sous le patronage des Consuls majeurs, à l'entretien des murs et des fossés, comme aussi d'ouvrir et de fermer les portes de la ville, soit de jour, soit de nuit...

»Les fonctions des Ouvriers de la Commune Clôture sont nettement énumérées dans les lettres de Charles V, du 26 mars 1374, publiées à la page 100 du tome VI des *Ordonnances des Rois de France*, et qui ont pour but d'autoriser ces Ouvriers à étendre sur les murailles et les fortifications des faubourgs de Montpellier le droit d'inspection qu'ils exerçaient précédemment sur celles de la ville proprement dite. « Cum ipsi et predecessores sui in dictis offi- » ciis », dit Charles V dans ces lettres, « tam ex privilegio seu conces- » sione dominorum olim dicte ville, quam ex usu antiquissimo, hab- » uerint et habeant jus, potestatem et auctoritatem custodiendi, te- » nendi et regendi claves portarum principalium et turrium, ac alio- » rum fortaliciorum, murorum et clausure antique dicte ville, ac fos- » sata seu vallata a parte exteriori ipsorum murorum facta, et etiam » spacia duodecim palmorum dictis muris a parte anteriori, et alio- » rum duodecim palmorum scame dictorum fossatorum a parte exte- » riori ipsorum contiguorum, in toto circuitu dicte ville ; dictasque » januas claudendi et aperiendi de die et de nocte, prout secundum » occurenciam vel necessitatem temporum eis videtur faciendum ; » necnon propria auctoritate ipsorum eradicandi, diruendi et tota- » liter amovendi quascumque arbores, edificia et alia impedimenta » quecumque, si que per quoscumque ibidem fieri vel apponi contin- » gat ; dictosque muros, turres et fortalicia construendi, fortificandi » et reparandi ; Nos, etc.» (A. GERMAIN, *Histoire de la Commune de Montpellier*, tome I, pp. 174-175.)

pace de douze pans qui devait être laissé libre le long des remparts, du côté de la ville, — aux carrières d'où les Ouvriers pouvaient faire tirer la pierre qui leur était nécessaire,— aux revenus et immeubles qui leur avaient été légués,— aux concessions faites par eux, etc.

Ces diverses pièces sont inventoriées uniquement au point de vue du « profich » qu'elles présentent. Dès 1264, on constate cette préoccupation d'*utilité pratique* qui caractérise, à Montpellier comme ailleurs, les inventaires d'archives du moyen âge et de l'ancien régime. C'est, en effet, dans une mesure fort restreinte qu'antérieurement à la Révolution, les archives ont été inventoriées avec le souci de la *curiosité historique*, qui caractérise le travail analogue fait au XIXe siècle sur les mêmes documents.— On ne conservait guère les archives alors que pour pouvoir s'en servir à l'occasion, et si on les répertoriait, ce n'était que pour éviter la dispersion et la disparition de privilèges, de titres de possessions, de pièces de comptabilité, susceptibles de rendre service dans tel ou tel cas, et pour faciliter leur production devant qui de droit au moment opportun.— Avec le temps, le nombre des pièces «bonnes à garder» augmenta, et, pour s'y reconnaître, on se trouva dans l'obligation de les cataloguer avec plus de détails et avec plus de précision chronologique. Au XVIIe siècle, ainsi que nous le verrons plus loin, l'archiviste Pierre Louvet, qui avait des préoccupations historiques bien rares chez les anciens feudistes, profita de la tâche d'ordre administratif qui lui était confiée par les Consuls de Montpellier pour noter au passage nombre de particularités d'un intérêt purement rétrospectif, qu'à la même époque son confrère Joffre négligeait et que l'on devait négliger également jusqu'à la fin de l'ancien régime.

Premier Inventaire des Archives du Consulat.— Fin du XIIIe siècle?

L'inventaire des Archives de la Commune Clôture de 1264 est conservé, comme tous les autres inventaires anciens que nous aurons à citer au cours de cette étude, dans le dépôt municipal de la Tour des Pins. Le premier inventaire, connu de nous, des Archives proprement dites du Consulat, se trouve, au contraire, à la Bibliothèque, si riche en manuscrits, de l'École de Médecine de Montpellier (1).

Ce texte curieux, qui est resté jusqu'ici inédit, fait partie d'un recueil provenant de la Bibliothèque

(1) Ce mss. porte la cote *H. 119*. (Cf. le *Catalogue général des manuscrits*, tome 1er, p. 326).— Il mesure en hauteur 268 mill. et en largeur 203 mill. Le texte est disposé sur deux colonnes, chacune haute de 19 cent. 1/2, large de 6 1/2, en moyenne, et comprenant 28 lignes. Le titre général est écrit à l'encre rouge. La grande majuscule initiale de chaque chapitre est en encre de couleur alternativement bleue et rouge. Les petites majuscules initiales de chaque alinéa sont également en encre de couleur alternativement rouge et bleue. L'écriture du manuscrit est très soignée et réellement agréable à l'œil.

du président Bouhier, qui l'avait acheté à Montpellier en 1732 (1), et dont l'origine municipale n'est pas douteuse. Tout, en effet, dans cette espèce de petit cartulaire, se rapporte aux intérêts politiques et financiers ou à l'histoire de la ville de Montpellier. Le relieur du président Bouhier l'a

1.— Inventaire des Archives de la Commune Clôture — 1264.
Archiv. municip. de Montpellier, EE. 1, fol. 25 v°.

(1) Au bas du recto du premier feuillet, on a ajouté cette mention : «Ms. de la Bibliothèque de «M. le Président Bouhier. — «C. 131. — M.DCCXXXIV.»

D'autre part, au verso du dernier feuillet, on lit une note signée : «G. P»,— due à M. Prunelle (cf. *Catal. génér. des mss.*, t. 1er, p. 320),— qui est ainsi conçue : «Ce »mss. provient de la Bibliothèque »du Président Bouhier, qui l'avoit »acheté à Montpellier en 1733. Il »est très curieux et peut-être même »unique ; du moins on ne con»noit point à Montpellier ces cou»tumes dans la langue originale. »J'ai vu seulement dans le catalo»gue des mss. du collège de Cler»mont, mss. qui ont été achetés »par M. Meerman, un autre mss. »de ces coutumes en vieux Lan»guedocien ; il est écrit sur papier »et n'est vraissemblablement que »la copie de celui-ci. On en con»servoit une traduction latine »ancienne dans les Archives de la »Chambre des Comptes, mais elle »n'est pas complette. Il y a quel»ques exemplaires modernes de »cette traduction, qui a été com»mentée vers l'an 1700 par Me »Lazare Gautheron, avocat de »Montpellier, mais son ouvrage »n'a point été imprimé.» (fol. 125 v°).

Le 11 septembre 1732, au moment de quitter Montpellier, où il était venu consulter la Faculté sur la santé de sa femme, le président Bouhier écrivait à Marais : «..... J'emporte quelques livres »que j'y ai trouvés, et, de plus, deux manuscrits curieux. L'un est »des anciennes coutumes de Montpellier, écrites en la langue ori»ginale, qui est la catalane du temps de St-Louis ; l'autre, une »copie que j'ai fait faire du fameux journal d'Alexandre VI, fait par »Burcard de Strasbourg, son camérier....» (Bibliothèque nationale, Mss., fonds Bouhier.— Communication de M. Gaudin, bibliothécaire de la ville de Montpellier.)

intitulé : «*Cout*[*umes*] *anc*[*iennes*] *de Montpel*[*ier*]», et si ce titre est incomplet, il indique au moins très exactement la nature de la partie la plus importante. A la suite de «*las Franquezas e las Costumas de la vila de Montpeslier*», qui remplissent un peu plus des trois quarts du manuscrit (1), figure «*l'azordenament de las caissas on son las Cartas els Prevelegis de la vila*», qui occupe dix feuillets, soit exactement dix-neuf pages et demie, de format petit in-folio à deux colonnes (2); puis vient le Catalogue des Consuls, année par année, depuis 1204 jusqu'à 1343 (3). Le recueil se termine par une petite chronique beaucoup plus locale que générale, intitulée «*los aveniments e las antiquitas*» (4), à la suite de laquelle on a transcrit postérieurement une lettre de Charles VI (5).

Cette dernière pièce mise à part, ainsi que les additions faites au Catalogue des Consuls, pour les années 1299-1290 à 1343 (6), et à la chronique, pour l'année 1354 (7), — notre manuscrit de l'École de Médecine de Montpellier apparaît d'une écriture uniforme, dénotant au premier coup d'œil la fin du XIIIe siècle ou le commencement du XIVe. La date fournie par le caractère de l'écriture ne peut malheureusement pas être absolument précisée par le contenu du texte. Tout ce qu'il est possible d'affirmer, c'est qu'il n'a pas été achevé antérieurement au 1er novembre 1295 (8).

Les articles inscrits dans ce plus ancien inventaire des Archives du Consulat sont au nombre de 340, représentant un nombre de chartes un peu plus élevé. Ces chartes étaient contenues dans vingt caisses ou cassettes, cotées les deux tiers par des lettres de l'alphabet (9), les autres par des figures plus ou moins significatives (10).

Aisso es l'azordenament de las caissas on son las Cartas els Prevelegis de la vila de Montpeslier

1.— *En la caissa en que ha* **A**,— es lo prevelegi de la protexion de Lodoyc, rei de Fransa, fag ad Avinhon.

2.— Item prevelegi de confermacion del dig prevelegi, e fon fagz en Aiguasmortas.

3.— Item letra pendent del Comte de Proensa de .v[c]. liuras.

4.— Item letra pendent del dig Comte de .c. liuras.

5.— Item letra pendent de protexion del dig Comte.

(1) Fol. 1 r° à 95 v°.

(2) Fol. 96 r° à 105 v°.— Nous reproduisons en fac-simile phototypique (p. XVII) le recto du feuillet 96.

(3) Fol. 106 r° à 117 v°.

(4) Fol. 118 r° à 124 r°.

(5) Fol. 121 v° à 125 r°.

(6) Fol. 115 r° à 117 v°.

(7) Fol. 124 r°.

(8) Les fol. 43 v° et 44 r° contiennent la transcription d'une charte du 9 des calendes d'avril 1294.— Au fol. 124 r° la dernière note de la chronique est ainsi conçue : « En l'an de M. e .CC. LXXXXV, lo dia » de Totz Sants, lo senher en Jacme, rei d'Aragon, pres per molher » dona Blancha, filha del rei Karle ».

(9) A, B, C, D, E, F, M, H, P, R, O, T, X. — Cf. ci-dessous les articles numérotés 1, 10, 44, 93, 91, 117, 128, 132, 162, 232, 319, 325 et 328.

(10) «Senhal de clau» (n° 177) ; — «escut reial» (178) ; — «cros +» (185) ; — «senhal de man» (203) ; — «lo senhal de Salamon» (233) ; — «lo senhal de sains» (262) ; — «senhal de flor d'ili» (288).

6.— Item letra pendent del dig Comte de .III^{c}. liuras.

7.— Item letra ab sagel vermell de segurtat del rei Karle.

8.— Item letra pendent de mon senher en Jacme, rei d'Aragon, con l'alongament de la eleccion del Baile non fezes prejuzizi.

9.— Item .II. translatz bolatz de protexion del Rei de Fransa.

10. — *En la caissa en que ha* B, — es la carta bolada del bosc de Valena e de la moneda de Melguer.

11.— Item carta bolada dels covenens que Cossols hagron ab en B. de Mesoa, avesque de Magalona.

12.— Item carta de la composicion facha del Espital de Nostra-Dona.

13.— Item carta ab tres bolas de la moneda nova.

14.— Item .IIII. cartas en .IIII. pessas en une tenor del bosc de Valena.

15. — Item carta del compromes e de la pronunciacion que fon facha entre Cossols en R. de Montlaur, avesque de Magalona, del fag de Valena.

16.— Item la carta de la compra de Caravetas.

17.— Item carta del compromes dels homes de las Matelas.

18.— Item carta dels establimens dels taverniers e d'autres, facha a M.CC.LXXXXII.

19.— Item .IX. cartas et una brostia pertenens al mas de Caravetas.

20.— Item .XII. pessas de cartas pertenens a taverniers et ad autres.

21.— Item .II. cartas del tersenal de Latas, de las quals la una es bolada.

22.— Item carta que li bastais de Latas non fasson rassa, et que non se prenga leuda de pois a Latas, e que prevelegi dat o donat contra razon non valha.

23.— Item .II. cartas del ort que compreron Cossols de Mar a Latas.

24.— Item carta del portal del Peiron sobre la dogua.

25.— Item carta del rei P. [con] pres en sa garda l'Avesque de Magalona.

26.— Item .II. cartas de la composicion de la issida de Valena.

27.— Item carta de la appellacion que fon facha a l'Avesque per lo fag de Valena.

28.— Item carta de la diffinicion que fezem ab l'Avesque del fag del bosc de Valena e de la juridiccion que Cossols hi han.

29.— Item carta con (1) l'Avesque de Magalona det lo gra e la correja a Cossols de Mar.

30.— Item carta de covenens que hagron Cossols ab lo senhor de Lunel.

31.— Item .II. cartas con reconoc en Miquel de la Mata so que tenia de sains.

32.— Itam .II. cartas con Cossols pagueron .L. milia sols al Comte d'Empurias.

33.— Item .II. cartas pertenens a una pessa de bosc que comprem dels Lirons de las Matelas, en l'an de M.CC.LXXXX.

34.— Item una carta de cridas fachas en Valena a M.CC.LXIX.

35.— Item carta de las cridas fachas en Valena per lo fuoc en l'an de M.CC.LXXXXIII.

36.— Item carta de rev[o]cament de la marca de Bezers contra esta vila.

37.— Item .II. cartas contenens la sentencia e la remission dels homes de las Matelas, per la enjuria que fon facha al forestier, e la composicion facha entre Cossols e l'Avesque per lo fag de Valena.

(1) Dans les différents endroits où le mot est écrit en toutes lettres (art. 8, 165, 181, 182, 303, 311, 315 et 318), le mss. donnant toujours la forme *con*, nous transcrirons exclusivement par *con*, et non par *com*, les lettres *co* surmontées de l'indice abréviatif de la nasale. Cette forme *con* se retrouve dans l'inventaire de 1264 (cf. *Revue des Lang. rom.*, tome II, p. 99, art. 38 ; cf. également ci-dessous, p. 9, fig. 3), — dans le *Mémorial des Nobles*, — etc.

38.— Item translat de la carta del bosc de Valena e de la moneda de Melguer.

39.— Item carta de la barta que compreron Cossols,

40.— Item .II. cartas con Cossols apeleron de l'Avesque al Papa per greujes que lur fazia del fag de Valena.

41.— Item carta de la compra que fes en Caravetas d'alcuns mazes.

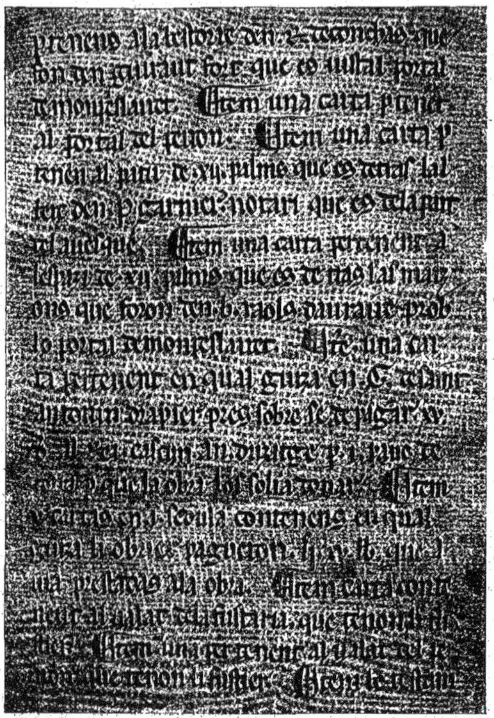

42.— Item carta del Rei de Fransa e del Rei d'Aragon.

43.— Item carta de la composicion facha entr'en Colin Bertran els senhors de Combalhols.

44.— *En la caissa en que ha* C,— es la carta vielha de las Costumas et es bolada de .II. bolas.

45.— Item carta sagelada de .V. sagels del confermament quel rei Jacme fes de las Costumas.

46.— Item carta sagelada de .VIII. sagels de la composicion que fon facha a Vilanova.

47.— Item carta bolada del poder que det lo rei P. a Cossols, e con promes que non alienes ren d'aquo que havia pres en dot ab ma dona Maria.

48.— Item carta con lo Luoctenent revoquet so que dix lo jorn de Sant-Johan a Nostra-Dona, quant en G. Cauzit, baile, e sos companhons jureron.

49.— Item carta bolada con lo rei P. e ma dona Maria deron poder als .VII. Proshomes.

50.— Item translat del matremoni del rei P. e de ma dona Maria.

51.— Item carta con lo rei P. afranqui los homes de Montpeslier per tota sa terra et con lauzet nostras Costumas.

2.— Inventaire des Archives de la Commune Clôture.— 1264.
Archiv. municip. de Montpellier, EE. 1, fol. 25 v°.

52.— Item carta quel rei P. volc que totz los castels que pres ab ma dona Maria, fosson de la senhoria de Montpeslier.

53.— Item carta con ma dona Maria lauzet lo derrocament de la Tor.

54.— Item translat de la composicion que fes l'Avesque a Vilanova entrel Rei e Cossols.

55.— Item carta sagelada de .IIII. sagels con lo Rei promes de non intrar en Montpeslier tro fos pagatz lo deute.

56.— Item carta vielha bolada con lo rei P. lauzet en general totas nostras Costumas.

57.— Item carta sagelada con lo rei Jacme confermet las franquesas dels pezatges per tota sa terra.

58.— Item translat del guasi de ma dona Maria.

59.— Item translat ab .v. sagels con mon senher en Jacme, rei d'Aragon, lauzet nostras Costumas a Lerida.

60.— Item carta con lo rei P. e ma dona Maria lauzeron nostras Costumas, e del poder que doneron als .vii. Proshomes.

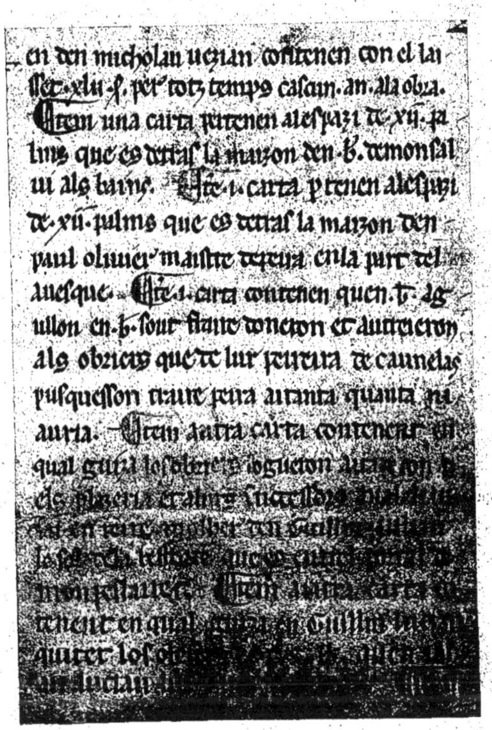
en den micholau uezian contenen con el lai
ssec .xlii. s. per totz temps casaun an ala obra.
Item una carta pertenen ales pazi de .xii. pa
lms que es detras la mazon den .B. demonsal
ui als bainz. Item .i. carta pertenen ales pazi
de .xii. palms que es detras la mazon den
paul oliuier maistre depeira en la part del
Avesque. Item .i. carta contenen quen .G. ag
ullon en .B. ... doneron et autreieron
als obriers que de lur peirera de caunelas
pusquesson traire peira autanta quanta ...
auria. Item autra carta contenent ...

3.— Inventaire des Archives de la Commune Clôture.— 1264.
Archiv. municip. de Montpellier, EE.1, fol. 26 r°.

61.— Item carta ab sagel con lo rei Jacme autrejet las Costumas dels Notaris et de las appellacions, e con Cossols puescon comprar castels e vilas e rendas.

62. — Item carta sagelada de las honors quel rei Jacme autrejet, lo mar e l'estanh e la correja, als Cossols.

63. — Item carta sagelada de las honors quel rei Jacme autrejet, a Malhorgas, ad homes de Montpeslier.

64. — Item carta bolada del poder quel rei P. donet ad Obriers.

65. — Item .ii. cartas sageladas quel rei Jacme autrejet a Cossols las rendas que havian ni hauran per temps.

66. — Item carta sagelada con lo rei Jacme conoc quel prest dels .c. milia sols li fes hom de grat.

67. — Item carta sagelada con li Notari sian creatz segon los prevelegis.

68. — Item carta sagelada del confermament de mon senhor en Jacme, que fes de las Costumas.

69. — Item carta sagelada de .vii. liuras que Cossols prenon en la Peissonaria.

70.— Item carta pendent con lo rei Jacme autrejet que neguns estranhs non prenga pezatge a Latas.

71. — Item carta con lo rei Jacme lauzet la pas de Genoa, et es sagelada.

72. — Item con lo rei Jacme conoc quel sagrament que hom li fazia non era homenesc, et es sagelada.

73. — Item translat con lo rei P. promes que non alienes ren d'aquo que havia pres ab ma dona Maria, et es sagelatz.

74. — Item carta bolada ab doas bolas con lo Rei fon el Cossolat en luoc del Avesque.

75. — Item carta bolada ab doas bolas con Cossols devon esser elegutz.

76. — Item autra carta con lo Rei fos en eleccion de Cossols aissi con era l'Avesque, aquestz .iii. capitols se contenon els premiers.

77. — Item carta con lo rei Jacme lauzet totas las Costumas.

78. — Item .II. cartas boladas del general lauzament que fes mon senher en Jacme, rei d'Aragon, de las Costumas.

79. — Item carta dels .c. milia sols que foron donatz al Rei, salvas totas las Costumas, et es sagelada.

80. — Item translat con lo rei Jacme lauzet totas las Costumas, a Lerida.

81. — Item letra del Papa con mon senher en Jacme, rei d'Aragon, fon tengutz per senhor de Montpeslier.

82. — Item carta de la composicion facha entrel Rei e l'Avesque.

83. — Item con lo rei Jacme lauzet generalmens totas las Costumas.

84. — Item carta con li Juzieus non prengon mais .IIII. deniers per liura e con devon jurar con los Chrestians en las cartas.

85. — Idem carta con lo Rei autrejet quel Luoctenent non pogues far Notari, et es sagelada.

86. — Item carta de composicion facha entrel Rei e l'Avesque.

87. — Item carta con lo Rei autrejet que Cossols poguesson levar Comun.

88. — Item carta sagelada que hom prenga .I. esterlin per .IIII. deniers.

89. — Item carta con lo Rei conoc quels. L. milia sols li foron datz de grat e que non fos perjuzizi.

90. — Item carta con lo Rei fes absolvement als mercadiers d'Alissandria.

91. — Item carta pendent de mon senhor en Jacme, rei d'Aragon, con clergues e majors de religion pagon a Comun per possessions que lur son donadas o laissadas.

92. — Item carta de las taulas e dels bancs.

93. — *En la caissa en que ha* **D**, — son las letras del Rei de Fransa et del Coms de Proensa e del Coms de Peitieus.

94. — *En la caissa en que ha* **E**, — ha doas cartas boladas de la pas de Jenoa.

95. — Item carta vielha de pas de Jenoa facha anticamens.

96. — Item tres translatz de la pas de Jenoa.

97. — Item carta ab .II. sagels de la resposta que fes la poestat de Jenoa an Jo. de Sant Miquel.

98. — Item una cedula de pargamin, sagelada ab sagel de Jenoa, contenent testimoni d'alcunas guerentias que foron trachas.

99. — Item .VII. cartas sageladas contenens las pazes que foron fachas ab homes de Masselha.

100. — Item carta ab sagel pendent del laus quel rei Jacme fes sobre los Jenoes.

101. — Item doas cartas boladas de la pas de Piza ab Montpeslier.

102. — Item carta bolada de la pas d'Arle.

103. — Item carta de la pas de Ventimilha.

104. — Item carta de la pas de Cremona, sagelada de .IIII. sagels.

105. — Item carta de la pas de Ieyras, et es bolada.

106. — Item carta de la pas de Fos, et es bolada.

107. — Item doas cartas de la pas de Nissa, e son sageladas.

108. — Item doas cartas de la pas d'Antibol, e son sageladas.

109. — Item doas cartas sageladas de la pas de Tolon.

110. — Item carta de la pas de Sant-Gili, et es ab .II. sagels.

111. — Item carta ab .II. sagels de n'Aymeric de Narbona.

112. — Item carta sagelada de n'Aymeric de Narbona de .XXX. milia sols.

113. — Item .IIII. cartas de la pas d'en Lambert del Montell.

114. — Item autra carta de la pas d'Ieiras ab .II. sagels.

115. — Item .II. cartas sageladas dels Proshomes de Barsalona.

116. — Item .x. cartas en .vii. pessas de las paguas que foron fachas als homes de Masselha.

117. — *En la caissa en que ha* **F**, — es la carta que Bailes non puesca tornar en la bailia de .iiii. ans aprop, et es sagelada.

118. — Item carta sagelada de denunciament de novela obra.

119. — Item carta sagelada que li Notari fasson cartas ab sagrament.

120. — Item carta sagelada que li Cambiador fermon lurs taulas.

121. — Item carta sagelada que jutge ni sotzjutge non liegon.

122. — Item translat de la carta del camin de Malavielha.

123. — Item guazi de la molher d'en P. del Perier, e toqua a la Caritat.

124. — Item tres cartas pertenens a la sentencia de la fusta del gra.

125. — Item carta bolada de proteccion del Duc de Venecia.

126. — Item translat quel Papa mandet al Rei d'Aragon sobre la eleccion dels Curials.

127. — Item autra carta sagelada de denunciament de novela obra.

128. — *En la caissa en que ha* **M**, — ha .iiii^xx. letras papals en .xi. liassas.

129. — Item .xv. prevelegis papals ab seda bolatz.

130. — Item .vi. translatz de letras papals sagelatz de cera.

131. — Item carta facha per en B. Breton, notari, de .cxl. liuras que hom paguet al Papa per lo cens.

132. — *En la caissa en que ha* **H**, — es prevelegi del Papa que hom non done ren per soterrar.

133. — Item autre prevelegi de papa Clemens que hom non sia citatz foras l'avesquat.

134. — Item autra carta del Papa de proteccion.

135. — Item autra de proteccion del Papa e con li fon paguat lo cens.

136. — Item autra con reconoc lo Papa quel cens li era pagatz.

137. — Item prevelegi del Papa con li deutor non sian defendutz ni mantengutz en glieyas ni en mayons religiosas.

138. — Item letra del Papa que hom non fos trag per letras papals foras l'avesquat.

139. — Item translat en forma publica de las Franquesas quel rei P. e ma dona Maria deron als homes de Montpeslier per tota lur terra.

140. — Item .v. cartas pertenens ad Obriers del camin de Latas.

141. — Item translat con lo rei P. juret de non intrar en Montpeslier tro que fos pagatz lo deute.

142. — Item translat de las Franquesas del Rei d'Aragon e del gazi de ma dona Maria.

143. — Item translat con lo Rei mandet que hom non fos tengutz de plaejar foras de Montpeslier, et es sagelatz.

144. — Item carta pendent de .c. milia sols que hom det al Rei quant dec passar otramar.

145. — Item carta de procuracion d'en P. Tocabuous.

146. — Item carta de solvement quel Rei fes de .l. milia sols.

147. — Item translat del rei P. dels juratz.

148. — Item carta con foron lausadas las Costumas als .vii. Proshomes et dels issilhatz.

149. — Item translat de la pas derrieira del Rei d'Aragon.

150. — Item translat sagelat de la composicion del Rei e de non intrar en Montpeslier e de confermacion del Papa e de la confermacion dels Crozatz.

151. — Item carta con Cossols protesteron que ells non cossentian a la declaracion facha sobrels establiments novels que fes mon senher en Jacme, rei de Malhorgas.

152. — Item letra del Papa a l'Avesque per aquels que fujon en maions de religion.

153. — Item translat con ma dona Maria autrejet lo derrocament de la Tor.

154. — Item .x. letras del senhor Rei de Malhorgas tramessas als Cossols.

155. — Item tres cartas contenens la presentacion d'una letra que presentet en Rostanh de Pueg-aut a l'Avesque de Magalona de part del Senescalc per lo plantament de las forcas que fes far al gra en P. de Clarmon, quant era luoctenens del Rei de Malhorgas en Montpeslier.

156. — Item letra del Papa con confermet las Franquesas ad esta vila.

157. — Item autra letra papal d'aquo meteus.

158. — Item translat con lo rei P. volc que Latas et Castelnou fosson de la senhoria de Montpeslier.

159. — Item translat ab .II. sagels con Cossols poguesson comprar et aquerre castels e rendas e terras.

160. — Item translat sagelat del derrocament de la Tor

161. — Item carta de Franqueza del rei Peire.

162. — *En la caissa en que ha* P, — es carta sagelada de remission d'en Jo. Imbert e de sos companhons curials, quant hac fag penre G. Raimon de Monreial.

163. — Item carta sagelada del fag de la Lionda.

164. — Item carta sagelada con Cossols poguesson levar Comun.

165. — Item carta pendent con lo Rei conoc que havia havut cent milia sols.

166. — Item carta con lo Rei mandet pagar a diversas personas cent milia sols.

167. — Item carta ab sagel pendent con lo Rei conoc que havia havut cent milia sols.

168. — Item carta pendent ab sagel con lo Rei conoc que havia havut autres .c. milia sols.

169. — Item carta pendent con lo Rei autrejet a Cossols levar Comun.

170. — Item carta ab sagel pendent que la eleccion del Baile ques fes .VI. dias denant Sant-Johan non fos prejuzizi.

171. — Item letra pendent de l'alargament de las viandas de la terra del Rei d'Aragon.

172. — Item carta d'aquo que se fes ad Acde et es talhada.

173. — Item autra carta pendent trencada d'aquo que se fes ad Acde.

174. — Item letra pendent que deute proat fos pagatz denfra .xv. jorns.

175. — Item que Notaris noton premieiramens e granren de letras de papier.

176. — Item letra pendent de la absolucion quel rei Jacme fes a totz los homes de Montpeslier generalmens et especialmens de totz los crims que eron passatz.

177. — *En la caissa en que ha senhal de clau,* — ha .x. letras papals e .II. translatz.

178. — *En la caissa en que ha escut reial,* — es la carta de remission que fes lo Rei dels Curials.

179. — Item carta pendent con lo Rei autrejet a Cossols que poguesson far Comun entro a .x. milia liuras.

180. — Item carta pendent con lo Rei volc quel servizi dels .L. milia sols fos sens prejuzizi.

181. — Item letra pendent con lo Rei comandet al Luoctenent que prezes sells que se absentarian de la vila per deutes e quels rendes tantost al Baile de Montpeslier.

182. — Item carta pendent con lo Rei mandet an Jo. Imbert, baile, et a sos companhons et a sos successors, que poguesson penre aquels que s'en fugirian.

183. — Item doas letras pendens del Comte de Proensa.

184. — Item tres letras que venian a Cossols del Rei de Malhorgas.

185. — *En la caissa en que ha cros* +, — ha carta de n'Azemar de Peitieus.

186. — Item translat de la carta d'en Cogorla e dels Pisans.

187. — Item .II. cartas de la compra del pont d'Obilhon.

188. — Item .XXIII. cartas pertenens al forn de la Valfera.

189. — Item carta del laus dels Genoes.

190. — Item translat de las cartas dels Pisans sobre en Cogorla.

191. — Item .II. cartas del fag d'Avinhon per en Pons de Malhac.

192. — Item carta de .XL. liuras que presteron li Juzieu de la Part del Avesque.

193. — Item translat del camin de Vidorle tro a Malavielha.

194. — Item translat del camp de la Caritat.

195. — Item carta de la sagena que compreron Cossols de Mar.

196. — Item carta ab sagel pendent de la Lionda.

197. — Item carta ab sagel pendent con lo Rei autreiet que hom pogues taxar quant prestarian li home de Montpeslier.

198. — Item carta sagelada d'en Barral de Masselha.

199. — Item carta sagelada del teng.

200. — Item .II. cartas d'en S. Catalan que puesca far mayon foras lo portal Lombart de Latas, e la una es ab sagel e l'autra am bola.

201. — Item carta del Prince d'Antiocha, sagelada de .II. sagels.

202. — Item doas cartas sobrel fag dels miracles.

203. — *En la caissa en que ha senhal de man*, — ha carta ab sagel pendent del confermament de las Franquezas que fes mon senher en Jacme, rei d'Aragon.

204. — Item letra bolada de l'Avesque con la glieya de Nostra-Dona fos tenguda per parroquia.

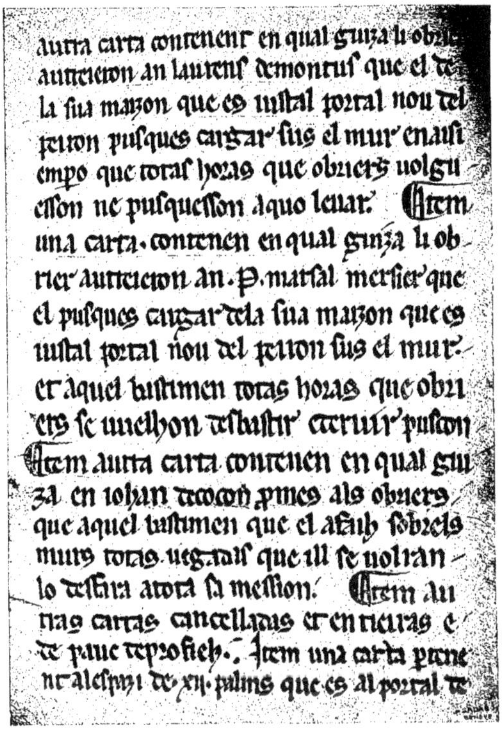

4.— Inventaire des Archives de la Commune Clôture — 1261. Archiv. municip. de Montpellier, E. 1, fol. 26 v°.

205. — Item .VIII. cartas pertenens a l'Espital de Nostra-Dona.

206. — Item .II. cartas con lo Rei autrejet que non fos prejuzizi quar en P. de Clarmon mes a Latas alcuns homes de Montpeslier.

207. — Item .II. cartas en .I. tenement quel sagrament e l'aginolhament que hom fazia al Rei non fos prejuzizi.

208. — Item translat con lo Rei conoc que en Jo. Boisson li havia prestat .VIc. liuras de melgoires.

209. — Item carta d'aquels que se salvon.

210. — Item translat del pes del ferre.

211. — Item translat ab .II. sagels que neguns homs de Montpeslier non pagues pezatge ni leuda en la terra del Rei d'Aragon.

212. — Item lo gazi de la molher d'en G. Bonet.

213. — Item carta de venda de lenha que vendet en B. de Caravetas.

214. — Item carta con en P. Lucian vendet an G. Daunizi una pessa de terra.

215. — Item carta con Obriers autrejeron espazi de .XII. palms an Esteve Perols.

216. — Item doas cartas com hom requerec a l'Avesque la sentencia del Rei.

217. — Item carta ab .II. sagels de la composicion que fon facha ab lo Comte de Flandres per lo fag d'en G. R. de Montreial.

218. — Item translat dels prevelegis dels Juzieus.

219. — Item carta con Cossols requeregron l'Avesque sobre los greuges quel Rei nos fazia.

220. — Item carta con lo Rei conoc que non si havia homenesc.

221. — Item carta pendent de .XX. liuras que sai devia en G. Cristol, avesque de Magalona.

222. — Item translat ab .IIII. sagels de guisatge del Coms de Proensa.

223. — Item carta de solvement del cens de l'Apostoli.

224. — Item carta con maistre Augier de Palma reconoc con Cossols havian pagat per .VII. ans lo cens al Papa.

225. — Item letra con hom paguet .L. liuras al Cambrier del Papa per lo cens de l'an M.CC.LXXIIII.

226. — Item letra bolada con lo Papa mandet pagar lo cens a maistre Augier de Palma.

227. — Item carta ab .IIII. sagels con fon pagatz lo cens al Papa per .VII. ans.

228. — Item doas cartas del convenent que Cossols hagron ab fraire G. de Torves, messatge del Papa.

229. — Item carta con Cossols se esdevengron ab maistre Augier de Palma.

230. — Item carta vielha del fag de la Peissonaria.

231. — Item carta con mon senher en G. de Montpeslier volc quels plags de Castelnou non se determenesson segon las Costumas.

232. — *En la caissa en que ha* R, — son los escrigz els dechatz que foron dechatz per messier G. Dello per revocar aquo que fon encartat ad Acde.

233. — *En la caissa en que ha lo senhal de Salamon*, — es la carta del solvement que fes n' Arnaut de Bordolairan.

234. — Item .IIII. cartas pertenens al forn de la Fustaria.

235. — Item .XI. cartas pertenens al forn de la Blancaria.

236. — Item .X. cartas en .XI. pessas pertenens al forn de Costafreja.

237. — Item doas cartas de composicion d'en B. d'Avinhon.

238. — Item doas cartas pertenens a la Carrieira nova, costa en G. del Pos.

239. — Item carta de l'Espital d'est alberc que es davant l'alberc de Concas.

240. — Item com li Juzieu devon far .XX. milia cairels.

241. — Item carta dels establimens dels forns.

242. — Item carta de l'escalier d'en P. Secer.

243. — Item carta del Comte dels .C. milia sols.

244. — Item translat con lo Rei volc quel Luoctenent rendes las rendas a Cossols.

245. — Item doas cartas de la Peissonaria.
246. — Item .IIII. cartas et .I. translat con Proshomes foron tramesses al Rei.
247. — Item .XII. cartas pertenens als uzatges de Clarmon, e son en .X. pessas.
248. — Item carta del deute d'en Heralh de Montlaur.
249. — Item carta del camp que fon compratz per far la fon.
250. — Item carta de las taulas de na Bochina.
251. — Item translat del gazi d'en Jo. Olric.
252. — Item composicion del Espital de Nostra-Dona ab Sant-Fermin.
253. — Item .VII. cartas, una sagelada, de las galeas del Comte de Proensa.
254. — Item carta de la composicion facha ab en P. de Teric.
255. — Item carta nova de la compra del albere on es lo pes, e fon d'en Jo. de Latas.
256. — Item las cartas els escrigz d'en Jo. Boisson.
257. — Item .XII. cartas en .I. sac pertenens a las mayons d'en Jo. de Latas que fon.
258. — Item carta de la compra de la Mayon del Comun.
259. — Item carta con los senhors dels forns volgron que Cossols poguesson far forns en Montpeslier.
260. — Item doas cartas dels prevelegis dels forns.
261. — Item carta de la pronunciacion del ort de Concas.

262. — *En la caissa en que es lo senhal de sains*, — ha letra pendent con fon quitatz lo laus de Massellia.
263. — Item carta del plan de la Erbaria.
264. — Item carta dels convenens que Cossols hagron ab lo Rei sobrel fag del encartament d'Acde.
265. — Item carta con sian sindicatz los Curials, et es ab doas bolas.
266. — Item carta bolada que homes de Montpeslier non sian tengutz de respondre foras la vila.
267. — Item carta bolada que hom non si meta vin ni razims de foras.
268. — Item carta ab doas bolas de la revocacion de la carta d'Acde.
269. — Item carta bolada dels reials d'argent ques fan a Castelnou.
270. — Item carta ab tres bolas de la moneda de Melguer.
271. — Item carta bolada del Avesque de la glieya de Nostra-Dona.
272. — Item doas cartas con lo Baile de Latas comparec davant lo Baile de Montpeslier.
273. — Item letra pendent de covenens que Cossols hagron ab lo procurador del Prior de Nostra-Dona.
274. — Item translat con lo Rei confermet a Cossols las rendas que havian ni hauran.
275. — Item tres cartas, una de composicion del senhor Rei de Malhorgas e de Cossols, et autra con lo dig senhor Rei promes a gardar de dan lo Comun, per la fermansa que hom fes per ell, quant las hostz foron ajustadas a Nemze contra Montpeslier, et autra con lo Luoctenent deja conoisser d'aquo que pertenra a son offici segon las Costumas.
276. — Item carta pendent con lo Rei de Malhorgas conoc que las .X. milia liuras li foron donadas de grat.
277. — Item carta pendent de levar Comun entro a .X. milia liuras.
278. — Item carta pendent dels establimentz novels.
279. — Item carta bolada del Rei de Malhorgas con ell non entendia homenesc el sagrament de la fesenlat e que non fos en prejuzizi.
280. — Item carta del dig senhor Rei del confermament de las Costumas.
281. — Item autra carta d'aquo meteis.
282. — Item carta bolada d'aquo meteis e que non prezes servizi per far bailon.
283. — Item carta pendent que bastaisses de Latas non fasson rassa.

284. — Item autra carta ab doas bolas de la revocacion d'aquo d'Acde.

285. — Item carta bolada de la confermacion de la moneda de Castelnou.

286. — Item doas cartas de confermament del Rei de Malhorgas de las Costumas.

287. — Item carta ses sagel con negun temps non fos preza leuda el castel de Latas.

288. — *En la caissa en que ha senhal de flor d'ili*, — ha carta del premier comandament quel Senescalc fes al Luoctenent et als Curials sobrels capitols que lo Rei de Fransa demandava el fag de Montpeslier.

289. — Item carta facha per en Jo. Malbois contenens los capitols que fes cridar lo Senescalc en Montpeslier, quant hac havut los ostatges.

290. — Item carta del segon comandament que fes lo Senescalc al Luoctenent et als Curials.

291. — Item carta com lo Senescalc autrejet quels comandamens, que fes quant intret en Montpeslier, fosson ses prejuzizi de Franquezas e de Libertatz.

292. — Item carta del mandament que det n' Arnaut, baile, als Sindics que fermesson per ell per las despensas que demandava lo Senescalc.

293. — Item carta con .I. messatge de Someire presentet una letra del Rei de Fransa al Luoctenent.

294. — Item prevelegi del Rei de Fransa de absolucion de las dichas despensas.

295. — Item carta del espazi d'un mes que empetreron los Fraires Prezicadors els Fraires Menors en Fransa quant las dichas hostz foron aparelhadas de venir sobre Montpeslier.

296. — Item carta con n' Arnaut, baile, els Sindics se obligueron al Senescalc per las dichas despensas.

297. — Item carta sagelada que fes maistre Gaucelm, contenent aquo que n' Arnaut, baile, havia fag a Nemze.

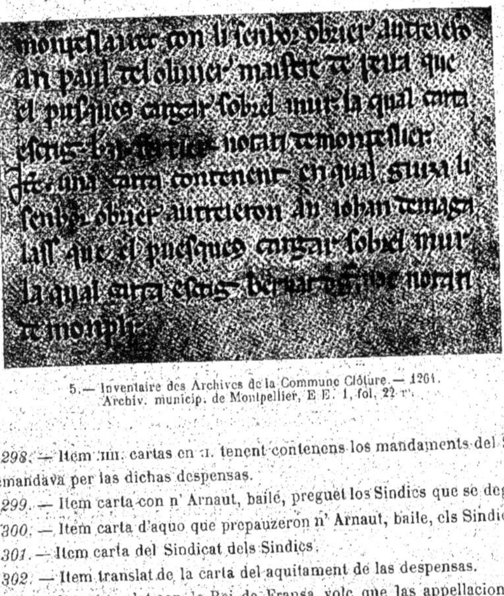
monpeslier. Item con li senhor obrier autreieron
an paul del olivier maistre de peira que
el pusques cargar sobrel mur la qual carta
escris [illegible] notari de monpeslier.
Item una carta contenent en qual guiza li
senhor obrier autreieron an Iohan de Maga-
lass que el pusques cargar sobrel mur
la qual carta escris Bernard [illegible] notari
de monpl'.

5. — Inventaire des Archives de la Commune Clôture. — 1261.
Archiv. municip. de Montpellier, E E. 1, fol. 22 r°.

298. — Item .IIII. cartas en .I. tenent contenens los mandaments del Senescalc sobre las .C. millia liuras que demandava per las dichas despensas.

299. — Item carta con n' Arnaut, baile, preguet los Sindics que se deguesson obligar ab ell.

300. — Item carta d'aquo que prepauzeron n' Arnaut, baile, els Sindics davant lo Senescalc a Nemze.

301. — Item carta del Sindicat dels Sindics.

302. — Item translat de la carta del aquitament de las despensas.

303. — Item translat con lo Rei de Fransa volc que las appellacions li deguesson pervenir, e con hom si pogues metre viandas.

304. — Item translat sagelat de quitansa de las dichas despensas.

305. — Item carta sagelada com lo Senescalc requerec n' Arnaut, baile, que des fermansas de las dichas messions.

306. — Item carta de la appellacion que fezem del Senescalc al Rei de Fransa e confermada per lo Sindic.

6. — Inventaire des Archives du Consulat (fin du XIIIe s. ?). — Bibl. Éc. Méd. Montpellier, H. 119, fol. 96 r°.

307. — Item carta de comission que fes lo Rei de Fransa al Senescalc et a l'Abat de Sant-Gili, sobrel fag de las despensas de Nemze, e con los gatges fosson recrezutz a Cossols.

308. — Item carta con Cossols establiron sindics en Jo. Dosca en P. Huc.

309. — Item translat sagelat con lo Rei de Fransa det al Rei de Malhorgas tot so que pogra demandar als homes de Montpeslier per las despensas de Nemze.

310. — Item letra con lo Senescalc confesset que maistre Gaucelm en P. de Bezers son notaris de la Senescalcia.

311. — Item translat sagelat con lo Rei de Fransa confermet lo prevelegi que son paire havia donat als homes de Montpeslier.

312. — Item carta d'aquels que hom establi sindics a comparer a Bezers davant los jutges per lo plag de Fransa.

313. — Item carta pendent del sindicat d'en G. del Vertell e d'en Jo. Dosca et d'en P. Huc.

314. — Item carta pendent de la composicion que fezem ab lo senhor Rei de Malhorgas.

315. — Item carta pendent con lo Luoctenent deu uzar segon los uses e las Costumas e las Franquesas de Montpeslier.

316. — Item carta d'aquels que hom establi sindics a comparer a Bezers davant los jutges per lo plag de Fransa.

317. — Item carta pendent con lo senhor Rei de Malhorgas promes a gardar de dan lo Comun de la obligacion que Cossols havian facha per ell et encara que ne obliguet a Cossols totz sos bens.

318. — Item translat sagelat con mon senhor en Jacme, rei d'Aragon, confermet en perdurable las Costumas, aissi con son paire las havia lauzadas e confermadas.

319. — *En la caissa en que ha* **O**, — son los escrigz els processes fags per lo plag de Fransa.

320. — Item translat de la carta del quitament de las despensas.

321. — Item .III. cartas, doas boladas et una ses bola, pertenens a la pas del Montell Azemar e d'esta villa, e fon trames per aisso en Jo. de Foissac al Montell.

322. — Item carta con non fos prejuzizi quant en B. Bandin, que era sotzjutge, fon pauzatz en luoc de messier G. Seguier, que resignet a la Jutgaria.

323. — Item carta con en Jo. de Foissac restitui en Jo. Crestian en la Capitania.

324. — Item .II. prevelegis papals de l'Estudi general, e son en un estoch de cuer bolhit obrat (1).

325. — *En la caissa en que ha* **T**, — son los escrigz els proces fagz per lo fag des Lombartz.

326. — Item carta de general absolvement que feron en P. en Jacme de Cruols a Cossols de totas res que poguesson demandar a Comun, e fon facha en l'an de .M.CC.LXXXX.

327. — Item autras cartas pertenens als plags dels Lombarts et ad autras cauzas.

328. — *En la caissa en que ha* **X**, — ha doas cartas de las protestacions e de las escusacions que feron a Viviers davant lo Senescalc messier Bremon de Montferrier, luoctenent, en Br. de Candiers, cavalier del Rei, quant requerec premieiramens lo Senescalc que hom anes a Tornon.

329. — Item carta de las protestacions que fes davant lo Senescalc en Jo. de Montarnaut, savi en dreg, de part lo Luoctenent, quant requerec la segonda ves que hom anes a Tornon.

(1) Dans la *Réunion des Sociétés des Beaux-Arts des Départements* de 1895 (pp. 149 à 154 et planche II), M. J. Roman a étudié un *Étui de charte municipale en cuir ouvragé*, du dernier quart du XIVe siècle, conservé actuellement encore dans les Archives municipales de la ville de Gap. — M. Roman signale un autre étui du même genre, également du XIVe siècle, aux Archives municipales de Briançon (pp. 153-154.)

330. — Item carta con los Sindics respozon ab protestacions al Rector de la Part del Rei de Fransa, quant fes cridar que totz se aparelhesson ab las armas.

331. — Item cartas de las protestacions que foron fachas davant lo Senescalc a Fraires Menors quant se publiqueron los escambis de la Part del Avesque.

332. — Item carta del sindicat d'en G. del Pos e d'en P. Romieu.

333. — Item doas cartas sageladas e doas letras pertenens a capitania.

334. — Item .III. cartas talhadas d'obligacion que hom fes an Jo. Crestian, capitani, et un comde en papier.

335. — Item una carta trencada de deute d'en Jo. de Miell.

336. — Item .V. entre cartas e letras que contenon so que hom paguet al Papa el cossolat d'en G. de Vertell e d'en P. de Bossones e d'en Jo. Bertolmieu.

337. — Item .VI. entre cartas e letras de la pagua de .C. liuras que fon facha al messatge del Papa en l'an de .M.CC.LXXXXIII., e fon per .III. ans.

338. — Item carta de la protestacion que hom fes al Luoctenent del Senescalc quant pres sagrament de fezeutat d'alcuns homes de la Part del Rei de Fransa.

339. — Item carta de la appellacion que fon facha per so quel Senescalc nos havia requistz d'anar a Rems ab armas.

340. — Item carta con fezem procuraire messier G. Bedos a requerre que alcunas requestas quens foron fachas per anar a Rems se revoquesson.

SECOND INVENTAIRE DES ARCHIVES DU CONSULAT. — XIVe SIÈCLE.

L'Eventari dels Prevelegis e de las Cartas de las Franquezas de la vila de Monpeslier, las quals estan en la gran cayssa a Sant Johan (1), *en diversas caychetas estans dins aquela gran caycha, per letras e senhals figuradas et designadas* (2), — manuscrit de 73 pages, de format petit in-4°, — sur parchemin, comme les deux inventaires dont nous venons de nous occuper, — est divisé en 34 chapitres, correspondant aux 34 cassettes du dépôt (3). Ces cassettes, de dimensions inégales (4), étaient marquées (*senhadas*), comme dans le premier inventaire du fonds du Consulat, soit par des lettres majuscules employées à l'état d'unités (5), soit par des figures variées jouant le plus souvent

(1) « Maison des chevaliers de Saint-Jean-de-Jérusalem, au quartier dit encore Petit-Saint-Jean » (*Revue des Langues romanes*, tome III, p. 61).

(2) Archives municipales de Montpellier, *H. 1.* — Ce manuscrit a été publié in-extenso : cf. ACHILLE MONTEL, *Archives de Montpellier*, II. *l'Inventaire des Archives du Consulat*, dans la *Revue des Langues romanes*, tome III (1872), pp. 9 à 67 ; tiré à part, in-8° de 64 pp. — Nous reproduisons (p. XXI) en fac-simile phototypique la partie écrite de la page 21 du manuscrit.

(3) Cf. l'*index récapitulatif des cassettes et de leurs signes*, dressé par Ach. Montel, dans la *Revue des Langues romanes*, tome III, pp. 14-15.

(4) Sur ces 34 cassettes, presque toutes sont simplement désignées, au cours de l'inventaire, sous le nom de *caycha* (ou, très rarement, *cayssa*). Une cependant est dite *cayssela* (p. 1) ; — ailleurs on trouve *una caycha petita* (p. 24) ; une autre est appelée *la caycha major* (p. 31).

(5) A, B, [C], D, E, G, H, P, R, O, T, U, X.

le rôle d'armoiries parlantes (1). Dans ces cassettes les pièces étaient cotées par des lettres simples, doubles ou triples (2).

Les analyses sont généralement plus développées que dans le premier inventaire du Consulat et surtout que dans l'inventaire de la Commune Clôture de 1264, mais les indications d'années y sont encore très rares.

« Rédigé à l'époque où Montpellier, se trouvant pour la première fois en butte aux vexations et aux empiétements du pouvoir royal, se vit obligé de sauvegarder ses intérêts et ses privilèges, un à un, pour ainsi dire, et pièces en main, — on y sent la préoccupation constante de se défendre et de se tenir en garde (3) ».

A la façon rapide et dédaigneuse dont il mentionne, comme étant « de pauc de valor », des pièces dont l'intérêt historique n'est pas contestable (4), au soin qu'il apporte au contraire à citer en détail les titres qui présentaient une utilité politique, commerciale (5), etc., il est visible que le rédacteur de cet inventaire « n'estimait guère les Chartes qu'en raison du profit que l'on pouvait en tirer, de l'intérêt que la Commune pouvait y avoir (6) ».

De même que dans le premier inventaire des Archives du Consulat, « la disposition des documents dans les cassettes a été faite par sortes d'affaires. Ainsi, par exemple, toutes les chartes concernant les *Coutumes* ont été mises ensemble ; il en est de même de celles qui concernent les *Traités de paix* de Montpellier avec d'autres grandes communes, les *Finances*, la *Censive papale*, etc.

» En général, cette intention de classement est accusée par le signe qui sert de marque à la cassette. Ainsi, une *couronne* est le signe du pouvoir royal ; — les *armes de la ville*, des privilèges et coutumes de la commune ; — une *fleur de lys*, des ordonnances des rois de France ; — une *palme*, de l'autorité consulaire ; — une *tiare*, de la papauté ; — une *main étendue*, de la justice ; — une *étoile*, des sauvegardes souveraines ; — une *rose*, des impositions, etc.

(1) « . . . *la caycha que a senhal del* [*Rey*] *de Malhorgas* (cf. la fig. 7, p. XXI), ... *la caycha que a senhal de ma*, . . . *una caycha petita que es senhada de senhal de tiara*, . . . *la caycha senhada del senha*[*l*] *de Salamo*, . . . *la caycha major que a senhal dels Cossols*, ... *la caycha que es senhada de flor de l'ili*, ... *una caycha senhada d'aytal senhal* (un écu tranché), ... *la caycha en que a .1. escut ab .1. peys barrat*, ... *la caycha en que a senhal de corona*, ... *la caycha que es senhada d'estela* . . . . *la caycha en que es lo senhal de palma*, ... *la caycha en que es lo senhal de la rosa*, ... *la caycha que es senhada del senhal de Cossols* (cet écu meublé du tourteau des Guilhems a été modifié postérieurement), ... *la caycha que a aytal senhal* ✠, . . . †, ... *la caycha que a senhal d'aucel*, . . . *la caycha que a senhal de cap de buou*, . . . *la caycha que es senhada d'aquest senhal* ⌧ » (cf. *II*. 1, passim, et *Revue des Langues romanes*, loc. cit.).

(2) *a*, *b*, *c*, etc., — *aa*, *bb*, *cc*, etc., — *aaa*, *bbb*, *ccc*, etc.

(3) ACH. MONTEL, *Revue des Langues romanes*, t. III, p. 9.

(4) « Son letras del Rey de Franssa e del Comte de Prohensa e del Comte de Peytieus, lasquals valon pauc » (*Revue des Langues romanes*, t. III, p. 24) ; — « Diversas autras letras del Rey d'Aragon, ... lasquals son ses profieg » (*id.*, pp. 10 et 27, n° 111) ; — etc.

(5) Cf. notamment la cassette où les analyses sont les plus brèves, celle qui concerne les relations de Montpellier avec Gênes, Marseille, Pise, Arles, Vintimille, Crémone, Hières, Nice, Antibes, Toulon, Narbonne et Barcelone. (*Revue des Langues romanes* tome III, pp. 24-25 ; cf. également, p. 53).

(6) ACH. MONTEL, *Rev. des Lang. rom.*, t. III, p. 10.

» Chaque administration autonome y figure ainsi avec ses armoiries particulières : les *trois pals* de Majorque ; — le *tourteau de gueules* des Consuls ; — la *ville forte fermée* de la Commune Clôture ; — le *tourteau de gueules planant sur les flots* du Consulat de Mer ; — le *poisson barré* de la Monnaie (1).

» Lorsque le document inventorié intéresse diverses parties, il est désigné en marge, à part le signe commun à toute la série, par un signe particulier. C'est ainsi, entre autres, que tout ce qui se rap-

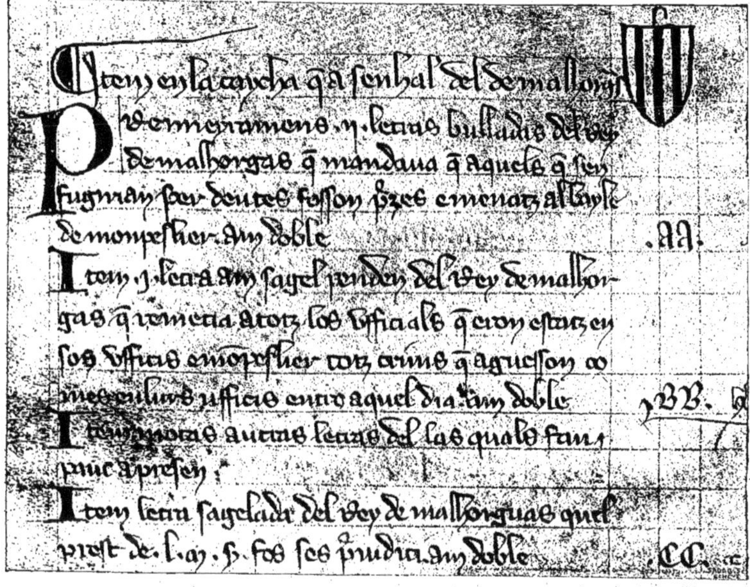

7. — Inventaire des Archives du Consulat (XIVe siècle). — Archiv. mun. de Montpellier, H. 1, p. 21.

porte à la Commune Clôture est toujours marqué des armes de cette puissante institution, c'est-à-dire d'une *ville forte fermée* ; ce qui concerne les Juifs, d'une *rouelle*, etc. » (2).

A plusieurs reprises, le rédacteur de cet inventaire renvoie aux tables de deux des Cartulaires qui

(1) MONTEL, *Revue des Langues romanes*, t. III, p. 11.

(2) *Id.*, p. 12.

venaient d'être transcrits par les soins des Consuls : — le *Petit Thalamus* (1), qu'il désigne sous le nom de *libre vielh*, ou tout simplement *lou libre* (2), — c'était, en effet, pour nos aïeux, « le *livre* par excellence, le livre des franchises et des libertés municipales » (3) ; — et le *Grand Thalamus* (4), qu'il désigne sous le nom de *libre nou de las Costumas* (5).

Ces deux recueils constituaient (avec le *Livre noir* et le *Cartulaire des Guilhems*) un *double* des Archives municipales plus maniable, plus rapide à consulter, plus facile à emporter en cas de danger, que les titres eux-mêmes (6), et les « sommaires » qui les accompagnent ne doivent pas être oubliés dans cette revue de nos anciens inventaires. Après avoir été complétés et mis à jour périodiquement durant la seconde partie du moyen âge, ces sommaires ont été refaits à la fin du XVIIe siècle, sous une forme beaucoup plus détaillée et dans l'ordre alphabétique des matières (7), — et ils ont considérablement servi à tous ceux qui se sont occupés jusqu'ici de l'histoire de Montpellier.

SECOND INVENTAIRE DES ARCHIVES DE LA COMMUNE CLÔTURE. — 1377-1378.

Au mois d'août 1377, les Ouvriers de la Commune Clôture firent procéder à un nouvel inventaire de leurs Archives qui, depuis 1264, s'étaient accrues d'une façon assez considérable (8).

Le fonds concernant spécialement *lo fach de la dicha Obra*, comprenait alors : — 1° les chartes,

(1) Archiv. municip. de Montpellier, *AA*. 9.

(2) Cf. *Revue des Langues romanes*, tome III, p. 10 ; pp. 27, 29 et 30, n°s 111, 126 et 127 ; p. 40, n° 202.

(3) *Revue des Langues romanes*, tome III, p. 10.

(4) Archiv. municip. de Montpellier, *AA*. 4.

(5) Cf. *Revue des Langues romanes*, tome III, pp. 10 et 40, n° 197.

(6) «Le *Petit Thalamus*, par la spécialité de son contenu, est le plus populaire de nos anciens registres municipaux. Établissements, serments, chronique, calendrier, aussi bien que la charte du 15 août 1204 avec ses annexes, tout en lui porte le cachet d'une complète publicité. Il existe, sous ce rapport, une différence notable, entre le *Grand* et le *Petit Thalamus*. Le *Grand Thalamus*, eu égard à la nature des documents couchés sur ses feuilles, privilèges municipaux, concessions apostoliques et royales, règlements de haute administration, rédigés presque toujours dans la langue savante de l'Eglise et de la diplomatie, devait être d'un usage moins vulgaire dans notre ancienne Commune que le *Petit Thalamus*, où on lisait dans un idiome accessible à tous la *coutume* quotidiennement suivie, les statuts consulaires en vigueur, la formule des serments exigibles, non seulement des magistrats à leur entrée en exercice, mais jusqu'à des simples chefs et artisans des corporations industrielles. Le *Grand Thalamus*, à ce titre, se consultait comme un répertoire, le *Petit Thalamus* comme un manuel. Egalement précieux l'un et l'autre aujourd'hui pour l'histoire de notre Commune, ils n'avaient pas autrefois parmi nous une égale popularité. Cette popularité s'attachait moins encore au *Livre Noir*, magnifique in-folio du XIIIe siècle, ainsi désigné à cause de sa couverture noirâtre : bien que ce recueil fût capital, surtout par sa première partie, pour les franchises de nos bourgeois, son parfait état de conservation semblerait indiquer un assez rare maniement.» (Germain, *Hist. de la Commune de Montpellier*, tome I, pp. 5-6.)

(7) Archiv. municip. de Montpellier, AA. 6 et 10.

(8) Cet « *Inventaire, fait en 1377 des titres de l'Œuvre* », était autrefois conservé dans le fonds dit des *Archives du Greffe de la Maison Consulaire*, armoire *G*, sac *F*, n° *199* (cf. inventaire de Joffre, tome II, fol. 96 v°). — Il porte aujourd'hui la cote *EE. 3*. — Joffre le décrit ainsi : « autre livre en feuilletz de parchemin, contenant, en vulgaire, inventaire faict en 1377 des titres de ladite Œuvre, ledit livre couvert de bazane verte sur bois et cotté par n° 199.»

Ce manuscrit a été publié in-extenso : — cf. ACHILLE MONTEL, *Archives de Montpellier*, III. *L'Inventaire des Archives de la Commune Clôture*, dans la *Revue des Langues romanes*, tome III (1872), pp. 146 à 174 ; — id. *Archives de Montpellier*, IV. *Le Catalogue des Chapellenies*, dans la même revue, tome III, pp. 291 à 310, et tome IV (1873), pp. 1 à 43 ; — tirés à part, in-8° de 34 et 62 pp.

contenues dans des cassettes (1) déposées sur des étagères ; — 2° le *Libre cubert de postz*, contenant les minutes (*notas*) de *maestre Hélies Lambert, notari* (2) ; — 3° *lo Libre de las notas receupudas per maestre Jacme de San Johan, notari dels senhors Obriers de la dicha Comuna Clausura de Montpeylier* (3) ; — 4° un *autre Libre* de minutes *receubudas per lo dig maestre Jacme de San Johan* (4).

Le fonds relatif aux Chapellenies, dont les Ouvriers étaient patrons (5), fut inventorié à la suite des Archives proprement dites de l'OEuvre (6). En 1378 (7), un certain nombre au moins, sinon la totalité des pièces le composant, étaient conservées dans des cassettes ou des boîtes (8) ; on trouve aussi la mention de sacs (9).

Cette seconde partie, qui se complétait également par les trois livres des notaires Hélies Lambert et Jacques de Saint-Jean (10), est plus de trois fois plus étendue que la première.

Ces deux parties remplissent ensemble 79 pages petit in-folio (11).— La rédaction en est encore essentiellement utilitaire (12); mais, dans l'une comme dans l'autre, et à la différence des trois répertoires antérieurs, les analyses commencent à être relativement développées et sont presque toutes munies de la mention des années et même des mois.

TROISIÈME INVENTAIRE DES ARCHIVES DU CONSULAT. — 1495-1497.

Le cinquième inventaire que nous ayons à citer se rapporte aux Archives du Consulat, comme celui de la Bibliothèque de l'École de Médecine de Montpellier et celui de la première moitié du

(1) Cf. *Rev. des Lang. rom.*, t. III, pp. 152, 153, 155, 156.

(2) Cf. *id.*, pp. 152 et 156, n° 26.

(3) Cf. *id.*, pp. 152 et 161, n° 50.

(4) Cf. *id.*, pp. 152 et 165, n° 70.

(5) «...*las Capelanies de las quals em patros*.....» (*EE. 8*, fol. 17 r°; *Revue des Langues romanes*, tome III, pp. 293 et 301 ; — cf. passim).

(6) *EE. 8*, fol. 17 à 47.

(7) « En l'an de la encarnation M CCC LXX VIII » (fol. 17 r°).

(8) «..... una caysa longua en que ha .xxxv. cartas.....» (fol. 20 r°; *Rev. Lang. rom.*, t. III, p. 305) ; — «... una cayssa de noguier en laqual son las armas dels senhors Obriers...» (fol. 27 v°; op. cit., t. IV, p. 7) ; — «... una cayssa longua estrecha...» (fol. 28 v° ; op. cit., t. IV, p. 9) ; — etc.

(9) Cf. *Rev. des lang. rom.*, t. III, p. 300.

(10) Cf. *EE. 8*, fol. 29 r°, 38 r° et 43 r° ; — *Revue des Langues romanes*, t. III, p. 300, et t. IV, pp. 9, 20 et 26.

(11) Commune Clôture proprement dite, fol. 1 à 9 ; — Chapellenies, fol. 17 à 47.

(12) « Les archivistes de ce temps-là, généralement notaires ou secrétaires de l'administration, ne considéraient les chartes, comme de juste, qu'au seul point de vue du profit que l'on pouvait en tirer ; on était encore trop près des événements pour que l'on songeât à l'histoire, et, d'autre part, on était trop pressé par les exigences et les empiétements de la royauté pour qu'il ne fût pas nécessaire de tenir un compte exact, en vue de la défensive surtout, des forces que l'on possédait : à tout propos, à toute heure, il fallait être prêt à accepter la lutte. De là cet esprit pratique, ces préoccupations sévères et positives, qui en animent la rédaction. Chaque titre de charte donne donc, ordinairement, en outre des indications de l'origine, du sens et de la date, celle du service qu'on peut en tirer, soit politique, soit fiscal. » (MONTEL, *Revue des Langues romanes*, t. III, pp. 148-149.)

XIVe siècle, conservé au dépôt municipal de la Tour des Pins. Il forme tout un volume, — 196 feuillets in-4°, papier (1). — Le titre en est ainsi conçu :

«*Inventaire des Previleiges, impétracions et autres escriptures estans dedans le Trésor de la Maison du Consulat de la présent ville de Montpellier, faict par les noble et honnourable hommes sires Guillaumes Bonail, seigneur d'Arssas et Jehan du Puy, bourgeoys de la dicte ville, commys à ce par Messieurs les Consulz de la dicte ville de l'année mil cccc quatre-vings et quinze, en ensuyvant la délibération du Conseil d'icelle ville.*»

Ce récolement, exécuté de 1495 à 1497 (2), est rédigé en langue d'oc, malgré son titre en français, mais dans une langue d'oc considérablement modifiée par les formes françaises. A ce point de vue philologique, il n'est pas sans intérêt, car on y peut constater à chaque page comment l'idiome local a été altéré par les relations administratives avec la France du Nord.

Indépendamment de la question de langue, ce récolement offre un intérêt bibliographique. La rédaction a plus d'ampleur que celle des inventaires des XIIIe et XIVe siècle. On y rencontre çà et là, soit sous forme de *manchettes*, soit dans le corps du texte, des citations de cotes plus anciennes ou de passages caractéristiques de pièces.

Mais ce qui fait la principale curiosité de ce texte, c'est qu'il permet de reconstituer, avec toute la certitude désirable, la physionomie d'une partie des Archives, — du « Trésor », — de la Maison du Consulat de Montpellier à la fin du XVe siècle. La disposition constatée en 1495 est la même qui existait en 1662-1663 à l'époque de l'inventaire de Louvet et qui a persisté durant tout le XVIIIe siècle.

En 1495, — il y a juste de cela 400 ans, — le Grand Chartrier municipal de Montpellier était renfermé dans un meuble rectangulaire, divisé en huit armoires (quatre en haut et quatre en bas), distinguées par les huit premières lettres de l'alphabet. Dans ces huit armoires étaient réparties 116 caisses ou cassettes, de dimensions inégales, mais se correspondant entre elles, qui existent encore

(1) Archiv. municip. de Montpellier, *H. 3.* — Il existe dans le même dépôt (sous la cote *H. 4*) un autre exemplaire de cet inventaire de 1495, mais incomplet au commencement et à la fin (40 feuillets, in-4° papier) ; les parties existantes correspondent aux feuillets 9 à 73 de *H. 3.* — Cf. fig. 8, p. xxv.

(2) Le récolement de Guillaume Bonail et de Jean Dupuy fut commencé avant le 20 octobre 1495.

Les deux collaborateur ont pris soin de noter, dans la plupart des cas, les dates d'année, de mois, de jour, voire presque les heures de leurs opérations : « *de matin, de vespre, après dinar* ». Ils ne travaillaient pas d'une façon continue, mais seulement une journée ou une partie de journée de temps à autre.

Au milieu d'août 1496, les trois quarts seulement de la besogne étaient achevés (cf. fol. 152 v°).

S'il n'y a pas d'erreur dans la date donnée au v° du feuillet 153, le récolement aurait été interrompu pendant un peu plus de treize mois (d'août 1496 à septembre 1497) et repris seulement le 23 septembre 1497.

A partir de cette dernière date, aucune note chronologique ne se rencontre dans le manuscrit, qui puisse nous fixer sur le moment précis de l'achèvement de ce récolement.

presque toutes et qui ont conservé leurs cotes en lettres capitales gothiques (1). — Ces 116 caisses ou cassettes se divisaient en cinq catégories, ayant chacune un format bien déterminé :

1° Les petites cassettes, mesurant 20c de large environ (2) ;

8. — Inventaire des Archives du Consulat (1495-1497). — Archiv. municip. de Montpellier, H. 3, fol. 1 r°.

2° Les moyennes cassettes, mesurant 25c de large environ (3) ;

3° Les grandes cassettes, mesurant de 35c à 45c de large (4) ;

4° Les caisses carrées, mesurant 45c de large environ (5) ;

(1) Cf. la disposition actuelle des cassettes gothiques des anciennes armoires A et B du Grand Chartrier, ci-dessous fig. 12.

En outre des cassettes gothiques du Grand Chartrier (dont quelques-unes seulement ont été renouvelées ou réparées, à l'époque de Louvet ou depuis), les Archives municipales de Montpellier ont conservé les « petits tiroirs », également gothiques, qui étaient réunis lors de l'inventaire de 1495-1497 dans une « armayre faicte en forme de cluchier, et y a au davant deux estoilles rouges avecque le champ blanc, ont il y a deux parties d'armaires dont en chescun armayre y a XVIII queyssons, tirans chacun son anel.....» (*H. 3*, fol. 187 r°).

(2) Exemples : Armoire C, cassettes 1 à 16 ; — armoire B, cassettes 1 à 16 ; — armoire C, cassettes 1 à 16 ; — armoire D, cassettes 1 à 16.

(3) Exemples : Arm. A, cass. 17, 19, 20 et 22 ; — arm. B, cass. 17, 19, 20 et 22 ; — arm. F, cass. 1 et 3 ; — G, 1 et 3 ; — H, 1 et 3.

(4) Exemples : A, 18 et 21 ; — B, 18 et 21 ; — F, 2 ; — G, 2.

(5) Exemples : F, 4 et 5 ; — G, 4 et 5 ; — H, 4 et 5.

5° Les grandes caisses longues, mesurant 92 ou 93° de large (1).

En rapprochant ces cinq formats et l'ordre dans lequel nous les présentent l'inventaire de 1495-1497 et l'inventaire de Louvet, on constate que la disposition des caisses et cassettes, dans l'ensemble du grand meuble, était la suivante : — au ras de terre : les grandes caisses longues, placées par unités ; — au-dessus : les caisses carrées, placées deux par deux ; — au milieu du meuble, à hauteur d'appui : les grandes et les moyennes cassettes, placées trois par trois (une grande entre deux moyennes) ; — enfin, dans la partie supérieure : les petites cassettes posées quatre par quatre (2).

Ce qui nous donne pour les huit armoires deux types parfaitement distincts :

1° Pour les quatre armoires du haut (armoires A, B, C et D) : — 22 cassettes disposées sur six rayons : — quatre petites cassettes par rayon pour les quatre rayons de la partie la plus élevée, — et trois cassettes (une grande entre deux moyennes) par rayon pour les deux rayons en dessous ;

2° Pour les quatre armoires du bas (armoires E, F, G et H) : — 7 cassettes ou caisses (dont trois cassettes et quatre caisses) disposées sur quatre rayons : — trois cassettes (une grande entre deux moyennes) pour le rayon le plus voisin des armoires A, B, C et D ; — ensuite deux caisses carrées pour le rayon en dessous ; — et enfin une caisse longue par rayon pour les deux rayons les plus rapprochés du sol (3).

Et si l'on additionne, d'une part, la largeur moyenne de chacune des huit armoires partielles composant le grand meuble, et, d'autre part, la hauteur respective des caisses et des cassettes des cinq modèles employés, — on arrive à cette conclusion que la largeur du Grand Chartrier municipal de Montpellier était de quatre mètres environ et sa hauteur de deux mètres environ, — soit seize pans de large sur huit de haut, — avec une profondeur de 50° environ (soit deux pans).

La conservation jusqu'à nos jours d'un matériel d'Archives du XV° siècle, et la possibilité d'en restituer la disposition primitive, méritaient d'être signalées au passage.

(1) Exemples : F, 6 et 7 ; — G, 6 et 7 ; — H, 6.

(2) « En lo dit armasi et al conmensament d'aquel d'ault en lo caysson que a escript davant *A* e nombre *j*.... » (fol. 39 v°) ; — cassettes 2 à 22 de l'armoire A (fol. 42 à 79).

« En l'autre armazi signat dessus *B* et en la caisseta nombre *j*...,. » (fol. 80 v°) ; — cassettes 2 à 22 de l'armoire B (fol. 81 à 102).

« En l'autre armazi en sequent, signat davant lettre *C*, et premièrement lo cayssou dessus signat *C* nombre *ung*... » (fol. 102 v°) ; — cassettes 2 à 22 de l'armoire C (fol. 104 à 152).

« En l'autre armasi après ensequent signat davant lectre *D*..... et primo en la petita cayssa dessus signat davant do nombre ung.... » (fol. 152 v°) ; — suivent les cassettes 2 à 22 de l'armoire D.

« En la caysse signade *E*, numéro *j*.... » (fol. 158 v°) ; — suivent les cassettes et caisses E.2 à E.5 ; — « en la caisse *E. vj*... » (fol. 9 et suiv.) ; — « en una caissa desoubz la caisse de Valenne, que es signade davant *E. vj*.... » (fol. 23 v° et suiv.).

Cassettes et caisses *F*. 1 à *F*. 7 (fol. 160 et suiv.).

Cassettes et caisses *G*. 1 à *G*. 7 (fol. 166 et suiv.).

Cassettes et caisses *H*. 1 à *H*. 7 (fol. 173 et suiv.).

« Et la fin de la grant armari » (fol. 176 v°).

(3) Cf. ci-dessous p. XXIX, fig. 9, une restitution (légèrement hésitante dans son équilibre momentané, mais peu importe) de la disposition que présentaient les armoires C et G, autrement dit les compartiments 3 et 7, du meuble contenant le Grand Chartrier.

INVENTAIRES, RÉCOLEMENTS ET RÉINTÉGRATIONS. — 1508-1657.

XVIe SIÈCLE. — La part du XVIe siècle dans la série de nos inventaires est des plus réduites. Aucun travail d'ensemble, analogue à ceux que nous avons eus à signaler pour les XIIIe, XIVe et XVe siècles, ne paraît avoir été entrepris.

Le récolement de 1495-1497, qui devait servir jusqu'en 1662-1663, fut pourvu de manchettes, résumant les analyses des pièces et tenant lieu de table; il reçut en outre (1), entre 1500 et 1560, quelques additions destinées à le mettre au courant des pièces nouvelles entrées dans le dépôt.

En 1546, on procéda à une révision des Archives du Consulat, mais cette opération ne fut pas l'occasion d'un inventaire nouveau, même peu développé (2).

En 1508, les Archives eurent leur place dans l'« Inventaire de la Maison de Ville» (3); elles occupent même plus d'un tiers de ce document (4), mais les mentions sont excessivement sommaires en ce qui concerne le contenu des sacs, livres, etc., et il n'y a pas lieu de s'en étonner, les Consuls ayant eu surtout pour but de réviser le mobilier. La question d'Archives mise à part, cet inventaire est fort intéressant, et nous le publierons certainement quelque jour.

XVIIe SIÈCLE. — Les travaux de catalogue consacrés aux Archives municipales de Montpellier durant les deux premiers tiers du XVIIe siècle, antérieurement à Louvet et à Joffre, peuvent se diviser en trois catégories : — 1° un inventaire proprement dit, — 2° des récolements et des prises

(1) Cf. *H. 3*, fol. 195 v° à 197 r°.

(2) «Mémoyre à Messieurs les Ouvriers que à présant sont de l'Œuvre et seront au temps advenir, que, l'année mil cinq cens quarante six et au moys d'octobre, les documens, instrumens, lettres et papiers du Trésor du Consolat de Montpellier ont esté visités, regardés et leuz, de mandement de Messieurs les Consulz, par maistre Bertrand Boschonis, leur greffier, et par moy Guillaumes Solier, greffier de Messieurs les Ouvriers, — et serés mémoratifs que avons trouvé la fondation institution de Messieurs les Consulz et Ouvriers et Consulz de mer, et notez que les fondation, privilèges, institution et confirmations de la puissance que vous, Messieurs les Ouvriers, avés tant sur l'œuvre, murailhes, portaulz, clausture d'iceulz, et des clefz, torres, bistorres, foussés, escames, sont dans le dit trésor au méjan tiers du grand armaire à comensant à l'entrée de la porte, et au segond méjan de part de la cotte et marque par lettres B et au XXIIe cayssoon dernier du dit méjan, — et là les treuverés quant en aurés affaire, et en avés aussi au trésor et caysse de l'Œuvre de céans.— SOLIER, notaire.» (Arch. municip. de Montpellier, *EE. 25*, fol. 17 r°).

(3) «Inventoyre des joyaulx de la chappelle de la Maison du Consolat et autres biens, livres et papiers estans dans la dicte Maison du dict Consolat, tant d'ault que de bas, et aussi de la Clavarie et contoer de la dicte Clavarie, et pareilhement des biens estans à la maison de l'Orgerie, poix de la farine, de la grant Loge et de la caysse de la cappellainie de Nostre-Dame de Tables, en l'Escole mage et dedans lo castel et maison de Carvètes, assis au Boys de Valenne, appartenant à la dicte ville,.... fait par les nobles et honorables hommes sire Pierre de Leuze, Octo Foucart, Jehan Fornier, Gauleem Cambays, Pierre Autat et Bernard Borniole, consulz de la dicte ville pour l'an mil cinq cent et huyt.» (Archives municipales de Montpellier, série DD); — «le dit inventaire.... contenu... en 46 fulliets; — dans le mesme livre, il y a autre inventaire des dits papiers et meubles faict le unzième de juin de l'année 1519, commençant au fulliet 48 du dit livre et finissant au 53me; — au-dessus du dit livre et au premier et dernier fulliet d'icelluy, les armes de la ville y sont peintes» (cf. l'inventaire de Joffre, *H. 10*, fol. 103, n° 51).

(4) Cf. fol. 18 r° à 39 r°.

en charge à l'occasion de l'entrée en fonctions de nouveaux greffiers consulaires, — 3° des listes de documents réintégrés à la suite de détournements ou simplement de transports à domicile.

I. — *Inventaire des Archives de la Commune Clôture.* — Cet inventaire, dont le rédacteur est resté inconnu, fut exécuté en 1632 et 1635; il forme un registre in-4° de 241 feuillets, papier (1), et contient l'analyse de 553 articles (2). Le titre en est ainsi conçu :

C'est l'inventaire des actes, tiltres et documentz de la Comune Clauzure de la ville de Montpellier et des fondations et collations de diverses chapelles, dont les sieurs Ouvriers de la dite Clauzure sont patrons et collateurs, — quy a esté faict de la permission, adveu et consentement de Messire Jean-Babtiste de Girard, conseiller du Roy, trésorier général de France, de Monsieur Maître Grégoire Soubeyran, conseiller du Roy, receveur et payeur des gaiges de la Cour des Comptes, Aydes et Finances de ceste ville, des sieurs Martin Avy, procureur en la dite Cour des Comptes, François Labouissière, maître chirurgien, Pierre Mourgue et Anthoine Garlenc, consulz et viguiers dudit Montpellier en l'année mil six cens trente deux, — et à la dilligence et poursuitte de Maître Fulcrand Domergue, procureur en la Sénéchaucée, gouvernement et siège présidial de la dite ville, sieurs Pol Carbonnier, bourgeois, François Bounier, merchant, Jean Vacheyron, merchant, Pierre Blanc, Guillaume Venel et Jean Devez, ouvriers de la dite Comune Clauzure en la dite année mil six cens trente deux, — et ce pour la conservation des dits actes et tiltres et affin que l'intelligence d'iceulx quy sont en latin soit mieux cognue à ung chacun par moyen du dit inventaire, pour pouvoir conférer les chapelles quy peuvent estre vacquantes, affin qu'elles soient servyes suyvant la vollonté et intention pyeuse des fondateurs d'icelles, et pouvoir servir à l'advenir aux dits sieurs Ouvriers et autres ainsin qu'il appartiendra (3).

Le présent inventaire des tiltres et documentz de la Comune Clauzure de Montpellier a esté discontinué despuis l'année mil six cens trente-deux jusques à présant, que de la permission, adveu et consentement de noble Henry de la Croix, seigneur de Sueilhes, Jean Devaux, sieur de Ginestet, escuyer, Pierre Cassan, marchant, Jaques Challon, mangonnier, et Anthoine Corbessac, cordier, consulz et viguiers dudit Montpellier en l'année mil six cens trente-cinq, a esté continué et parachevé, à la diligence, poursuitte et fraix de M° Claude Lagarde, greffier en la Cour royalle ordinaire de la présent ville de Montpellier, Jean Tournézy, bourgeois, Pierre Flory, marchant, Jean Bosc, mangonnier, Adrian (?) Bimond, m° tailleur, Jean Pradel, menuzier, et François Durant, travailhieur, ouvriers de la dite Comune Clauzure la dicte année mil six cens trente cinq (4).

II. — *Récolements et prises en charge.* — Ils sont au nombre de trois et se rapportent aux années 1630, — 1640 — et 1657-1658 :

1630.— Inventaire des papiers et...actes qui ont esté treuvés dans les Archifs de la Maison consullaire de Montpellier, faict par... Raulin de Girard, conseiller du Roy, conterrolleur des guerres en Languedoc, Pierre Rolland procureur en la cour des Comptes, Aydes et Finances, Pierre Arinis et Foulcrand Estève, consuls et vi-

(1) Archives municipales de Montpellier, *EE. 30.*

(2) Les articles 1 à 277 furent inventoriés en 1632, — les articles 278 à 553, en 1635.

(3) EE. 30, fol. 1.

(4) EE. 30, fol. 146.

guiers dudict Montpellier la présant année, commancé le dix-septième du mois de may mil six cens trente, — [terminé le 28 du même mois], — tous les[quels]... papiers,... treuvés aux Archifs de la Maison Consullaire, ont esté laissés dans iceux Archifs, les clefs desquels ont esté baillées à Me Estienne Viala, notaire royal, greffier et secrétaire de la dicte Maison consulaire(1).

1640. — Continuation d'invantaire des actes apartenans à la Communaulté de la ville de Montpellier, treuvées dans les Archifs de la Maison consullaire, dont les clefs estoient au pouvoir de la vefve et hérettiers de feu Me Estienne Viala, quand vivoit notaire et greffier de la dite Maison consullaire (2), remizes despuis le décedz d'icelluy ez mains de Me Pierre Sabatier, quy a sucédé à la charge du dict Viala, oultre les autres actes spécifiées au précédent invantaire d'icelles faict par Messieurs les Consuls dudict Montpellier l'année que le dict deffunt Me Estienne Viala entra en la dicte charge de greffier, quy sont présentement ez mains du dict Sabatier, — auquel présant invantaire a esté procédé... en la présence de Messieurs les Consuls de Montpellier estans en charge la présante année mil six cens quarante (3), — [ledit récolement commencé le 1er octobre et terminé le 20 novembre] (4).

1657-1658. — Invantaire général de tous les papiers et actes quy ont esté treuvés dans les Archifs de la Maison consulaire de la ville de Montpellier et remis par Me Guillaume Sabatier, notaire royal du dit Montpellier, fils de feu Me Pierre Sabatier, aussy notaire royal de la dite ville (5), cy-devant

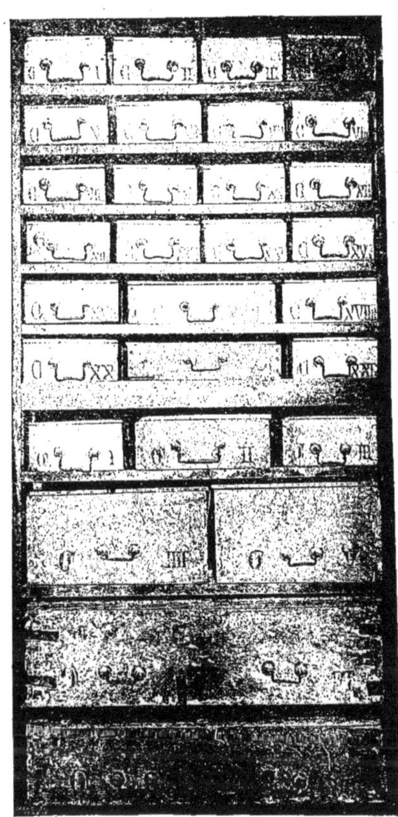

9. — Disposition, aux XVe, XVIe, XVIIe et XVIIIe siècles, des vingt-neuf cassettes et caisses composant les armoires C et G du fonds dit des « Grandes Archives ». (Restitution).

(1) Archiv. municip. de Montpellier, *II. 6*, 1re partie, — cahier in-4° de 44 feuillets, papier.

(2) « Le nœufiesme jour du moys sus escript [juillet 1640] est décédé Mre Estienne Viala, notaire royal et greffier dans la Maison de Ville de Montpellier, aagé de quarante-cinq ans ou environ et a esté enterré à St-Firmin. » (Archiv. municip. de Montpellier, GG. 214, fol. 18 v°).

(3) Archiv. municip. de Montpellier, *II. 6*, 2e partie, — cahier in-4° de 33 feuillets, papier.

(4) A la fin (fol. 32 et 33), le greffier Sabatier inscrivit, notamment en janvier et en septembre 1642, l'analyse de quelques nouveaux documents « remis dans les Archifs ».

(5) « Le sixiesme juin 1656,..... a esté ensevely dans l'église parochiale de Nostre-Dame-des-Tables le sieur Pierre Sabatier, aagé d'environ septante ans, notaire royal et greffier de la maison consulaire de ceste ville de Montpellier.... » (Archiv. municip. de Montpellier, GG. 219, fol. 90 r°).

greffiers et secrétaires de la dite Maison consulaire, — faict suivant les deslibérations prinses tant par Messieurs les Consulz et Viguiers dudit Montpellier l'année présante mil six cens cinquante-sept, le vingt septiesme... [du] mois [de mars], que par Messieurs du Conseil de Vingt-quatre de la dite ville, le troisiesme d'avril suivant, en la présence et assistance de Messieurs Jacques de Baudan, Pierre Valat, Claude Sigalon, Pierre Blanc, Jean Prévost et Claude Caucat, consulz et viguiers la dite année, — tous les[quels]... papiers... treuvés dans les Archifs de la Maison consullaire et laissés dans iceux Archifs, les clefs desquels ont esté baillées à Me Estienne Maryé, notaire royal et greffier consulaire de la dite ville (1), — [ledit récolement commencé le 30 mars 1657 et terminé le 23 mars 1658].

III. — *Réintégrations.*— Les inventaires, de longueur très inégale, qui ont été faits de 1624 à 1657, lors des réintégrations aux Archives municipales de documents restés entre les mains des greffiers ou de leurs héritiers, sont au nombre de quatre.

Comme pour les précédents, nous nous bornerons à en citer le titre :

1624. — Invantaire général des actes que Mre Jean Fesquet, greffier de la Maison consulère de Montpellier, remet par devant... Nosseigneurs tenant la souveraine Cour des Aydes..., ensuivant le commandement à luy faict en vertu de l'arrest donné par la Cour le VIIIe du présent mois de juillet mil six cens vingt-quatre (2).

1626. — Inventaire des actes, tiltres et documents de la ville de Montpellier saizis d'authorité de la Cour [des Aydes de Montpellier] et trouvées en diverses maisons auxquelles Me Jean Fesquet, ci-devant greffier de la Maison consulaire de la dite ville, les avoit faict transporter et cacher;.... [le dit] inventaire commancé le premier d'avril mil six cens vingt six, — [rédigé] par Jean de Rignac et Jean-Jacques de Plantade, conseillers du Roy, généraux en la Cour des Aydes de Montpellier, [à ce commis par arrêt de la dite Cour du 17 décembre 1624 et par arrêt du Conseil du 29 janvier 1625, les dits arrêts portant que] les dits papiers et titres seroient remis ès Archifz de la dite ville (3).

1630. — Inventaire sommère de certains actes et papiers concernant la Maison consullaire de la présent ville de Montpellier, treuvé dans ung cabinet de la maison de feu Me Jean Fesquet, greffier en la dicte maison consulaire (4), — faict par devant... Fransois de Ranchin, docteur et advocat plus antien exerçant la justice en la Cour ordinaire de la dicte ville, les srs Juges et Lieutenant absçans (5).

1640. — Estat des actes et papiers appartenant à la Ville et Communauté de Montpellier, quy avoient resté d'estre invantoriées dans l'invantaire faict après le décès de feu Me Estienne Viala, vivant notaire royal et greffier de la Maison consulaire de Montpellier, [aliàs] Estat des papiers treuvés chez la vefve du sr Viala, appartenant à la Communaulté de la ville de Montpellier (6).

(1) Archiv. municip. de Montpellier, *II*. 7, — cahier in-fol. de 51 feuillets, papier.

(2) Archiv. municip. de Montpellier, *II*. 2*t*, 1 pièce, papier.

(3) Archiv. municip. de Montpellier, *II*. 5, — in-4° de 345 feuillets, papier.

(4) Ce personnage était probablement le même que le protestant Jean Fesquet, qui mourut le 16 octobre 1629 (Archiv. municip. de Montpellier, GG. 325, fol. 41 r°, n° 9).

(5) Archiv. municip. de Montpellier, *II*. 23, — 1 pièce, papier, en double exemplaire.

(6) Ibid., *II*. 24, — 1 pièce, papier, petit in-4° (s.d.).

II

L'INVENTAIRE DE LOUVET EN 1662-1663

Les travaux exécutés à l'Hôtel de Ville vers le milieu du XVIIe siècle ayant singulièrement accru le désordre des Archives, une « vérification » et un « inventaire » furent décidés, au mois d'avril 1662. On en chargea un « homme très versé et espérimenté en ce faict », — « le s[r] Lovet » (1), qui, sept ou huit ans auparavant, avait enseigné la géographie et l'histoire à Montpellier, et depuis s'était essayé dans la littérature historique et avait fait métier d'archiviste à Toulouse et à Bordeaux.

L'historiographe-archiviste PIERRE LOUVET, — qu'il ne faut pas confondre avec ses deux compatriotes, contemporains et homonymes, l'avocat Pierre Louvet, historien du Beauvaisis (dont il aurait été l'ami, mais dont il n'était pas le parent), et le dominicain Pierre Louvet (dont on l'a dit à tort le parent, et qui le guida à ses débuts), — a laissé un nom honorable dans l'histoire littéraire du XVIIe siècle. Son œuvre représente plus d'une trentaine de volumes. Indépendamment des notes compilées à son sujet par le Père Lelong et Fevret de Fontette dans la ***Bibliothèque historique de la France***, par Lenglet du Fresnoy et Drouet dans la ***Méthode pour étudier l'histoire***, — il a eu sa notice souvent assez étendue dans un certain nombre de dictionnaires biographiques ou bibliographiques généraux (2), ainsi que dans plusieurs répertoires ou recueils locaux (3).

(1) Cf. la délibération du 22 avril 1662, que nous donnons aux Pièces justificatives. — On écrivait indifféremment *Lovet* ou *Louvet*; on prononçait toujours *Louvet*. De même on écrivait *Tolose*, en prononçant *Toulouse*. Nombre d'autres exemples analogues seraient faciles à produire.

(2) *Supplément au Grand Dictionnaire historique.... de Louis Moréri, pour servir à la dernière édition de l'an 1732 et aux précédentes*, tome Ier (Paris, 1735), pp. 288-289 ;

MORÉRI, *le Grand Dictionnaire historique*, 18e édition, tome V (1740), p. 272.

W-s (WEISS), dans la *Biographie universelle ancienne et moderne* (Paris, Michaud), tome XXV (1820), pp. 278-279.

P..., dans la *Nouvelle Biographie générale*, publiée sous la direction du D[r] Hœfer (Paris, Didot), tome XXXII (1860), p. 47.

P. DESCHAMPS et G. BRUNET, *Manuel du Libraire et de l'Amateur de livres, Supplément*, tome Ier (Paris, Didot, 1878), col. 896-897.

ENCYCLOPÉDIE LAROUSSE, tome X, p. 737.

VAPEREAU, *Dictionnaire universel des Littératures* (Paris, 1876), p. 1274.

LUDOVIC LALANNE, *Dictionnaire historique de la France*, 2e édition (Paris, 1877), p. 1178.

(3) Cf. notamment ÉD. DE LAPLANE, *Histoire de Sisteron tirée de ses archives* (1843, 2 vol. in-8), tome II, p. 433-404 ;

Biographie des hommes remarquables des Basses-Alpes par une Société de gens de lettres (Digne, Repos, 1850, in-8°), pp. 216-217 ;

JUNIUS CASTELNAU, *Bibliographie du Languedoc en général, du département de l'Hérault et de la ville de Montpellier*, (Montpellier, 1859[-1895], in-4°, extrait du tome IV des Publications de la *Société archéologique de Montpellier*), p. 15 ;

CH. BRAINNE, *les Hommes illustres du département de l'Oise* (Paris et Beauvais, 1863), tome Ier, pp. 310 à 317).

Louvet ne figure pas dans l'*Histoire des hommes illustres de la Provence* d'Achard (tomes III et IV du *Dictionnaire de la Provence et du Comté-Venaissain*, par une Société de gens de lettres ; Marseille, 1786-1787, in-4°).

Les renseignements les plus précis que nous possédions sur la période de sa vie antérieure à l'impression de ses premiers ouvrages, se trouvent dans le *Supplément* [publié en 1735] *au Grand Dictionnaire historique... de... Moréri.* Ils proviennent d'une lettre écrite par Louvet lui-même à Guy Patin le 23 janvier 1657. Cette lettre autobiographique, ainsi utilisée en 1735, et les notes bibliographiques réunies par le P. Lelong et par Fevret de Fontette, ont été les principales sources consultées sur notre personnage par les rédacteurs de dictionnaires historiques qui se sont occupés de lui. Mais en passant de main en main, les détails fournis par Louvet à Guy Patin n'ont pas été sans se modifier quelque peu et sans se mêler de quelques inexactitudes. Nous reproduisons littéralement la première partie de cette notice de 1735, sauf à revenir sur quelques points particuliers pour les compléter et les préciser à l'aide des divers documents inédits que nous avons pu recueillir à Montpellier, à Sisteron, à Digne, à Marseille, à Aix, etc. (1).

« LOUVET (Pierre), docteur en médecine, étoit né dans la ville de Beauvais après le commencement » du XVIIe siècle. Son père étoit d'Amiens. Il fit toutes ses classes inférieures dans le lieu de sa » naissance, où il y avoit dès lors quelques personnes habiles. M. Pichard lui enseigna les huma- » nités.

» Il demeura ensuite à Paris, principalement avec M. Manessier, dont il est si souvent parlé dans » le journal de Louis Gorin de Saint-Amour, & qui a passé pour un des bons théologiens de son » tems : il avoit été régent à Beauvais. — M. Louvet fit sa philosophie à Paris sous Claude Tristan, » qui fut depuis un des vicaires généraux du diocèse de Beauvais, sous M. Nicolas Choart de Bu- » zenval.

» Après ses études de philosophie, le Père Louvet, de l'ordre de saint Dominique, l'emmena avec » lui à Lyon pour essayer quel parti il prendroit. Lorsqu'il y eut demeuré environ huit mois, assez » incertain sur l'état qu'il embrasseroit, il résolut d'étudier en médecine, s'approcha d'Aix, où il ne » tarda pas d'aller demeurer, & qu'il ne quitta que pour aller à Montpellier.

» Soit par amour pour sa patrie, soit par quelque autre raison, il revint enfin à Beauvais, où, ne se » trouvant pas fort à son aise, il prit le parti de retourner en Provence. A peine y fut-il arrivé qu'on » lui proposa d'enseigner la rhétorique & les humanités, ce qu'il a fait pendant huit à neuf ans.

(1) On nous permettra d'adresser ici nos meilleurs remerciements aux divers érudits qui ont bien voulu nous prêter leur concours dans nos recherches sur Louvet : MM. Gaudin, bibliothécaire de la ville de Montpellier; — Isnard, archiviste du département des Basses-Alpes, — Eysseric, bibliophile à Sisteron, — Ducaunès-Duval, archiviste de la ville de Bordeaux, — Pasquier, archiviste du département de la Haute-Garonne, — Roussel, archiviste du département de l'Oise, — Marius Sepet, bibliothécaire à la Bibliothèque Nationale, — Dr Corlieu, bibliothécaire de l'École de Médecine de Paris, — Blancard, archiviste du département des Bouches-du-Rhône, — Vidal, bibliothécaire d'Aix, — Léon Galle, trésorier-archiviste de la Société des Bibliophiles lyonnais, — etc.

Nous ajouterons l'expression toute particulière de notre reconnaissance envers M. Lavit, maire de Sisteron, pour la parfaite obligeance avec laquelle il a mis les archives de cette ville à notre disposition.

» Durant ce tems-là, il se maria à Sisteron où il étoit alors, & où il avoit la protection de l'évêque » qui l'estimoit beaucoup ; & comme il faisoit peu ou point usage de la médecine, il se remit à la géo- » graphie & à l'histoire, » où il a fait d'assez grands » progrès. Étant à Digne, » où il régentoit la rhétori- » que, il fit connoissance » avec le célèbre Gassend, » que l'usage fait nommer » Gassendi, & il a souvent » avoué qu'il avoit beau- » coup profité dans les » conversations de cet ha- » bile philosophe & mathé- » maticien. Digne fut le » terme de l'emploi de » régent que M. Louvet » avoit exercé, comme on » voit, en plusieurs villes » de Provence.

10. — Portrait de Pierre Louvet (1673).

» Dès qu'il eut renoncé » à cet état, il alla à Mar- » seille, où il parut avec » honneur en plusieurs rencontres. Une fois entr'autres, un charlatan qui avoit eu l'adresse d'assembler quantité d'honnêtes gens & de populace, pour traiter en leur présence de la médecine, de la magie, de l'astrologie, des éclypses & des prédictions qu'il prétendoit qu'on pouvoit faire par le moyen de ces connoissances, séduisant le peuple par ses vains discours, M. Louvet, après l'avoir entendu discourir tant qu'il voulut, le réfuta avec tant de force & de solidité devant la même assemblée & dévoila si bien » la fausseté de tout ce qu'il avoit dit, que tout le monde fut honteux de la crédulité qu'il avoit eue » pour cet imposteur, & combla M. Louvet de louanges & d'honneurs. C'étoit la veille d'une éclypse » qui parut en ce tems-là. Les médecins surtout, dont M. Louvet avoit pris le parti, firent partout » son éloge, & le firent sçavoir à leurs confrères de Montpellier, en sorte qu'y étant allé quelque tems » après il en fut accueilli d'une manière très-honnorable. Il enseigna la géographie dans cette dernière » ville & eut entre ses écoliers plusieurs présidens & conseillers de la Cour des Aydes.

» Voilà (ajoute le supplément à Moréri, de 1735) tout ce que nous avons pu recueillir des particu- » larités de la vie de M. Louvet jusqu'en 1657, particularités qui se trouvent dans une de ses lettres » manuscrites écrite de Béziers à M. Patin, & datée du 22 de janvier ».

A la suite du continuateur de Moréri, tous les biographes de Louvet n'avaient pu qu'être d'accord sur le *lieu* de sa naissance. Louvet d'ailleurs ajoutait régulièrement à son nom, dans le titre de ses ouvrages, l'indication de son pays d'origine : «PIERRE LOUVET *de Beauvais, docteur en médecine*» (1). Mais la *date* de sa naissance, que la légende de son portrait, gravé en 1673 (2), permettait de calculer facilement, n'avait pas été (même par son biographe beauvaisin) absolument précisée (3). Or, son acte de baptême existe aux Archives municipales de Beauvais : Pierre Louvet fut baptisé en l'église Saint-Jacques de cette ville, le 3 février 1617 (4).

Si Louvet étudia momentanément la médecine à Montpellier, il est certain, quoi qu'on en ait dit (5), qu'il n'y prit pas ses grades. Les registres des « Matricules » et des « Congrégations» de notre ancienne École de Médecine (6) ne contiennent pas son nom. Il ne figure pas davantage dans le registre de la Chancellerie de l'Université (7). Nous serions assez porté à croire que c'est à Aix en Provence qu'il reçut le titre de docteur. Cette opinion nous est suggérée par le rapprochement de sa lettre à Guy Patin et d'un passage de son *Abrégé de l'Histoire de Provence* (8) ; — il est regrettable que la disparition des Archives de l'Université d'Aix rende toute vérification impossible.

Le mariage de Louvet, à Sisteron, paraît devoir se placer au plus tard en l'année 1647 (9). — Son premier fils *François* (qui devait plus tard embrasser la carrière ecclésiastique) fut baptisé dans cette ville le 1er septembre 1648 (10).

(1) Dans son *Abrégé de l'Histoire de Languedoc*, Nimes, 1655 (p. 124) et dans ses *Remarques sur l'Histoire de Languedoc*, Toulouse, 1657 (p. 103), Louvet mentionne Beauvais comme étant sa « patrie », à propos du professeur-chancelier de l'Ecole de Médecine de Montpellier Jean Hucher *Bellovacensis*, dont l'épitaphe existe encore (cf. Germain, *Soc. archéol. de Montpellier*, tome V, pp. 88-90).

(2) Le portrait de « LOUVET, Pierre, né à Beauvais, médecin et historiographe du Prince de Dombes, âgé de 56 ans en 1673, N... in-8° » a été signalé dans la *Bibliothèque historique* de Fevret de Fontette (tome IV, p. 222). — A la date de 1676, nous retrouvons ce portrait en tête de l'*Abrégé de l'Histoire de Provence* (cf. ci-dessus, p. XXXIII, fig. 10).

Les armoiries annexées à ce portrait de Pierre Louvet, — *d'or à trois hures de sanglier arrachées de sable, défendues d'argent et lampassées de gueules, posées 2 et 1*, — se retrouvent dans d'Hosier, sous le nom de son fils «Jean-Pierre Louvet, conseiller du Roy et son procureur en l'hôtel de ville de Sisteron. » (Bibliothèque nationale. D'HOSIER, généralité d'Aix, sénéchaussée de Sisteron, n° 92. — Communication de M. Eysseric.)

(3) Pierre Louvet, né à Beauvais « *en 1617* », disent simplement, en se transcrivant les uns les autres, les auteurs de la Biographie Michaud, de la Biographie Didot, Larousse, Vapereau, le Dictionnaire biographique des Basses-Alpes et Junius Castelnau.— Brainne donne également la date 1617. — L'abbé Vanel dit « vers 1617 ».

(4) «Le IIIe jour de feuvrier mil VIe dix-sept fut baptizé Pierre, filz de Robert Louvet et de Marie Batherine, ses père et mère ; ses parin et marinne Jehan Dupré et Agnez Lemaire. » (Archives municipales de Beauvais, GG. 194. — Communication de M. Roussel, archiviste du département de l'Oise).

(5) Biographie Michaud, Biographie Didot, Vapereau, etc.

(6) Archives de la Faculté de médecine de Montpellier.

(7) Archives du départ. de l'Hérault, G. IV, 63.

Il résulte des recherches de M. le Docteur Corlieu que Louvet ne prit pas davantage ses grades à Paris.

(8) Cf. ci-dessus, p. XXXII. — « ... [la] Provence, qui est ma seconde patrie, et où j'ay fait la pluspart de mes estudes ; et il est bien juste après avoir tiré de si belles lumières de ces sçavans professeurs en médecine, dont la mémoire sera immortelle, je consacre une partie de mes peines au soulagement de ceux qui en ont tant pris pour moy. » (*Abrégé de l'Histoire de Provence*, tome Ier, préface).

(9) Le plus ancien registre de baptêmes, mariages et sépultures conservé aux Archives municipales de Sisteron comprend : 1° les baptêmes de 1633 à 1652, 2° les baptêmes, mariages et sépultures de 1669 à 1690; — manquent : 1° les mariages et décès de 1633 à 1652, 2° les baptêmes, mariages et décès de 1653 à 1669. — Il résulte de ces lacunes que la date du mariage de Louvet à Sisteron ne peut pas être précisée.

(10) Archiv. municip. de Sisteron, GG., Bapt., mar. et sép., tome 1er (non folioté).

De 1644 à 1651, Pierre Louvet est au collège de Sisteron (1), soit en qualité de régent principal, soit en qualité de régent secondaire (2). — Le «bail» qui constate ses débuts en qualité de régent principal, en 1644, est assez intéressant pour que nous puissions le transcrire ici :

(1) Dans sa brochure sur *l'Enseignement à Sisteron, notice historique sur le Collège et les écoles primaires* (Forcalquier, impr. Albert Crest, 1895, in-8° de 120 pp.), M. A. BANCAL, inspecteur primaire, mentionne ainsi notre Pierre Louvet :

« 1644 à 1645. Pierre Lonnet.
» 1646 à 1647. ...... Pierre Lonnet ....
» 1648 à 1651. Pierre Lonnet .... » (p. 36).

(2) Les détails qui suivent sont tous empruntés aux registres de délibérations et de comptabilité, conservés aux Archives municipales de Sisteron.

Année scolaire 1643-1644. — Régent principal : PIERRE DAMALRIC, « escuyer et théollogien de la ville de Digne », à qui le « bail de la régence du collège » avait été passé par la municipalité le 10 septembre 1643 : « ...... outre la première classe qu'il fera, en fera fere trois autres par des autres régens qu'il y mettra cappables et lesquels à ces fins il sera teneu représanter ausdits sieurs consulz et dépputés pour estre ... examinés, ... et s'ils n'estoint cappables, il en mettra et présentera d'autres... » (Délibérations de 1643 et 1644. BB. 137, anciennement 61). — La régence du Collège avait déjà été baillée à ce Pierre Damalric, le 11 septembre 1642 (BB. 136, ancien 60). — Paiement de 145 livres 10 sous « à Messire Amalric, régeant du coullège, pour ses gaiges de six mois comansés le neufviesme apvril et finis le 9 octobre 1644 » (Compte de 1644. CC. 373, anc. 138, fol. 15 v°).

Année scolaire 1644-1645. — Régent principal : PIERRE LOUVET ; — bail du 2 septembre 1644 (cf. ci-dessous p. XXXVI).

« Plus a paié à Me Pierre Louvet, autre régeant, la somme de cent quarante-sept livres pour ses gaiges de six moys de la régence du coullège, ainsin qu'est exprimé par les mandactz adressés au comptable en nombre de trois qu'il rapporte avec la quictance au doz de chescung, cotté n° XXII .... I°XLVII l., » — à quoi fut ajouté en marge : « Ouy le comptable disant avoir esgaré le premier des troys mandatz qu'il raportoit en cest article, qu'estoit de dix-huict livres advancez au dit Me Louvet ; — veu le mandat de cinquante-cinq livres dix soulz faict et addressé au comptable le 19 janvier 1645, sans aucune quitance, — autre mandat faict au dit Me Louvet de septante trois livres dix souls pour le second quartier de gages de la dite régeance, — déclaration prinse dudit Me Louvet, du premier febvrier 1646, en faveur du dit comptable d'avoir receu dudit comptable les dix-huit livres du dit mandat esgaré : — admis pour cent quarante sept livres » etc. (Compte de 1644. CC. 373, anc. 138, fol. 16 r°).

« Plus ce descharge de la somme de 148 livres dix soulz qu'il a payées à Me Pierre Louvet et autres régeans du coulège, pour leurs gaiges de six premiers mois de l'année de ce compte », le dit paiement fait en vertu de mandats du mois de juillet 1645. (Compte de 1645. CC. 374, anc. 139, fol. 12 r°).

Année scolaire 1645-1646. — Le dernier août 1645, bail de la régence du collège, pour l'exercice 1645-1646, « à Me JEAN DARAGON, professeur de lettres humaines » (Délibérations de 1645 et 1646. BB. 139, anc. 63).

Année scolaire 1646-1647. — Le 16 juillet 1646, bail de la régence du collège, pour l'exercice 1646-1647, au même JEAN DARAGON (BB. 140, anc. 64).

« Jean Daragon, professeur aux bonnes lettres, premier régant au Collège de cette ville ». — Joseph Hodoul, second régent.

« Davantaige a esté paié à Me Pierre Lovet, docteur en médecine, aussy segond régant du dit collège après que le dit Mess° Hodoul, précédant régant à la mesme classe, heust quitté, la somme de 39 livres 15 soulz, pour les gaiges à lui deubz pandant le temps qu'il a servy de régant segond au dit Collège, ainssin qu'est déclairé aux trois maudatz et acquitz qu'il raporte pour en estre deschargé des vingt-trois [et] vingt-sept novembre, vingt-huict novembre [et] premier décembre mil six cens quarante-six, treze [et] dix-huict mars mil six cens quarante-six, cotté par n° XXXII ... XXXIX l. XV s. » (Compte de 1646. CC. 375, anc. 141, fol. 109 r° et v°).

« Payé à Me Pierre Lovet, docteur en médecine, second régeant du dit collège, la somme de trante-sept livres dix solz pour ses gaiges des deux derniers cartiers, ainsin qu'apert des deux mandatz et et acquitz du dit M° Lovet, l'un receu par Me Pascal, notaire, des 21 juin, 12 et 13 aoust 1647, qu'il raporte en deux pièces cottés par n° XIII .... XXXVII l. X s. » — (Compte de 1647. CC. 376, anc. 14?, fol. 22 v°).

Année scolaire 1647-1648. — Régent principal : « Me JACQUES MONZIN, docteur en médecine » (cf. CC 377, fol. 21 v° et 22 r°).

Année scolaire 1648-1649. — « Se descharge le comptable de la somme de cent cinquante livres qu'il a payés à M° PIERRE LOVET, docteur en médecine, premier régent du collège de ceste ville, et ce pour ses gaiges des deux premiers cartiers tant pour luy que les autres trois régens ; apert des deux mandatz joinctz ensamble, les quittances au pied concédées par les dits régens, des vingt déxambre mil six cens quarante huit, qu'il cotte par n° X ...... I°L l. » (Compte de 1648. CC. 377 de l'inventaire Thélène, anc. 143, fol. 22 r°).

« Plus se descharge de neuf livres qu'il a payés, par comandement des sieurs consuls et députés, à Me Pierre Lovet, premier régent, pour dresser ung théâtre, payer les viollons et muzique sur lequel théâtre ons y a joué une tragédie du Duc de Durde et Redof; apert du certifficat et aquit au pied, du six février mil six cens quarante neuf qu'il cotte par n° XI ... IX l. » (CC. 377, anc. 154, fol. 22 r°).

« Se descharge de neuf livres qu'il a rambourcé à Me Pierre Lovet, premier régent du collège et qu'icelluy avoict payé par ordre des sieurs consuls à Mr P. Michel, du lieux d'Allaux, pour la despance de quatre jours et demi, estant venu en ceste ville pour disputter les escolles, ayant le dict comptable payé les dites neuf livres ensuitte du certificat des sieurs [consuls] et députés du six novembre mil six cens quarante huict, qu'il cotte par n° XII ... IX l. (CC. 377, anc. 143, fol. 22 v°).

Bailh de la Régence du Collège. — L'an susdit [1644] et le second jour du mois de septembre apprès midy. dans la Maison commune de ceste ville de Sisteron, par devant .... [les] Consuls de la dite ville, adsistés des sieurs Depputés du Conseil ordinaire, lesquels de leur gré au nom de la dite Communauté et sous promesse de faire ratifier le présent contract au Conseil général des Cinquante à peine de tous despens, estans plainemant certiorés et advertis de la bonne vie, meurs, relligion catholique, apostolique, romaine, capacité et espériance aux lettres de Me Pierre Louvet, de Beauvais en Picardie, ont icelluy prouveu et bailhé, prouvoyent et bailhent par le présent acte la régence du Collège et escolle de la dite ville de Sisteron.

Lequel Me Louvet ycy présent, acceptant et stipulant, a promis comme promect par cestui acte auxdits sieurs Consuls et Députés stipulant pour la dite Communauté de bien et duement exercer la dite charge de régent avec tout le soin et dilligence requize et nécessère, et faire lecture publique aux lettres humaines et sellon la capacité des escolliers dans ledit collège à tous les jours et heures [acoustumées] et à toute personne qui les voudront enthendre, soit de la dite ville ou estrangers, sans rien prandre d'iceux pour les dites lectures publiques, — et ce pour le temps et espace d'une année entière et révollue comptant [de]puis le jour et feste de St Luq et finesant à pareilh jour, et ce pour et moyennant le gaige de deux cens nonnante quatre livres de l'ordonnance paiable carton par carton et à la fin de chascun d'iceux à paine de despens, à la charge et condition que le dit Me Louvet sera tenu prandre pour la seconde classe Me Pierre Monjesse, pour la troisième Me Anthoine Revel et pour la quatrième Me Pierre Planchon, comme par le présent acte il prand, ausquelz pairra les gaiges à l'acoustumée moyennant la susdite somme aussi carton par carton et à la fin de chascun d'iceux, moy notaire stipulant pour iceux Monjesse, Revel et Planchon, comme personne publique, tous lesquels entreront à leurs classes aux heures ordinaires et feront ce à quoy la charge les oblige conformément aux précédantz contratz, de quoy le dit Me Louvet prandra en particulier soin et façon que le publiq aye subjet de s'en contenter, et pour ce que dessus mieux atteindre, les dits sieurs Consuls [obligent] les biens et droits de la Communauté et le dit Me Louvet ses ...biens présens et advenir..... (1).

Louvet ne semble avoir résidé que peu de temps à Digne, en qualité de « régent principal » : — il y remplit ces fonctions du commencement d'octobre 1652 (au plus tôt) au commencement de mai 1653 (2), pas davantage.

« Dict le dit comptable qu'il a paié la somme de cent trante cinq livres à Me Pierre Lovet, docteur en médecine, premier régant au collège de ceste ville, pour ses gaiges d'une année à lui accordée par la dite communauté pour premier régant du dit collège, ainssin qu'apert de quatre maudatz et aquiz qu'il raporte pour en estre deschargé, du treize juin, vingt-trois aoust, vingt-trois décembre et septiesme mars 1650, cotté par no IIcLXXV .... IcXXXV l. » (Compte de 1749. CC. 378, anc. 144, fol. 70 vo et 71 ro).

Année scolaire 1649-1650. — Le 28 juillet 1649, bail à PIERRE LOUVET de la régence de la première classe du collège (fonction dont il s'était bien acquitté l'année précédente), pour une année à partir de la Saint-Denis ; il percevra 135 livres pour sa part. (BB. 141, anc. 65); cf. CC. 378, anc. 144, fol. 70 vo et 71 ro.

Année scolaire 1650-1651. — Le 2 octobre 1650, renouvellement à PIERRE LOUVET du bail de la régence de la première classe du collège, pour une année à partir du dit 2 octobre jusqu'à la Saint-Michel 1651, à raison de 135 livres par an. (BB. 142, anc. 66).

« Payé à Me Pierre Louvet, premier régent du collège en l'année dernière mil six cens cinquante ung, la somme de soixante sept livres dix soulz pour ses gages de deux quartyers ; appert des deux mandats et acquis du vingt-sept juin et vingt-huit aoust dernier qu'il rapporte en deux pièces cottés par no XI .... LXVII l. X s. » (Compte de 1651. CC. 379, anc. 145, fol. XV vo).

Année scolaire 1651-1652. — Régent principal : HONORÉ BLANC (cf. BB. 143, anc. 67, et CC. 379, anc. 145, fol. XVI vo et XVII ro).

(1) Archiv. municip. de Sisteron. — « Registre des Délibérations et contrats » de 1644 (BB. 138, anc. 62, non folioté.)

(2) « *Régent du Collège.* — Plus se descharge [Me Jean Feraud, trésorier de la communauté] de septante cinq livres qu'il a payées à Me Pierre Louvet, docteur médecin, régent principal du collège, à compte de ses gaiges ; mandat et acquit du sept mars mil six cens cinquante trois, cy no 105 .... LXXV l. » (Archiv. municip. de Digne, compte du trésorier de l'année 1652, fol. 57 ro et vo).

« *Me Louvet.* — Se descharge [le dit Trésorier] de trante livres qu'il a payées à Me Pierre Louvet, cy-devant régent du collège, pour la préthantion qu'il pouvoit avoir contre la Communaulté pour la non jouissance ; y a deslibération du Conseil du six may ;

Le séjour qu'il fit à Marseille, après son départ du collège de Digne, ne fut pas non plus de longue durée. — En 1655, il est à Montpellier, exerçant « la profession d'enseigner la géographie et l'histoire », et il débute dans la littérature historique par un petit volume de vulgarisation, — imprimé à Nimes, — intitulé : *Abrégé de l'Histoire de Languedoc et des princes qui y ont commandé sous la seconde et troisième race des Roys de France jusques à l'entière réunion à la Couronne sous Philippe le Hardy*(1), — et dédié « à son Altesse Monseigneur le Prince de Conty, prince du sang, pair de France, gouverneur et lieutenant général pour le Roy en Guienne, vice-roy et capitaine général des armées de Sa Majesté en Catalogne, Roussillon et Cerdaigne ».

Cet ouvrage, qui sept ans plus tard, en 1662, fut offert de nouveau au public, sous le même titre, par le même libraire nimois, doit être mentionné ici d'une façon spéciale. Il permet de dater exactement le commencement de la carrière d'écrivain de Louvet, — carrière qui devait durer juste un quart de siècle et que ses biographes ont été presque unanimes à faire partir seulement de l'année 1657, époque où il publia à Toulouse ses *Remarques sur l'Histoire de Languedoc* (2).

Louvet ne tarda pas à se concilier à Montpellier des sympathies nombreuses, aussi bien dans « la Faculté » que dans le clergé et la magistrature. Il a raconté lui-même que son aventure avec le charlatan de Marseille l'avait fait accueillir par nos médecins « d'une manière très-honnorable » ; la bienveillance ne dut pas se démentir quand on le vit dans son livre louer chaudement la médecine... sans l'exercer (3).— Pour la rédaction de son premier ouvrage, il fut aidé par deux Montpelliérains

remet son mandat et acquit cotté nº 315 .... — xxx l. » (Archiv. municip. de Digne, compte du trésorier de 1652, fol. 190 vº).

Délibération du 6 mai 1653 : — « De plus a esté donné pouvoir et charge aux dits sieurs Consuls de traicter l'affaire avec Me Louvet, régent de la première classe, ainsi qu'ils treuveront à propos et d'en passer le contract avec l'autre régent venu ». (Archiv. municip. de Digne, BB. 22, non folioté).

Dans son travail intitulé *Collège et Lycée de Digne, étude historique* (Digne, 1889, in-8º de 120 pp.), M. JULES ARNOUX ne fait aucune mention de Pierre Louvet.

(1) *A Nismes, par Jean Plasses, marchand libraire et imprimeur*, M.DC.LV. — in-8º, 6 ff (pour le titre, l'épitre dédicatoire, la préface et le début de l'ouvrage), 170 pp. (dont la dernière numérotée par erreur 180) et 1 f. complémentaire. — La Bibliothèque de la ville de Montpellier en possède un exemplaire (cf. [A. GAUDIN], *Bibliothèque de la ville de Montpellier, Catalogue des ouvrages légués par M. de Vallat*, Montpellier, 1891, tome II, p. 549).

(2) Brunet, Castelnau et M. Roschach sont, croyons-nous, les seuls auteurs qui aient mentionné cette édition de 1655 de l'*Abrégé de l'Histoire de Languedoc* (cf. *Manuel du Libraire*, t. VI, nº 24724 ; *Bibliog. du Languedoc*, p. 15, et *Mém. Acad. Toulouse*, 8e série, tome VII, 1er semestre de 1885, p. 4).

(3) La Faculté de Médecine de Montpellier n'était pas des plus tolérantes à l'endroit des médecins, non gradués par elle, qui s'avisaient de vouloir exercer dans sa circonscription.

La délibération suivante, en date du 20 septembre 1650, est particulièrement instructive à ce sujet :

« Assemblés Messieurs de Cortaud, doyen, Rivière, Duranc, Soliniac, professeurs, et Gente, docteur aggrégé en la Faculté de Médecine de Montpellier ; — a esté proposé par le sr Tandon, sindic, qu'il est averti que plusieurs persones font et exercent la médecine dans les villes de la Province, sans estre aprouvés et gradués en l'Université, et mesmes qu'il y a instance formée en la cour de Parlement de Thoulouse par les docteurs de la dite Université de Montpellier, pratiquans en la ville de Pézenas, contre le nommé Pompinaci, qui exerce la médecine dans la dite ville de Pézenas, sans estre approuvé de la dite Université ni gradué en icelle, contre les privilèges de la dite Université et arrests du dit Parlement. C'est pourquoy requiert d'en délibérer. — L'Université a unanimement résolu et délibéré que le Sindic interviendra en la dite instance et demandera l'observation des dits privilèges et arrests, à ce que aucun ne puisse pratiquer et exercer la médecine dans le Languedoc, sans estre aprouvé et gradué en la dite Université. Fait au conclave de la dite Université l'an et jour susdict. [Signé] : Cortaud, doyen ; Rivière, J. Duranc, Soliniac, Gente ; Gardel, secrétaire. » (Archives de la Faculté de Médecine de Montpellier. « Congrégations » de 1624 à 1661, fol. 315 rº).

dont le nom n'est pas oublié : le conseiller de Rignac (1) et le chanoine-historien Gariel (2), qui mirent leurs bibliothèques à sa disposition (3). — C'est surtout à la Cour des Comptes qu'il rencontra la protection généreuse, dont il avait besoin. Le Conseiller de Bécherand (4) « l'avança chez luy et le caressa d'une affection toute particulière » (5).

A Toulouse, Louvet trouva un autre protecteur, plus influent encore que M. de Bécherand : l'archevêque Pierre de Marca, l'historien du Béarn. Dès 1655, Louvet avait reçu de lui, sur divers points particuliers d'érudition, des avis qu'il avait humblement suivis (6) et son premier livre avait eu l'appui du puissant prélat. En 1657, il lui dédia ses *Remarques* (7), où, plus encore que dans son *Abrégé*, il sut reconnaître en bon courtisan le service qui lui était rendu (8).

Ces *Remarques sur l'Histoire de Languedoc*, auquel l'auteur a ajouté comme sous-titre : *des Princes qui y ont commandé sous la seconde et troisième lignée de nos Roys jusques à son entière*

(1) « JEAN DE RIGNAC, Conseiller en la Cour des Aides de Montpellier, mort dans cette ville vers l'an 1660, avoit formé le projet de composer une fort longue Histoire de Languedoc ; il faisoit l'Histoire particulière de chaque Ville et de tous les Seigneurs de ces Villes, et la Généalogie de leurs Maisons. Il avoit ramassé une grande quantité de Manuscrits sur ce sujet » ; le Marquis d'Aubais en a « acheté une partie, consistant en cinquante-sept volumes in-folio, ou grands in-quarto, à Montpellier le 8 juillet 1713. » (Le P. Lelong, *Bibl. hist.*, 1719, p. 942, no 15202.)

(2) Sur Gariel, cf. Junius Castelnau, *Bibliographie du Languedoc*, p. 69.

(3) « J'advoue ... avoir des obligations infinies au très docte » Mr de Rignac, conseillier en la Cour des Comptes, Aydes et Fi» nances de ce pays, qui d'une affection toute sincère qu'il a pour » les gens de lettres m'a souvent favorisé des mémoires de sa belle » bibliotèque. Le favorable accueil que m'a pareillement fait Mr » Garriel, doyen et chanoine de Mompelier, semble exiger de ma » recognoissance que je dise qu'il ne m'a pas peu aydé tant de » ses livres qu'autres mémoires dont il m'a fait part. » (P. LOUVET, *Abrégé de l'histoire du Languedoc*, Nimes, 1655, préface.)

« Autheurs desquels je me suis servi en cet ouvrage : ... Archifs ».de Mr de Rignac, conseillier en la Cour des Comptes, Aydes et » Finances de Mompelier .... » (Id. p. [181].)

(4) Lequel ? Pierre ou François ?? (cf. L. GUIRAUD, *N.-D. de Montaigu dite de la Citadelle à Montpellier*, pp. 30 à 32).

(5) « Je finis avec cette prière que je fais au bénin lecteur d'excuser si je ne l'ay plainement satisfait, protestant de demeurer infiniment obligé à ceux qui me feront la faveur de me monstrer mes deffauts, que je recevray tousjours de très bon cœur chez Mr de Becherand, conseillier en la Cour des Comtes, Aydes et Finances de Languedoc à Mompelier, de qui la mémoire ne s'effacera jamais de mon cœur, puisque les noms de ceux qui, comme un autre Mecenas, obligent par leur bien faits les gens de lettres, doivent estre gravés en lettres d'or non pas dans un tel livre que le mien, mais bien dans celuy de l'éternité ; c'est à luy seul après Dieu que j'ay les obligations du progrès que j'ay fait à Mompelier, n'ayant avancé chés luy et caressé d'une affection toute particulière. Sa modestie me défend d'en dire davantage. » (LOUVET, *Abrégé de l'Histoire de Languedoc*, 1655, pp. 169-180).

(6) « Je m'arreste volontiers à ce que j'ay appris de Mr. l'Archevesque de Toulouse qui m'a fait l'honneur de me communiquer son sentiment là-dessus. » (LOUVET, *Abrégé de l'Hist. du Languedoc*, 1655, p. 10). — « Comme j'étois dans la perplexité de tant d'opinions différentes, Monseigneur de Marca, très digne archevesque de Toulouse, me fit l'honneur de me communiquer là-dessus son sentiment... » (*Remarques sur l'Hist. du Languedoc*, 1657, p. 14).

« Mais d'autant que mon dit seigneur a dessein d'en faire un traitté particulier qu'il veut donner au public, je surseois à dire maintenant ce qu'il a pleû à Sa Grandeur de m'en apprendre... » (*Abrégé*, p. 11 ; cf. *Remarques*, p. 15).

(7) « Lorsque je présente à Vostre Grandeur ce Traité, je ne luy offre rien qui ne luy appartienne ; la protection qu'elle daigna donner à mon premier coup d'essay m'oblige de luy présenter cet ouvrage, afin qu'il luy plaise d'achever son bien-fait et de consommer ce qu'elle a commencé. » (LOUVET, *Remarques*, épitre dédicatoire).

(8) « On y remarquera beaucoup de choses que j'ay tiré des mémoires de feu Mr. Catel, conseillier au Parlement de Toulouse, qui a pris grand peine à deffricher un champ qui estoit plein de ronces et espines, comme aussi de plusieurs autres écrivains ; mais surtout ce qui a servi à étoffer ce petit ouvrage a esté l'histoire de Béarn de Mr. de Marca, jadis président au Parlement de Navarre et depuis évesque de Coserans et aujourd'hui très digne archevesque de Toulouse ; sa modestie m'impose silance, aussi ne doi-je pas profaner par mes vains escrits la louange d'un homme qui donne de l'admiration à toute l'Europe. » (P. LOUVET, *Abrégé*...., 1655, préface).

réunion à la Couronne : des Estats généraux de la Province et des Particuliers de chaque Diocèse (1), sont une nouvelle édition revue, modifiée dans sa rédaction de temps en temps, augmentée dans plusieurs cas et imprimée dans un format plus grand, de l'*Abrégé* publié en 1655 (2).

Dès 1657, Louvet commença à « tirer plusieurs moutures » de ses œuvres, soit à l'état manuscrit, soit à l'état imprimé. C'est ainsi qu'on le trouve cité comme auteur d'« un *Traité historique sur les États généraux de la Province*, dédié à l'Archevêque de Toulouse Pierre de Marca » (3), et d'autre part qu'on le voit présenter aux États de Languedoc « un livre intitulé *la Vie des Gouverneurs et Lieutenans du Roy en Languedoc et l'Histoire des Estats généraux de la Province* » (4), et au Consistoire de Toulouse une *Histoire des Gouverneurs et Lieutenants généraux en la Province de Languedoc* (5). — C'était un moyen d'obtenir des subventions. — A la suite de ces présentations, les États de Languedoc accordèrent à Louvet « une gratification de 200 livres » (6) et le Consistoire de Toulouse, « une gratification de 60 livres » (7).

« Comme les rivières cherchent la mer qui embrasse toutes les eaux, l'Histoire particulière des Provinces ne sçauroit s'aller reposer plus heureusement qu'entre les mains d'un Prélat qui comprend dans son esprit le corps de l'Histoire universelle et de toutes les plus belles lumières. Tout le monde advoue que Vostre Grandeur entend toutes les questions et qu'elle en peut résoudre toutes les principales difficultez ; jamais un party n'est plus fort que quand Vous le soustenez, et on ne sçauroit voir une opinion mieux appuyée que lorsque vous employez la force de vos paroles pour en découvrir les raisons et les beautez ; jamais Prélat n'a respiré avec plus de zèle la gloire de l'Eglise que Vous ; jamais homme d'Estat n'a mieux pénétré les ressorts de la Politique et ne les a démélez avec plus de passion pour les intérêts du Prince et pour le bien des subjets. Nous voyons la vaste estendue de vos cognoissances dans vos Escrits, la solidité de votre conduite dans l'Assemblée du Clergé, la piété de vostre ame dans la Direction de vostre Diocèse et dans la reduction du Béarn à la véritable Religion. A voir avec quelle netteté vous éclaircissez chaque chose en particulier, on croiroit que vous ne vous estes appliqué durant vostre vie qu'à elle seule : et lorsque nous considérons avec quelle expérience vous les traitez toutes en général, il semble qu'il manqueroit quelque chose aux plus grandes affaires si elles ne passoient par vos mains. » (LOUVET, *Remarques*, 1657, épitre dédicatoire « à Monseigneur.... l'illustrissime Pierre de Marca, archevesque de Tolose, conseiller du Roy en ses Conseils d'Estat et privé, etc. »).

« Le premier duc de Septimanie ... fut, selon M. de Marca, BERNARD... (*Abrégé*..., p. 18). — « Je me suis attaché à cette sçavante Histoire de Béarn, qui est un ouvrage si accomply et achevé que je n'ay pu trouver ailleurs un éclaircissement plus net, ce qui me fera admettre pour premier duc de Septimanie BERNARD... » (*Remarques*..., p. 27).

(1) *A Tolose, par Fr. Boude, imprimeur, à l'enseigne de S. Thomas d'Aquin, devant le Collège des PP. de la Compagnie de Jésus*, M.D.C.LVII. — In-4o, 3 ff. et 232 pp.

Cet ouvrage a été cité par le P. Lelong, 1719, p. 781, no 15198, — par Fevret de Fontette, t. III (1771), p. 519, no 37709, — par Lenglet du Fresnoy et Drouet, t. XIII, p. 136, — par le Supplément au Dictionnaire de Moréri, 1735, — par le Moréri de 1740, — par Brunet, *Manuel du Libraire*, 5e édit., t. VI, col. 1378, no 24724, — par la Biographie Michaud, la Biographie Hœfer-Didot, etc.

La Bibliothèque de Montpellier en possède un exemplaire.

(2) Après avoir cité ces deux ouvrages, Junius Castelnau s'exprime ainsi : « Le second ne diffère guère du premier que par de nombreuses corrections et additions que l'auteur a fait à celui-ci. Particulièrement, la section intitulée, dans l'ouvrage de 1655 : *Division géographique de la Province de Languedoc*, est devenue, dans celui de 1657, un traité de l'histoire des États généraux de Languedoc et des Assiettes ou États particuliers de chaque Diocèse, placé à la fin du volume et presque aussi étendu que tout le reste de l'ouvrage... [Ce] travail sur les Assiettes diocésaines n'est point sans utilité. » (*Bibl. du Languedoc*, p. 15).

Parmi les additions, nous signalerons spécialement la description-éloge de la ville de Toulouse (*Remarques*, pp. 64 à 68) : — « Si je voulois dire toutes les merveilles de Toulouse, il faudroit un volume plus gros que celui que j'ay entrepris » (pp. 67-68).

(3) E. ROSCHACH, *Ville de Toulouse, Inventaire des Archives communales antérieures* à 1790, tome 1er, introduction, p. LXXXII.

(4) Délibération du 17 janvier 1657, — cf. Pièces justificatives.

(5) « Ouvrage considérable très utile et profitable au public, ayant pris les mémoires qu'il a trouvés dans les vieux registres de cette maison. » (BB. 36, p. 244). — ROSCHACH, *Invent. Arch. comm. Toul.*, p. LXXXVIII, note 1.

(6) Délibération du 13 mars 1657, — cf. Pièces justificatives.

(7) 20 novembre 1657. — Cf. ROSCHACH, *Invent.*, p. LXXXVIII, note 1.

« Sous la municipalité de l'année 1657-58, il s'exécuta.... quelques travaux d'amélioration dans les Archives [municipales de Toulouse.] L'administration y fit rétablir l'ordre matériel » et Louvet fut chargé « de dresser une table analytique des Annales manuscrites ». Il « a résumé les résultats de son dépouillement des huit premiers livres de l'Histoire dans une table analytique très soignée, de 133 pages, où les matières sont rangées sous [des] rubriques [disposées par ordre alphabétique] » (1). Elle est intitulée : *Table des choses les plus mémorables qui se trouvent dans les livres de l'Histoire de la Maison de Ville de Tholose* (2). Ce travail, qui lui fut payé 250 livres (3), lui permit de dresser un *Catalogue de Messieurs les Capitouls de la présante ville de Tholose depuis l'an 1295, extraicts des livres des Annales, rangés par ordre alphabétique et mis à l'année qu'ils ont commencé d'entrer en charge* (4) et en même temps de commencer à recueillir des notes pour la rédaction d'un volume que, vingt ans plus tard, il offrit aux Capitouls : ce volume ne fut pas imprimé, comme l'aurait désiré l'auteur, mais il lui rapporta 150 livres ; on le déposa aux Archives, d'où il a disparu (5).

De Toulouse, Louvet s'en fut à Bordeaux, attiré par « la curiosité de voir la foire qui se tient tous les ans, en octobre, en cette ville » (6). Il y passa l'hiver, et en quatre ou cinq mois rédigea un *Traité en forme d'abrégé de l'Histoire d'Aquitaine, Guyenne et Gascogne, depuis les Romains jusqu'à présent*, qu'il présenta aux Jurats le 5 mars 1659 (7). — Au mois de mai suivant, les Jurats, ayant décidé qu'on s'occuperait d'un classement général des Archives de l'Hôtel-de-Ville par ordre des matières, avec un répertoire alphabétique, chargèrent Louvet de cette besogne (8). Trois mois plus tard, à la

(1) Cf. ROSCHACH, *Invent.*, pp. LXXXI à LXXXIII.

(2) Cf. ROSCHACH, dans les *Mémoires de l'Académie de Toulouse*, 8e série, tome VII, 1er semestre de 1885, p. 5.

(3) Mandement du 17 août 1658.

(4) Cf. ROSCHACH, *les Listes municipales de Toulouse du* XIIe *au* XVIIe *siècle*, dans les *Mém. Acad. Toul.*, 8e série, tome VII, 1er sem. de 1885, p. 2.

(5) « En 1678, le docteur Pierre Louvet, de Beauvais, qui, vingt ans auparavant, avait été chargé, comme on l'a vu, de divers travaux de classement et de catalogue aux Archives de la ville, présenta aux Capitouls un manuscrit dont il était l'auteur, en les priant « d'agréer que cet ouvrage fut mis sous la presse. » C'était un résumé chronologique des huit premiers livres de l'Histoire, dont il avait recueilli les matériaux pendant son séjour aux Archives.

» Pierre de Gilèle, chef du Consistoire, soumit cette proposition au Conseil des Seize, le 24 novembre, et fit observer à l'assemblée que ses collègues et lui n'avaient pas cru devoir permettre l'impression de ce manuscrit « pour diverses considérations », et jugeaient, au contraire, important de le retirer des mains de l'auteur, ce recueil pouvant être très nécessaire à la Ville dans le cas où l'un des livres de l'Histoire viendrait à s'égarer.

» Le Conseil décida que l'ouvrage serait conservé à l'Hôtel-de-Ville et accorda à Louvet une gratification de 150 livres (BB. 40, p. 246). Le recueil fut déposé aux Archives d'où il a disparu. Le mandat de payement du 10 décembre 1678 porte expressément que le manuscrit, contenant en abrégé un recueil de tous les huit livres de l'Histoire et Annales de l'Hôtel-de-Ville, a été délivré aux Capitouls et par eux remis aux Archives (CC. 1450).

» Les « diverses considérations » invoquées par les Capitouls pour laisser inédite la compilation de Pierre Louvet tenaient peut-être à la crainte d'indiscrétions dangereuses ; mais il est probable que le projet déjà formé de donner au public le grand ouvrage préparé par Lafaille à l'aide des documents de l'Hôtel-de-Ville, fut la cause déterminante du refus ». (ROSCHACH, *Invent.*, pp. LXXXVII-LXXXVIII).

(6) « La curiosité de voir la foire qui se tient tous les ans en octobre en cette ville m'y ayant attiré de Toulouse, aussi bien que plusieurs marchands qui y abondent en foule des contrées les plus éloignées, m'obligea d'y passer l'hiver assez joyeusement...... Et comme cette saison qui d'ordinaire n'est guère agréable oblige assez de garder la maison, et que d'ailleurs je n'ayme pas volontiers à demeurer oisif, je cherchai à me divertir parmi l'estude de l'histoire de ce pays... » (LOUVET, *Traité en forme d'Abrégé de l'hist. d'Aquitaine, Guyenne et Gascogne*, début de la préface.)

(7) Délibération des Jurats en date du 5 mars 1659, — cf. Pièces justificatives.

(8) Délibération des Jurats en date du 10 mars 1659, — cf. Pièces justificatives.

fin de juillet, l'inventaire était terminé ; on allouait 300 livres à Louvet et un nouvel à compte à l'imprimeur de son livre (1).— Cet inventaire existe encore ; il porte pour titre : « *Résultat des titres induicts et rangés dans les Archives de l'Hostel de Ville de Bourdeaux, l'an 1659*, par M. Louvet, de Beauvais, docteur en médecine, et Léonard Lamouhe, clerc de M. Dubosq, clerc et secrétaire de la ville, suivant l'ordonnance de Messieurs les Maire et Juratz du moiz de may de la mesme année ; avec une table et indice des dictz titres » (in-folio de 515 pages, papier) (2).

L'année 1660 est marquée, à notre connaissance, dans la carrière de Louvet, 1° par la publication, à Toulouse, d'un *Discours historique de l'an jubilaire de la Paix, depuis celle du Cateau-Cambrésis, en 1559, jusqu'à celle des Pirénées, en 1659, avec une Relation de ce qui s'est passé à Toulouse en la publication de la Paix* (3); — 2° par le classement et l'inventaire des « Petits Archifs » de la ville de Toulouse, travail auquel il consacra environ trois mois et qui lui fut payé 200 livres (4).

En 1662, — année où furent remis en vente ses deux ouvrages généraux sur le Languedoc : l'*Abrégé*, avec le même titre qu'en 1655 (5), et les *Remarques*, sous le titre nouveau de *Le Trésor inconnu des Grandeurs du Languedoc* (6), — il trouvait à entreprendre à Montpellier, aux Archives municipales, un travail considérable, — sur lequel nous reviendrons spécialement un peu plus loin, — qui devait l'occuper douze mois entiers, le retenir dans notre ville au moins jusqu'en juillet 1663, et lui fournir la matière d'une *Histoire de Montpellier*, qui ne fut pas imprimée et dont le manuscrit semble aujourd'hui perdu (7).

(1) Délibération des Jurats en date du 31 juillet 1659, — cf. Pièces justificatives.

L'*Abrégé de l'histoire d'Aquitaine, Guyenne et Gascogne* fut imprimé « *à Bourdeaux, par G. de la Court, imprimeur ordinaire du Roy et de l'Université*. MDCLIX ». — In-4° de 212 pp.

Cet ouvrage a été cité par le P. Lelong, 1719, p. 778, n° 15133, — par Fevret de Fontette (qui en donne une analyse), t. III, 1771, pp. 506-507, n° 37511, — par Lenglet du Fresnoy et Drouet, t. XIII, p. 124. — par le Supplément à Moréri de 1735, — par le Moréri de 1740, — par la Biographie Michaud et la Biographie Hœfer-Didot, — par Deschamps et Brunet, — etc.

(2) La *Statistique générale de la Gironde* d'Ed. Ferret a consacré quelques lignes (tome III) aux faits dont il vient d'être parlé.

Les divers textes sur Louvet à Bordeaux, que nous donnons en pièces justificatives, nous ont été communiqués par M. Ducaunès-Duval, archiviste de la ville.

(3) Cité par le P. Lelong, 1719, pp. 678-679, n° 13309, — par le Suppl. à Moréri de 1735, — par le Moréri de 1740, — par Fevret de Fontette, t. III, 1771, p. 108, n° 30927, et t. IV, 1775, p. 492, n° 37786, — etc.

(4) Voir le procès-verbal de la séance du Conseil des Seize, en date du 7 juin 1660, cité par Roschach, *Mém. Acad. Toul.*, loc. cit., p. 4 ; — cf. Roschach, *Invent. Arch. comm. Toul.*, p. LXXXIV.

(5) C'est par erreur que cette édition de 1662 de l'*Abrégé* a été signalée comme une réimpression des *Remarques*, par le P. Lelong, 1719, p. 781, n° 15198, — par le Supplément à Moréri de 1735, — par le Moréri de 1740, — par Fevret de Fontette, t. III, 1771, p. 519, n° 37709, — par Lenglet du Fresnoy et Drouet, t. XIII, 1772, p. 136, — par la Biographie Michaud, par la Biographie Hœfer-Didot et par Ch. Brainne. (Cf. Brunet, *Manuel*, 5e édit., t. VI, col 1378, n° 24724).

(6) Communication de M. Gaudin, bibliothécaire de la ville de Montpellier.

Cet ouvrage a été cité par Fevret de Fontette, t. III, n° 519, n° 37710, — par Brunet, *Manuel*, 5e édit., t. VI, col. 1378, n° 24725, — par Junius Castelnau, *Bibliogr. du Languedoc*, p. 16, n° 34, — et par M. Roschach (*Mém. Acad. Toul.*, op. cit., p. 4).

Brunet (loc. cit., n° 24724) indique une autre édition des *Remarques*, sous la date de *1664*.

(7) « Ms. *Histoire de la ville de Montpellier*, par Pierre Louvet, médecin : in-fol. — Elle [étoit] entre les mains de François Louvet, fils de l'auteur, prêtre et aumônier du Roi sur les galères » (Fevret de Fontette, t. III, 1771, p. 532, n° 37829).

L'inventaire du Grand Chartrier de Montpellier clôt la partie languedocienne jusqu'ici connue de l'œuvre de Louvet (1).

Ses travaux ultérieurs, sur lesquels nous passerons plus rapidement, se rapportent, — d'une part, au Beaujolais, à la principauté de Dombes, dont il fut nommé historiographe vers 1672-1673, et à l'histoire générale de France, — d'autre part, à l'histoire de l'ensemble de la Provence et à l'histoire particulière de la ville de Sisteron.

En 1668, il rédige l'inventaire des Archives de Villefranche (Rhône) (2), et, en 1669, il publie un ***Projet de l'Histoire du Païs de Beaujolois*** (3), « pièce fort rare et précieuse », qui est « l'un des premiers produits de la typographie à Villefranche » (4). Trois ans plus tard, il fait paraître à Lyon une petite ***Histoire de Villefranche, capitale du Beaujolois*** (5), qui est encore recherchée aujourd'hui (6). — Quant à cette histoire d'ensemble du pays de Beaujolais, annoncée en 1669, Louvet n'eut pas la satisfaction de pouvoir la mettre au jour (7) ; elle sera prochainement publiée par M. Léon Galle, archiviste de la Société des Bibliophiles lyonnais, et par M. Guigue, archiviste du département du Rhône (8), en même temps l'***Histoire de la principauté de Dombes***, restée également manuscrite. Cette dernière a été signalée comme un ouvrage spécial (9) ; dans les différentes copies retrouvées par M. Galle, elle forme le tome second de l'Histoire du Beaujolais.

(1) Louvet travailla aussi aux Archives de Béziers et de Carcassonne. Le tome II de son *Abrégé de l'Histoire de Provence* se termine ainsi : « Je finis en priant le lecteur d'excuser la grossièreté et le peu de politesse que j'ay apporté à la composition de cet ouvrage ; si quelqu'un me veut communiquer de meilleures instructions et mémoires, je luy en seray obligé. Et en contre-échange je luy feray part de plusieurs belles pièces en M. S. que j'ay extraites des Archives de Tolose, Bourdeaux, Carcassone, Béziers et Montpelier. »

(2) Archiv. municip. de Villefranche (Rhône), II. 1, in-4° de 105 feuillets, papier (cf. l'inventaire de Rolle, II. 1 et BB. 11).

M. L. Galle nous signale, aux Archives départementales du Rhône (série E), un double de cet inventaire « achevé le 13 février 1669 ».

(3) *Villefranche, Ant. Beaudrand*, petit in-4°.

Cité par le P. Lelong, p. 776, n° 15110, — par Fevret de Fontette, t. III, p. 499, n° 37430, — par le Supplément à Moréri de 1735, — par le Moréri de 1740, — par la biographie Hœfer-Didot, — etc.

(4) P. Deschamps et G. Brunet, *Manuel du Libraire et de l'Amateur de livres, Supplém.*, tome Ier (Paris, 1878), col. 897.

(5) *Lyon, Daniel Gayet, 1671*, petit in-8o ; — d'autres auteurs donnent l'année *1672* comme date de la publication.

Cet ouvrage a été cité par le P. Lelong, p. 776, no 15111, — par Fevret de Fontette, t. III, p. 500, no 37435, — par Lenglet du Fresnoy et Drouet, t. III, p. 118, — par le Supplément de Moréri de 1735, — par le Moréri de 1740, etc.

(6) « Ce petit volume, devenu rare, est fort recherché dans les provinces qui touchent au Beaujolais. Il a 104 pp., plus 5 feuillets contenant les armoiries de la Ville et celles des magistrats auxquels il est dédié, le titre et l'épître. On y trouve une liste des échevins de Villefranche depuis l'an 1376. L'ouvrage a été réimprimé dans le volume intitulé : MÉMOIRES concernant ce qu'il y a de plus remarquable dans la ville de Villefranche, (par J. de Bussières). *Villefranche*, 1671, in-4°. » (Brunet, *Manuel du Libraire et de l'Amateur de livres*, 5e édition (Paris, Didot, 1862), tom. III, col. 1189). — Cf. l'abbé Vanel, *les Bénédictins de Saint-Germain-des-Prés et les Savants lyonnais*, p. 48, note.

(7) « Ms. *Histoire du Beaujolois*, par le même. — Elle [étoit] entre les mains de son fils à Sisteron ». (Fevret de Fontette, *Bibl. hist.*, t. III, p. 499, n° 37431.)

Cf. *Notice sur l'histoire du Beaujolois, de Pierre Louvet*, compte rendu par M. AUGUSTE BERNARD (Lyon, 1854, in-8° de 12 pp.)

« Un manuscrit de l'Histoire du Beaujolais, de la fin du XVIIe siècle, manuscrit inédit mentionné par le P. Le Long, comme se trouvant chez le fils de l'auteur, à Sisteron, faisait partie de la belle collection de M. de Chaponay : il n'a été vendu que 80 fr. ; il y est fait mention du *projet de l'histoire du pays de Beaujolois*, décrit ci-dessus. » (Deschamps et Brunet, *Manuel du Libraire..., supplément*, t. I, col. 897.)

(8) Cette publication sera précédée d'une étude d'ensemble sur la vie et les ouvrages de Louvet, par M. L. Galle. — Nous renvoyons nos lecteurs à cette étude, qui comprendra entre autres choses un examen bibliographique très approfondi des publications du fécond — et polymorphe — historiographe.

(9) « *Histoire de la principauté de Dombes*, par Pierre Louvet, médecin, historiographe de S. A. R. Mademoiselle Souveraine des Dombes. » Cette histoire « [étoit] entre les mains de Jean-Pierre Louvet, fils de l'auteur, demeurant à Sisteron. » (Fevret de Fontette, *Bibl. hist.*, tome III, p. 458, n° 36049).

A l'époque où il s'occupait spécialement de ces deux ouvrages, Louvet fit à Lyon des séjours assez prolongés (1). C'est dans cette ville qu'il eut l'idée d'entreprendre et qu'il trouva à éditer son Histoire des conquêtes de Louis XIV (2). Le sujet était d'actualité et il lui fournit, de 1673 à 1680, a matière de dix volumes, sans compter les tirages sous des rubriques différentes. La série en dix volumes est intitulée : *Le Mercure hollandois* (3) *ou les conquêtes du Roy en Hollande, en Franche-Comté, en Catalogne et généralement ce qui s'est passé dans l'Europe pendant la Guerre, depuis l'an 1672 jusqu'à la fin de 1679* (4).

(1) Cf. les lettres écrites de Lyon par Louvet les 5 septembre et 7 novembre 1672, et les 4 juillet, 10 et 30 septembre et 12 octobre 1673 (l'abbé Vanel, op. cit., pp. 49 à 63). — Les minutes du notaire Pellicier, conservées au greffe du Tribunal civil de Sisteron, contiennent un acte du 21 janvier 1673 passé par « Marguerite Achard, femme de Me Pierre Louvet, docteur médecin, conseiller et historiographe de Son Altesse Royale Souveraine des Dombes, de ceste ville de Sisteron, le dit sieur Louvet demeurant de présant en la ville de Lion » (registre des années 1673 et 1674, fol. 12).

Au mois d'octobre 1672, Louvet fit « un voyage en Bourgogne,... en cherche de quelques pièces qui serviraient à.... [son] histoire de Beaujolais et de Dombes » (cf. l'abbé Vanel, op. cit., pp. 51-52).

(2) « Dans un voyage qu'il fit à Paris, pour aller offrir à S. A. R. Souveraine de Dombes *l'Histoire de ses pays de Beaujolais et de Dombes*, Louvet conçut l'idée d'un ouvrage dont l'ignorance des nouvellistes de toutes sortes faisait sentir la nécessité. C'est à Lyon qu'il en conçut le plan à la représentation de la fable de Midas, faite sur le pont de la Saône, faisant allusion à l'orgueil des bourgeois parvenus de la Hollande, dont l'audace ne semblait plus avoir de bornes. Et c'est ainsi qu'il débuta par une description des Pays-Bas, pour initier le public aux évènements de la guerre que Louis XIV poursuivait contre « cette insolente république », comme il l'appelle. Louis XIV était alors dans tout l'éclat de sa gloire, jusqu'alors ascendante. L'engouement était général. Il va sans dire que Louvet partage cette admiration universelle, et qu'il trouve aussi audacieux qu'ingrats les Hollandais qui osent regarder en face ce soleil d'où leur viennent tant de biens. » (Ch. Brainne.)

(3) « Il paraissait dans le même temps, à Amsterdam, un *Mercure hollandois*, qu'il ne faut pas confondre avec celui de Louvet, et qui est rédigé dans un esprit tout différent, car le but de Louvet est de relever la gloire de Louis XIV, tandis que le libelliste hollandais s'efforce de la rabaisser » (Weiss, Biographie Michaud, p. 279 ; — cf. Fevret de Fontette, *Bibl. hist.*, t. II, p. 587, no 24143).

(4) *Lyon, Baritel*, in-12.

Cet ouvrage a été cité par le P. Lelong, Fevret de Fontette, Lenglet du Fresnoy et Drouet, le supplément à Moréri de 1735, le Moréri de 1740, etc.

Le P. Lelong en donne l'analyse suivante (p. 512, no 9720), qui a été reproduite textuellement par le supplément à Moréri de 1735 et par Lenglet du Fresnoy-Drouet : « Le premier volume contient » tout ce qui s'est passé dans la République d'Hollande, depuis sa » naissance jusqu'en 1671. Les autres volumes regardent les Con» quêtes du Roy, depuis 1672 jusqu'en 1676, et les Affaires généra» les de l'Europe, depuis 1672 jusqu'en 1680. » Lenglet du Fresnoy et Drouet ajoutent : « Cet auteur est médiocre » (t. XII, p. 329). — Précédemment les mêmes Lenglet du Fresnoy et Drouet avaient porté ce jugement sur les cinq premiers volumes : « Ouvrage qui » vient d'une main peu exacte ; mais il peut avoir son utilité et tenir » sa place dans une grande et vaste bibliothèque » (t. X, p. 166.)

Après avoir cité ce jugement, Ch. Brainne ajoute : « Cet ouvrage » a plus de mérite que ne lui en accorde son compatriote. Il est » intéressant et d'une exposition assez rapide : l'auteur y fait preuve » de talent et de savoir en histoire. »

Fevret de Fontette a consacré au *Mercure hollandois* une analyse plus développée que celle du P. Lelong, etc. : — « Le Tome I con» tient l'Histoire de la République des Provinces-Unies des Pays» Bas, depuis l'an 1566 jusqu'en 1671. — Tome II. Les Conquêtes du » Roi Louis XIV, sur les Provinces-Unies, en 1672 et 1673. — » Tome III. La Marche des troupes Françoises dans l'Allemagne, » depuis la prise de Maestricht et la réduction de l'Alsace ; avec la » Conquête de la Franche Comté en 1673 et 1674. Ensemble un » Abrégé de l'Histoire de la Franche-Comté, depuis l'an 1200 jus» qu'en 1668. — Tome IV. Les avantages remportés sur les Impé» riaux, les Espagnols et les Hollandois, dans l'Allemagne, en Si» cile, dans la Catalogne et aux Pays-Bas, en 1674, 1675 et 1676. — » Tome V. Ce qui s'est passé de plus considérable dans les Pays» Bas, en Alsace et sur la Méditerranée, etc., en 1676 et 1677, avec » un Recueil des Actions solennelles, des Naissances, des Mariages » et des Morts illustres, etc., arrivées durant le même temps. — » Tome VI. La suite de l'Histoire contenue au Tome précédent, » jusqu'à la fin de 1677. — Tomes VII et VIII. La suite, pendant » l'année 1678. Tome IX. La suite, pendant l'année 1679, avec un » Recueil des Actions solemnelles, Mariages, Naissances et Morts, » etc., comme aussi le Mariage de M. le Dauphin en 1680 — Dans » le premier volume, l'Auteur place une idée de l'état ancien des dix» sept Provinces et de leurs premiers Seigneurs, jusqu'en 1566, que » la hauteur des Espagnols en fit révolter une partie, qui se fortifia » tellement qu'elle forma ce qu'on nomme à présent la République » de Hollande. On voit ensuite ses progrès, jusqu'en 1672, que » Louis XIV lui déclara la guerre, et la réduisit à l'extrémité. Il » paroit d'abord que le but de l'Auteur n'étoit que de parler de cette » seule Expédition : cependant comme elle entraîna un embrasement » général, il détaille les différentes manœuvres des Puissances qui » y entrèrent. Il fait quelquefois des digressions assez curieuses, et il » s'étend sur les louanges du Roi, en même temps qu'il traite fort » mal les Hollandois. On peut voir ce qui en est dit dans la *Méth*, » *hist.* de Lenglet, in-4o, tome IV, page 152. » (Fevret de Fontette, t. II, pp. 586-587, no 21112.)

« Les différentes parties de cet ouvrage se sont vendues séparément avec de faux titres. Les deux premiers volumes ont paru sous ce titre : *Abrégé de l'Histoire de Hollande* (1) ; le troisième : *Abrégé de l'Histoire de Franche-Comté*, etc. » (2). Cet *Abrégé de l'Histoire de la Franche-Comté, de la situation du pays et des seigneurs qui y ont dominé jusqu'à présent* (3) date de 1675.— On cite encore, pour l'annnée 1674 : *La France dans sa splendeur, tant par la réunion de son Domaine aliéné, que par les traitez de Munster, des Pirénées et d'Aix-la-Chapelle, et par les conquêtes du Roy* (4).

La période de 1673 à 1680 ne fut pas moins féconde en ce qui concerne la Provence.— En 1675, Louvet compose une *Histoire du Parlement de Provence, depuis son établissement par le roy Louis XII, en l'an 1501, jusques aujourd'huy ; ensemble, des érections nouvelles, creües, suppressions et rétablissements qui y ont été faites en divers temps.* Ce travail ne fut pas publié. Il en existe une copie à la Bibliothèque d'Aix (5).— En 1675-1676, il imprime, en deux volumes in-12 (6), avec l'aide

(1) « Il présenta le premier volume, qui contenait l'*Histoire de la République et des Provinces unies des Pays-Bas*, à la municipalité de Lyon » (CH. BRAINNE).

(2) WEISS, Biogr. Michaud. — Cf. Biogr. Hœfer-Didot.

(3) *Lyon, Baritel*, in-12.

Cet ouvrage a été cité par le P. Lelong, p. 799, nº 15430, — par Fevret de Fontette, t. III, p. 576, nº 38418, — par Lenglet du Fresnoy et Drouet, t. XIII, p. 121, — par P. Deschamps et G. Brunet.

Il existe, à la Bibliothèque de Salins (Jura), un manuscrit du XVIIIᵉ siècle, « copié sur les imprimés », contenant : — « Abrégé » de l'histoire de la Franche-Comté, par Louvet. — Histoire de la » conquête de la Franche-Comté, par le même. — Notes extraites » du recueil des *Gazettes* de 1674 » (*Catalogue général des Manuscrits des Bibliothèques publiques de France*, Départements, tome IX, p. 20).

(4) *Lyon, Comba*, 2 vol. in-12.

Cet ouvrage a été cité par le P. Lelong, p. 23, nº 773, — par Fevret de Fontette, t. I, 1768, p. 111, nº 2145, — par le Supplément à Moréri de 1735, — par le Moréri de 1740, — par la Biographie Michaud, la Biographie Didot, etc.

(5) Mss. in-fol. de 696 pp. papier, — légué en 1858 à la Bibliothèque d'Aix par M. Roux-Alphéran (nº 53).

« En tête du volume, [sur la garde,] on lit cette note de M. Roux-Alphéran : « Cette histoire du Parlement de Provence est plus rare » et peut-être plus curieuse que celle des conseillers d'Agut, de » Guidi et d'Hesmivy de Moissac. — J'ai cru longtemps, sur la foi » de feu M. le président de Saint-Vincens le fils, que c'étoit ici » celle de M. d'Agut, et je l'ai citée sous ce nom dans mes recher- » ches biographiques sur Malherbe. (Aix, 1825, pag. 27, note 1. — » Mais M. Pontier père, libraire, qui en possède un exemplaire » pareil à celui-ci, y a découvert, en 1831, qu'elle a été composée » par *Pierre Louvet* de Beauvais, docteur en médecine, etc., connu » par divers ouvrages imprimés sur l'histoire de Provence. On lit » dans la première partie des Additions et illustrations sur les deux » tomes de l'histoire des troubles de Provence par Louvet, p. 300, » que cet auteur avait travaillé sur l'histoire du Parlement. On » trouve aussi dans le même volume et le suivant des passages » entiers textuels et extraits de cette histoire. C'est ici l'exemplaire » de l'avocat Saurin, [plusieurs fois assesseur d'Aix], dont les armes » sont ci-dessus, et qui a fait quelques notes marginales. »

« Une autre note de M. Roux-Alphéran, consignée à la page 487 de notre manuscrit, indique que Louvet écrivit son histoire du Parlement en 1675. »

(MOUAN, *Notice historique sur la vie et les travaux de M. Roux-Alphéran*, suivie du *Catalogue des manuscrits légués par M. Roux-Alphéran à la Bibliothèque d'Aix*, dans les *Mémoires de l'Académie d'Aix*, tome VIII (Aix, 1861), pp. 106-107.)

— « Voici (ajoute M. l'abbé Albanès, dans son catalogue des manuscrits d'Aix) la preuve que Louvet est l'auteur de cette histoire. On y lit à la page 66 : « Ce traité est dans l'histoire de la Guyenne » que j'ay donnée au public en 1659. » Or, l'histoire de Guyenne, imprimée à Bordeaux en 1659, est de Pierre Louvet.—On y lit aussi, à la page 487, à propos des enfants du président Vincent-Anne de Forbin de Maynier d'Oppède : « Louis de la Fare, filleul du roy » Louis XIII, qui est décédé *cette année*, évêque de Toulon. » Or, Louis de Forbin, évêque de Toulon, est mort le 29 avril 1675 ; c'est donc en 1675 que Louvet composait son ouvrage. Ces observations sont de Pierre Saurin, à qui a appartenu ce manuscrit, que nous sommes tenté de croire autographe. » (*Catalogue général des Manuscrits des Bibliothèques publiques de France, Départements*, tome XVI, *Aix*, par M l'abbé ALBANÈS, pp. 454-455 ; — M. Albanès donne ensuite, pp. 455-456, une analyse de l'ouvrage, qui est divisé en 27 chapitres).

— Vérification faite de ce mss., nous sommes porté à croire, contrairement à l'opinion de M. l'abbé Albanès, que nous n'avons pas affaire au texte *autographe*, mais à une simple copie.

— Dans l'avertissement placé en tête du tome I de l'*Hist. des troubles de Provence*, Louvet fait également allusion à cet ouvrage : « .... J'avois eu l'honneur de parcourir quelques registres de la » Souveraine Cour de Parlement, en voulant composer l'Histoire de » cet auguste Corps. »

(6) *A Aix, chez Léonard Tétrode, marchand libraire, à la place des Prêcheurs*, M DCLXXVI ; — tome I, 6 ff. et 528 pp., avec une reproduction du portrait de l'auteur gravé en 1673 (cf. ci-dessus, p. XXXIII)

de l'Assemblée générale des communautés de Provence qui remplaçait alors les États (1), un *Abrégé de l'Histoire de Provence, contenant plusieurs mémoires qui ont été inconnus aux auteurs qui ont écrit de l'histoire de ce païs* (2).— En 1679, grâce à une nouvelle subvention de la même Assemblée (3), deux autres volumes in-12 paraissent, intitulés : *Histoire des Troubles de Provence, depuis son retour à la Couronne [1481] jusqu'à la paix de Vervins en 1598* (4) ; — ils sont suivis, en 1680, d'un annexe, également encore en deux volumes in-12: *Additions et Illustrations sur les deux tomes de l'Histoire des Troubles de Provence* (5) pour laquelle l'Assemblée des Communautés accorda une troisième ou plus exactement une quatrième subvention (6). — « La réunion de ces six volumes », tous imprimés à Aix, « est rare et recherchée » (7).

En même temps, Louvet s'occupait spécialement de sa ville d'adoption (8). Il devait mourir sans avoir imprimé son manuscrit in-folio sur l'*Histoire de Sisteron* (9), mais au moins il réussit à faire

et une série de portraits des Comtes de Provence ; — tome second, 2 ff. et 556 pp. ; — les deux volumes sont signés : « par Pierre Louvet, de Beauvais, D. M. et Historiographe de S. A. R. Souveraine de Dombes. »

Cet ouvrage aurait été remis en vente (ou réimprimé ??) en 1680, sous le nom de David, à Aix (cf. Fevret de Fontette).

(1) Délib. du 23 novembre 1675, — cf. Pièces justificatives.

(2) Cet ouvrage a été cité par le P. Lelong, 1719, p. 790, n° 15301 et p. 151, n° 3003, — par le suppl. à Moréri de 1735, — par le Moréri de 1740, — par Fevret de Fontette, t. III, p. 555, n° 38123, et t. I, p. 542, n° 7851, — par Lenglet du Fresnoy et Drouet, t. XIII, pp. 150-151, — par Brunet, *Manuel*, 5e édit., t. VI, col. 1382, n° 24787, — etc.

Le tome 1er contient un abrégé de l'histoire des Comtes de Provence ; le tome second traite de « l'état ecclésiastique de ce pays ou des archevêchés et évêchés de cette province ». — Ce tome second « n'est qu'un abrégé et une traduction du *Gallia christiana* de MM. de Sainte-Marthe, où il n'est pas seulement question de la métropole d'Aix (capitale de la Provence), mais aussi d'Arles et d'Embrun » (Fevret de Fontette, t. I, p. 542, n° 7851).

Il existe, parmi les manuscrits de la Bibliothèque d'Aix, une *Histoire des évêques de Senez*, tirée de Louvet. (*Catalogue général des Mss...., Départements*, t. XVI, p. 397) ; — cf. LOUVET, *Abrégé.... Hist. de Provence*, tome II, pp. 358 à 370.

(3) Délibérations en date des 11 décembre 1878 et 18 décembre 1679, — cf. Pièces justificatives.

(4) *A Aix, par Charles David, imprimeur du Roy, du Clergé et de la Ville*, 1679 ; — tome premier, x pp. d'épitre dédicatoire, 1 f. d'avertissement, 556 pp. et 10 ff. de table non foliotés ; — tome second, 615 pp. et 11 ff. non foliotés pour le catalogue des maisons nobles de Provence et la table des matières.

Nous avons aussi trouvé : *A Aix, par Charles David,...... et se vendent à Sisteron, chez Jean-Pierre Louvet, marchand libraire.* Dans un des exemplaires de cet état que nous avons eus entre les mains, nous avons constaté que le tome second avait porté lui aussi la qualification de *première partie*, et avait été pourvu d'une épître dédicatoire particulière ainsi que d'un errata au tome 1er.

Les deux volumes sont signés : « par M. Pierre Louvet de Beauvais, doct. med. conseiller et historiographe de S. A. R. Souveraine de Dombes. »

Cet ouvrage a été cité par le P. Lelong, p. 789, n° 15292, — par le Supplément à Moréri de 1735, — par le Moréri de 1740, — par Fevret de Fontette, t. III, p. 553, n° 38106, — par Lenglet du Fresnoy et Drouet, t. XIII, p. 154, — etc.

(5) *A Aix, par Charles David, imprimeur du Roy, du Clergé et de la Ville* — 1re partie, 5 ff. et 665 pp. ; — 2e partie, x-520-7* pp.

Cet ouvrage a été cité par le P. Lelong, p. 789, n° 15292, et p. 790, n° 15301, — par le Suppl. à Moréri de 1735, — par Fevret de Fontette, t. III, p. 38107, — par Lenglet du Fresnoy et Drouet, t. XIII, pp. 151 et 154, — par Brunet, *Manuel*, 5e édit., t. VI, col. 1382, n° 24788, — par P. Deschamps et G. Brunet, — etc.

« Louvet, dans la seconde partie de ses *Additions*, a.... inséré une grande partie tout au long, depuis l'année 1581 jusqu'à la fin de 1601, depuis la page 130 jusqu'à 319, [des Mémoires manuscrits de Louis Fabri, sieur de Fabrègues, assesseur et consul d'Aix, grand partisan de la Ligue]... » (Le P. Lelong, *Bibl. hist.*, 1719, p. 789, n° 15292). — Cf. *Suppl. Dict. Moréri*, 1735, et Lenglet du Fresnoy-Drouet, t. XIII, p. 154.

(6) Délibération en date du 17 décembre 1680, — cf. Pièces justificatives.

(7) Léon Techener, *Répertoire universel de Bibliographie*, tome 1er (Paris, 1869), p. 515, n° 3690.

(8) Louvet écrivait de Sisteron à d'Achery, le 3 janvier 1675 : « Je travaille maintenant aux archives de cette ville et je vois qu'il y aura quelque chose de bon pour votre treizième tome ; je vous en donnerai avis après la confection de l'inventaire » (Vanel, p. 64). — Le travail auquel se livrait alors Louvet aux Archives de Sisteron était absolument personnel. Nous n'avons rencontré aucune trace d'inventaire exécuté par lui pour le compte de la municipalité.

(9) « Ms. *Histoire de la ville de Sisteron*, par Pierre Louvet,

paraître en 1677, grâce à une subvention municipale, la *Vie et légende de saint Tyrse, patron de la ville et diocèse de Sisteron, et des saints Marius et Donat, patrons tutélaires de ce même lieu* (1) ; — la fin de cet ouvrage (2) fut mise en vente, d'autre part, sous le titre de *Vie de saint Roch et de saint Prosper d'Aquitaine* (3).

Malgré ses nombreuses pérégrinations en Languedoc, en Guyenne, en Beaujolais, en Provence, etc., Louvet avait toujours gardé son domicile à Sisteron. Il y possédait une maison modeste (4). Sa femme et ses enfants y habitaient et il revenait près d'eux périodiquement (5).

L'époque et le lieu de son décès sont restés jusqu'ici inconnus. — Ses biographes, évidemment guidés en cela par la date de ses derniers ouvrages, ont placé sa mort, soit d'une façon vague « vers 1680 » (6), soit d'une façon plus précise celui-ci « en 1680 » (7), celui-là en 1681 (8). M. de Laplane,

médecin : in-fol. — Elle [étoit] entre les mains de François Louvet, son fils, aumônier du Roi sur les galères. L'auteur a demeuré longtemps à Sisteron » (Fevret de Fontette, *Bibl. histor.*, tome III, p. 564, n° 38262).

« *Histoire de Sisteron*, manuscrit in-fol. Cette histoire, du temps du père Lelong (1719), se trouvait entre les mains d'un fils de Louvet, aumônier sur les galères du roy (voy. n° 38262). C'est tout ce que nous en savons, sauf quelques passages insignifiants rapportés par Gastinel et dont nous n'avons pu faire usage. » (De Laplane, op. cit., t. II, p. 433.)

Ce mss. n'est pas mentionné dans la *Bibliothèque historique* du Père Lelong, parue en 1719, mais seulement le tome III, paru en 1771, du remaniement de cet ouvrage, par Fevret de Fontette.

(1) *Marseille, Pierre Mesnier, à la Loge*, in-12 de 184 pag. ; fig. des saints, en bois. — « En tête est une épitre dédicatoire du 18 mars 1677, à MM. noble Charles de Castagny, advocat en parlement, capitaine et viguier pour le roy ; Charles d'Eyraud, advocat ; Nicollas Sibon, bourgeois, François Brianson, bourgeois, très dignes consuls de Sisteron. Le livre est revêtu de l'approbation de Gastinel, théologal de Senez à Sisteron, le 26 novembre 1676, et de celles de Jacques Audibert, docteur en sainte théologie, gardien du vénérable couvent de Sisteron (des Cordeliers apparemment) et Tiranny, prêtre chanoine, le 3 janvier 1677. — Le permis d'imprimer est donné par le lieutenant-général au siège, Castagny, le 3 décembre 1676. » (De Laplane, op. cit., pp. 433-434). — Cet ouvrage a été également cité par Fevret de Fontette, t. I, pag. 312, n° 4705.

Cf. aux Pièces justificatives la délibération du Conseil de ville de Sisteron, en date du 7 mars 1677.

(2) « Après la vie de saint Donat, commence, à la page 142, la vie de Saint Roch, patron de Montpellier, que l'auteur a cru devoir ajouter par les motifs suivants :

» Comme j'étois sur l'impression des légendes cy-dessus, j'appris » qu'à Sisteron on avoit, ce caresme dernier, découvert une vieille » grotte sousterraine où étoit autrefois l'église paroissiale de Saint-» Jacques qui se trouve avoir été détruite par les guerres civi-» les du dernier siècle ; comme l'on vouloit aplanir les mazures » qui restoient de cette église (qui devoit être très belle, s'il faut » juger du lion par l'ongle) que l'on a transporté dans la ville, » quelques apparents de la dite ville proposèrent à MM. les consuls » d'y bastir un oratoire à Saint-Roch, comme j'ay vu pratiquer en » beaucoup de lieux où on a basti et élevé des chapelles et oratoires » à ce saint, hors de l'enceinte des villes, afin qu'étant à l'entrée, » il luy plaise, par ses intercessions envers Dieu, d'en détourner la » peste.

» Ce pieux dessein des habitants de Sisteron qui sont entièrement » portés à la dévotion et qui embrassent toujours volontiers ce qui » regarde l'honneur de Dieu, semble m'obliger à dire quelque » chose de ce grand saint, non pas en légendaire, mais en véritable » historien de ce que j'en ai pu découvrir. » (De Laplane, op. cit., p. 434.)

(3) *Marseille, Meynier*, 1677, in-12.

Cet ouvrage a été cité par Fevret de Fontette, t. I (1768), p. 307, n° 4650 et p. 544, n° 7883 (cf. p. 312, n° 4705).

(4) Archiv. municip. de Sisteron, série CC. compois n° 35, t. II, fol. 144.

(5) « Louvet dit dans sa préface [de la *Vie de saint Tyrse*] que, depuis trente-quatre ans, il a l'honneur d'être retiré dans la ville de Sisteron » (De Laplane, op. cit., p. 434).

Cf. Archives du Greffe du Tribunal civil de Sisteron, minutes du notaire Pellicier, notamment : — registre de l'année 1650, fol. 299 ; — registre de l'année 1662, fol. 219 v° (P. Louvet y est dit : « docteur en médecine de la présente ville de Sisteron », 23 octobre) ; — registre de 1664, fol. 306 (« Me Pierre Louvet, docteur en médecine de la ville de Sisteron », 6 décembre) ;— registre de 1666, fol. 276 (« Me Pierre Louvet, docteur en médecine de la dite ville », 9 janvier) ; — cf. également même année 1666, fol. 346 v° et fol. 486 v°.

(6) Biographie Michaud, Biographie Hœfer-Didot, Larousse, Vapereau, cf. de Laplane.

(7) Junius Castelnau.

(8) Ch. Brainne.

l'historien de Sisteron, estimait au contraire « qu'il était déjà mort en 1679 » (1). — Quant à l'endroit où le pauvre nomade de l'érudition finit ses jours, à part M. de Laplane, on s'en est assez généralement désintéressé (2). — Or, en 1895, le savant bibliophile sisteronnais, M. Eysseric, a constaté que Pierre Louvet avait vécu au moins trois ou quatre ans de plus que l'on n'avait été porté à croire. En 1683 et 1684, non seulement il habitait encore Sisteron, mais il y travaillait. Il avait repris son métier de 1644 : après avoir suppléé le régent principal pour la fin de l'exercice scolaire 1682-83 (3), il avait continué durant l'année 1683-84, dans les fonctions de régent de seconde (4). — Il résultait de la trouvaille de M. Eysseric que Louvet n'était mort que postérieurement à la fin juillet 1684. D'autre part, la vérification attentive des registres paroissiaux permettait d'affirmer que le décès ne s'était pas produit à Sisteron (5).

Il fallait chercher ailleurs. Quelques mots de Fevret de Fontette à propos de l'histoire manuscrite de Montpellier (6) et de l'histoire manuscrite de Sisteron (7) laissées par Louvet, nous parurent pouvoir fournir l'indication d'une piste à suivre. Louvet avait deux fils : 1° ***François*** (8), qui se fit prêtre (9), quitta Sisteron (10) et remplit les fonctions d'aumônier sur les galères du Roi à Marseille, 2° ***Jean-Pierre,*** qui resta à Sisteron, hérita de la maison paternelle (11), tint une petite boutique de librairie (12), etc., où se vendaient les œuvres de l'historiographe de Son Altesse Souveraine

(1) « Nous avons inutilement cherché l'année de la mort de Louvet dans les registres de la paroisse; on n'y trouve que celle de Marguerite Achard, sa femme, décédée le 9 février 1697. Il y a apparence toutefois qu'il était déjà mort en 1679, puisqu'à cette date nous avons un volume des *Troubles de Provence*, portant sur le frontispice : se vend à *Sisteron*, chez *Jean-Pierre Louvet*, marchand-libraire, qui était le fils de l'auteur. » (*Hist. de Sisteron*, tome II, p. 433, note).

(2) « Il mourut vers 1680 ; et l'on conjecture que ce fut à Sisteron, où il s'était marié» (Biographie Michaud). — « Il devait mourir en Provence, dans un endroit et à une date qu'on ignore. » (l'abbé Vanel, p. 48). — Les autres biographes se sont contentés de la date (approximative), sans se préoccuper de la question du lieu.

(3) *Année scolaire 1682-1683*: — « Payé au sieur LOVET vingt cinq livres pour ses gaiges d'un thiers de l'année qu'il a tenu le collège au lieu et place de Messre RAYMOND, prebtre ; raporte le mandat et aquit du vingt-cinq julhect et trois septembre 1683, no 183..... 25 l. » (Archiv. municip. de Sisteron, CC. 409, ancien 170, fol. 27 ro, no 189 ; cf. CC 403 bis, ancien 170, fol. 24 ro).

(4) *Année scolaire 1683-1684.* — Le 14 octobre 1683, bail de la régence du collège, pour une année (du 19 octobre 1683 jusqu'aux vacances), à « Mre CLAUDE GUIBAUD, prebtre, Me PIERRE LOUVET, docteur en médecine.... » ; à Guibaud, « la régence de la 1re classe avec la direction du collège » et « au dit Me Louvet, celle de la segonde ». (Archiv. municip. de Sisteron, Délibérations de 1683, BB. 172, anc. 98, contrats, fol. 26 et 27).

« Payé à Me Pierre Louvet, second régent, dix-huit livres quinze sols, ou vrayement à Jean-Pierre Louvet, son fils, pour le dernier cartier de régent auxdites escoles ; raporte le mandat et aquit du sept septembre 1684, cotte no 1o XXII..... XVIII l. XV s. » (Compte de 1684, CC. 410, anc. 171, non folioté).

(5) Nous avons refait cette vérification à la suite de M. Eysseric. Le décès de Pierre Louvet n'est pas mentionné dans les registres.

(6) Cf. ci-dessus, p. XLI, note 7.

(7) Cf. ci-dessus, pp. XLV-XLVI, note 9.

(8) Cf. ci-dessus, p. XXXIV, note 10.

(9) « Me François Louvet,..... estudiant en théologie », ayant bonne volonté « de parvenir aux sains ordres de prestrise, ayans pris les quatre moindre. » (Archives du Greffe du Tribunal civil de Sisteron, minutes du notaire Pellicier, registre de 1673 et 1674, acte du 21 janvier 1673.)

« Messire François Louvet, prestre. » (Archiv. municip. de Sisteron, série CC. cadastre, no 29, « déclarations au papier terrier de 1684 », fol. 576 vo à 578 ro, déclaration du 10 septembre 1684 ; cf. compois no 38, fol. 86, 13 mars 1682 et 24 mai 1687, et compois no 39, fol. 317.)

(10) Cf. notamment Archiv. municip. de Sisteron, CC. cadastre, no 29, fol. 575 ro à 578 ro.

(11) Cf. Archiv. municip. de Sisteron, CC. cadastre, no 29, fol. 575 ro à 576 vo, et compois no 35, tome II, fol. 144, 150 vo et 231.

(12) « Jean-Pierre Louvet, marchand libriaire » (Archiv. municip. de Sisteron, CC. cadastre, no 29, fol. 575 à 578, 10 septembre 1684).

des Dombes (1), et finalement obtint la charge de « conseiller et procureur du Roy en l'hôtel de ville de Sisteron » (2). — N'y avait-il pas lieu de supposer que Louvet avait pu mourir à Marseille, auprès de son fils aîné, tandis que sa femme devait mourir en 1697 (3) à Sisteron, auprès du fils cadet Jean-Pierre?

Le dépouillement des registres de sépultures des diverses paroisses de Marseille (4) n'a pas répondu à notre espoir et nous n'avons pas été plus heureux à Aix. La date et le lieu de la mort de Louvet restent donc indéterminés. — Qui sait s'il n'a pas eu le sort de certains de ces anciens industriels, ambulants comme lui, dont la carrière s'est terminée brusquement « en campagne » et dont le hasard fait de temps à autre retrouver le « mortuaire » bien loin de leur pays d'origine,— s'il n'a pas fini ses jours dans quelque presbytère hospitalier ou dans quelque auberge de la route, au cours d'un dernier voyage à la recherche de « mémoires bons à imprimer » ?

Le souvenir de Pierre Louvet était resté dans l'histoire littéraire, surtout à cause du nombre relativement considérable de ses productions. Une découverte récente a associé son nom à celui d'un des plus illustres érudits du XVIIe siècle. Sept lettres inédites, — dont six écrites de Lyon en 1672 et 1673 (5) et une autre écrite de Sisteron en 1675 (6), — qui ont été publiées en 1894 par M. l'abbé J.-B. Vanel, dans son étude sur les ***Bénédictins de Saint-Germain-des-Prés et les Savants lyonnais*** (7), — montrent notre historiographe-archiviste en relations assez suivies avec le célèbre bénédictin Dom Luc d'Achery (8). L'éditeur du *Spicilège* trouva en lui un auxiliaire obligeant, empressé même, qui non seulement répondait à ses demandes de renseignements (9) et s'enquérait pour lui identifier des noms de lieux (10), mais encore lui recherchait, lui copiait ou lui faisait copier des documents, lui indiquait des possesseurs de « pièces curieuses » (11), et à l'occasion s'entremettait pour découvrir

(1) « Quelques exemplaires [de l'*Hist. des Troubles de Provence* et des *Additions et Illustrations*] portent : *Sisteron*, J.-P. Louvet, 1680 ». (P. Deschamps et G. Brunet, op. cit.) — Cf. ci-dessus, p. XLV, note 4, et p. XLVII, note 1.

(2) Archiv. municip. de Sisteron, CC, compois n° 35, tome II, fol. 231. — « Louvet, procureur du Roy » (Archiv. mun. Sisteron, GG. Bapt., mar. et sép., tome II, 1694, fol. 3); — « Monsieur Jean-Pierre [Louvet], conseiller du Roy et son procureur ». (Ibid. GG, tome II, 1698, fol. 10); — etc.

(3) Cf. ci-dessus p. XLVII, note 1.

(4) Nous tenons à remercier M. Fournier, employé aux archives des Bouches-du-Rhône, de l'obligeance avec laquelle il nous a aidé dans ce dépouillement, aux Archives municipales et aux Archives du Greffe de la Cour d'appel de Marseille.

(5) Septembre et novembre 1672, — juillet, septembre et octobre 1673.

(6) Commencement de janvier.

(7) Pages 47 à 64.

(8) Il parait aussi avoir entrevu Mabillon (postérieurement au 7 novembre 1672); — cf. ses lettres à d'Achery en date des 7 novembre 1672, 30 septembre 1673 et 3 janvier 1675 (Vanel, pp. 52, 60 et 63).

(9) Lettre du 7 novembre 1672 : « Si je puis découvrir quelque chose des évêques que vous me demandez, je vous en donnerai avis.... » (Vanel, p. 54).

(10) Cf. lettres de Louvet, du 5 septembre 1672 (Vanel, pp. 49-50), et du 7 novembre 1672 (Vanel, p. 54).

(11) Lettre du 5 septembre 1672 : « Je ferai mon possible pour vous envoyer d'autres mémoires. Si j'avais trouvé un copiste propre, je l'aurais déjà fait, d'autant que j'ai beaucoup d'affaires qui m'appellent ailleurs. Néanmoins je tâcherai de vous donner satisfaction ; pourveu que Mme Saureux fasse de son côté ce qu'elle pourra pour le paiement du copiste, elle ne manquera pas de copies et de belles pièces curieuses qui n'ont jamais vu le jour » (Vanel, p. 50). —

à Lyon un éditeur susceptible de publier son Cassiodore (1). — Louvet n'était pas absolument désintéressé dans son dévouement pour d'Achery (2), et l'on voit, par une de ses lettres, qu'il aurait volontiers échangé son rôle de correspondant rétribué en livres (3) contre celui de collaborateur officiellement attaché à l'œuvre bénédictine, au moins pour le côté préparatoire ou matériel de l'entreprise: « Il faudrait que j'allasse à Paris (écrivait-il à d'Achery) et j'aiderais à travailler, soit à l'imprimerie » ou à la correction ou à la disposition avec votre Révérence, et là vous pourriez m'envoyer en divers » lieux pour vos affaires. — J'ai appris qu'à Fontevraud il y a des coffres pleins de chartres que per- » sonne n'a entrepris de déchiffrer ; je crois que je ne vous serais pas inutile dans cette recherche (4).

Cette ambition de Louvet (il faut le reconnaître à son honneur) n'avait rien de démesuré. Son rêve, au total, était modeste. Et dans ce double métier de faiseur de classements et d'inventaires, et de

Mme Saureux était la veuve du libraire éditeur de plusieurs des volumes du *Spicilège*.

Lettre du 7 novembre 1672, — cf. Pièces justificatives.

Lettre du 10 septembre 1673 : « Je vous envoie la fondation du chapitre de Semur en Brionnais, à la différence de Semur en Auxois ; je travaille à faire l'inventaire de tous mes actes, que je vous enverrai dès qu'il sera achevé afin que vous jugiez des pièces que j'ai.... » (Vanel, p. 59).

Lettre du 30 septembre 1673 : « Je vous envoie une partie du rôle de mes actes que vous pourrez faire copier et me renvoyer dans quelque autre paquet ; car de mettre cela à l'ordinaire, il coûterait gros, et je n'ai que cette copie qu'il vous plaira de ménager le mieux que vous pourrez. Je puis vous assurer que je l'ai faite pour vous tout exprès, afin que vous voyez ce que j'ai. — Vous m'aviez mandé une fois de vous envoyer mes cahiers, cela ne se peut ; j'en ai plusieurs parmi lesquels il y a beaucoup de choses qui servent à d'autres choses et qui vous seraient inutiles. » (Vanel, p. 60).

Lettre du 3 janvier 1675 : « Vous m'obligerez beaucoup de me faire savoir si votre douzième tome est achevé d'imprimer ; je serai bien aise de savoir ce qu'il contient et prendrais mes mesures là-dessus pour vous envoyer quelques autres pièces. — Je travaille maintenant aux archives de ... [Sisteron] et je vois qu'il y aura quelque chose de bon pour votre treizième tome ; je vous en donnerai avis après la confection de l'inventaire. » (Vanel, pp. 63-64).

— Lettre du 7 novembre 1672 : « .... Je trouvai le Prieur de Saint-Marcel de Chalon,.... qui me dit avoir autrefois copié de fort belles pièces,.... et qu'il avait remis de vous les envoyer ; vous pourriez lui en écrire. Je ne sais pas son nom, non plus que du Prieur de Saint-André d'Avignon, que l'on dit en avoir encore beaucoup....

« Je vous conseille, s'il vous plait, de n'oublier pas l'occasion d'écrire au R. P. Prieur de Saint-Marcel de Chalons et à celui de Saint-André d'Avignon, si vous pouvez en avoir connaissance. Celui de Chalons voulut voir votre *Elenchus* et me promit fort de vous écrire et de vous gratifier de tout ce qu'il a.....

« J'oubliais de vous dire que j'ai esté encore à Beaujeu, où j'ai parlé de vous à M le Doyen et lui ai demandé les pièces curieuses qui sont dans leur chapitre pour vous être envoyées : il m'a dit qu'il y ferait travailler cet hiver et qu'il vous les enverrait (pp. 53 à 55).

(1) Lettre du 30 septembre 1673 : « J'ai reçu votre lettre du 22 courant et j'ai ensuite parlé à des libraires de votre copie de Cassiodore ; aucuns l'ont refusé tout à plat, d'autres disent qu'il faut voir ce que contient la copie, afin de prendre leurs mesures. Un imprimeur qui travaille mieux que qui ce soit de Lyon et qui a de quoi, m'a dit que vous ne vous expliquiez pas assez dans votre lettre, d'autant qu'il faut une fois voir la copie, puis savoir si vous en voulez prendre quelques-uns et donner quelque chose, d'autant qu'on ne veut pas tout avancer, et en ce cas on l'imprimera du caractère et de la forme que vous souhaiteriez.... » (Vanel, pp. 59-60).

Lettre du 12 octobre 1673 : « Depuis ma dernière, j'ai encore parlé à divers messieurs de nos libraires, touchant le Cassiodore. Tous en sont là logés qu'il faut en voir la copie et qu'on le pourra imprimer.... » (Vanel, p. 62).

(2) Lettre de Louvet, du 4 juillet 1673 : « Soyez certain, s'il vous plait, que quand vous voudrez m'envoyer quelque chose, je le saurai bien payer d'une façon ou d'autre ; je suis de ces abeilles qui rendent le miel pour le suc des fleurs qu'elles ont tiré » (Vanel, p. 58).

Lettre de Louvet, 10 septembre 1673 : « S'il vous plait me faire avoir les cinq et sixième tomes du *Spicilegium*, je vous les satisferai bien » (Vanel, p. 59).

(3) Lettre de Louvet, du 5 septembre 1672 : « J'ai reçu depuis peu votre dernier et ensuite l'onzième tome du *Spicilegium*, dont je vous remercie » (Vanel, p. 49).

Lettre de Louvet, du 4 juillet 1673 : « Votre dernière lettre du 10 mars me marquait que votre Révérence avait donné à M. Dupuys les trois et quatrième volumes du *Spicilegium* pour m'envoyer, ensuite de quoi je vous écrivis ma dernière ; en reconnaissance je vous envoyai quelques actes de Cluny. Depuis ce temps là je n'ai de nouvelles ni des livres, quoique j'en ai écrit à M. Dupuy deux fois, ni des actes et de ma lettre que je vous ai envoyés... » (Vanel, p. 57).

Lettre de Louvet, du 10 septembre 1673 : « J'ai à la fin reçu les deux tomes du *Spicilegium* 3 et 4 qu'il vous a plu de m'envoyer, dont je vous remercie.... » (Vanel, p. 59).

(4) Lettre du 30 septembre 1673 (Vanel, p. 60).

correcteur d'épreuves, il eût été un homme heureux, débarrassé des préoccupations pratiques de l'existence et par surcroît réellement à sa place. Son tempérament, en effet, était bien celui d'un ouvrier d'érudition. Et si, même dans ces fonctions secondaires, où nous pourrons l'observer de plus près, il n'a pas toujours été à la hauteur de sa tâche, la faute en est certainement plus aux circonstances qu'à lui-même. Il lui a manqué une direction à ses débuts et, au cours de sa carrière, le contact des érudits d'expérience.

Étudiant en médecine à l'âge où l'on cherche sa voie, — professeur d'humanités, par occasion, à l'âge où les exigences de la vie commencent à s'affirmer, — il devint réellement lui-même à partir du jour où il put se consacrer entièrement à la littérature historique et à des travaux de paléographe.

C'était une nature droite et sympathique, une âme sincèrement modeste, un esprit curieux et ouvert (1). Son ardeur au travail (2) fait songer à Du Cange. Il jouissait d'apprendre et de savoir; il aimait (avec une légère pointe de pédantisme, sans doute, mais si pardonnable !) à répandre les connaissances qu'il avait acquises dans les in-folio peu courus du public (3); il avait cette préoccupation des informations directes d'après les sources, qui caractérise l'investigateur véritablement doué pour les études historiques. — A ces qualités, qui ne suffisent pas pour constituer un historien, se joignaient malheureusement de graves défauts. Sa curiosité était trop souvent sans discernement et ses procédés de critique presque toujours insuffisants. De plus, il ignorait trop l'art de la composition et du style.

Louvet n'avait à aucun degré conscience de ce qui lui faisait défaut. Il a sans hésitation abordé

(1) « Sa correspondance nous le montre comme un fureteur et un curieux, assez habile à débrouiller un chartrier, au besoin à composer une généalogie, infatigable copiste. Il lui eût été commode d'être attaché à quelque noble famille ou employé en qualité de bibliothécaire » (l'abbé Vanel, p. 48).

(2) Cf. aux Pièces justificatives la délibération du Conseil de Ville de Montpellier en date du 2 juillet 1663.

(3) « Dans la profession que je fais d'enseigner la géographie et » l'histoire, j'ay toujours estudié tant que j'ay peu les moyens de » soulager la mémoire de ceux qui me font l'honneur de souffrir mon » entretien; ce que j'ay creu faire en réduisant en abrégé les grands » volumes qui en traittent et qui le plus souvent dans leur contra- » riété et différentes opinions des historiens embarrassent plus qu'ils » n'instruisent l'esprit d'un homme qui n'a pas quelquefois tout le » loisir qu'il faudroit pour s'y apliquer. La noblesse qui est occu- » pée aux armes et à d'autres honnestes divertissements que requiert » la bienséance de leur condition se verroit à regret souventefois » privée de la lecture des belles lettres si elles n'estoient adoucies » par quelque moyen qui les rendît plus familières; et d'autant que » la science de l'histoire regarde principalement les gens de cette » naissance qui voyagent aux pays estrangers pour en apprendre les » mœurs et la façon de vivre, il seroit de mauvaise grâce si pre- » nant tant de peine à apprendre l'histoire d'autruy ils ignoras- » sent la leur pour n'avoir eu le loisir de feuilleter les livres dont » la grosseur les estonne d'abort et dont la longueur du temps » qu'il y faut employer leur cause du dégoust. C'est ce qui m'a » obligé de dégrossir et réduire en abrégé l'histoire de ce pays » qui a esté diversement composée par de grands personnages qui » m'ont fourny la matière du subject que je traitte, confessant n'y » avoir rien du mien que la façon dont je l'ay habillée. » (LOUVET, *Abrégé de l'hist. de Languedoc*, Nîmes, 1655, préface).

Vingt ans après, dans la préface de l'*Abrégé de l'histoire de Provence*, Louvet s'exprimait ainsi : « Mon cher Lecteur, ne vous rebu- » tez pas du titre de ce livre qui a donné matière à tant de célèbres » auteurs qui ont écrit l'Histoire de ce païs, qu'il semble qu'il n'y » ait plus rien à dire après eux; c'est ce que j'avoue ingénuement : » mais comme j'ay vu pratiquer cette manière d'abréger par ceux » même qui ont laissé des marques éternelles de leur sçavoir à la » la postérité, témoins Monsieur de Sponde, évêque de Pamies, et » le Père Salian, jésuite, et autres; j'ay cru faire service au public » de donner quelque teinture de l'histoire à ceux qui ne pouvant » avoir les ouvrages des sieurs Nostradamus, de Ruffi, Bouche et » Pithon, qui sont plutôt pièces de cabinet que livres à la main, qui » pour être d'une trop longue lecture, ennuyante et mal commode à » la mémoire, embarrassent l'esprit plus qu'ils ne l'instruisent.

l'histoire locale, provinciale, générale, et la postérité a été sévère pour lui (1). Certes, il n'est pas permis, à notre époque de critique impitoyable, de dire que cette sévérité ait été injuste, mais il convient de ne pas oublier que presque tous les historiens de son temps méritent les mêmes reproches que lui. — Et à l'heure actuelle, dans cette fin de siècle où l'érudition a tant de représentants, où chaque département compte plusieurs « cénacles » d'historiens et d'archéologues, le plus grand nombre de ceux qui se donnent pour mission de nous présenter le tableau du passé sont-ils assurés de lui être supérieurs ou même de posséder les qualités qui furent les siennes ?

Ce serait nous écarter du programme de cette notice que d'étudier ici en détail Louvet historien, érudit, écrivain. Cependant il s'est trop occupé de notre Languedoc et en particulier de notre ville, pour que nous puissions nous dispenser de faire connaître, — au moins partiellement, par une citation de quelques pages, — ce qu'était sa manière, comme érudit et comme narrateur. Nous emprunterons à son second ouvrage (1657) les pages qu'il a consacrées à l'histoire de Maguelone et de Montpellier. Ces pages sont encore, il est vrai, une œuvre de « débutant », quoique l'auteur comp-

» L'Histoire chronologique du P. S. Romuald Feuillan a été mise » en abrégé. Celle du sieur Meseray de même, Monsieur Chorier en » a fait autant de son histoire de Dauphiné, j'en ay fait autant de » celles de Savoye et de notre France, sous le nom de la France en » son splandeur, et des provinces de Guienne et de Languedoc; » maintenant je fais celle de Provence, qui est ma seconde partie... »

« .... J'ay donc fait cet Abrégé pour le profit de ceux qui vou» dront donner quelques heures à l'étude de l'histoire du païs: ce » livre portatif à la campagne et à la ville n'embarrassera pas la » mémoire du lecteur, et il en sçaura assez sans s'aller rompre la » tête après la lecture de divers actes qui ne sont bons que pour » des chercheurs de vieilles difficultez ou plutôt pour l'ornement » d'une bibliotèque, sans parler de l'embarras et de la confusion » que l'on rencontre parmy tant d'auteurs qui ont toutes les peines » à s'accorder et à convenir de la vérité. Je consilie tant que je puis » les auteurs qui ont pris la peine d'écrire de ce païs, et j'y ajoute » quelque chose du mien qu'ils n'ont pas dit... »

(1) En 1719, le P. Lelong écrivait à propos de l'*Abrégé de l'histoire de Provence* : « Tout ce qu'il a fait sur cette Histoire est si » mal écrit et si peu estimé, que parmi les sçavans de Provence on » n'ose le citer. Cependant cet auteur, pour faire valoir son abrégé, » dit que les ouvrages des sieurs Nostradamus, de Rufli, de Bou» che, de Pitton, sont plutôt des Pièces de Cabinet, que Livres à la » main, et qui pour être d'une trop longue lecture et mal com» modes à la mémoire, embarassent l'esprit plus qu'ils ne l'ins» truisent. » (*Bibl. hist.*, p. 790, nº 15301). — Reproduit littéralement par Lenglet du Fresnoy et Drouet (t. XIII, p. 151). »

En 1735, le rédacteur du *Supplément au grand Dictionnaire* de Moréri reproduit et amplifie le P. Lelong : « Louvet a beaucoup » écrit sur l'histoire de Provence et il croyoit avoir bien écrit : » mais tout ce qu'il a fait sur cette matière est d'un style mauvais, » mal digéré et si peu estimé, que parmi les sçavans de Provence, » on ose à peine le citer » (p. 289). — La fin de cette appréciation se retrouve textuellement dans la 18e édition de Moréri, tome V (1740), p. 272.

« De [Bordeaux, Louvet]... se rendit à Lyon et revint en Provence, publiant chaque année quelques nouveaux ouvrages peu faits pour lui donner de la célébrité, mais qui lui valurent cependant le titre d'historiographe du prince de Dombes ». (Biographie Michaud).

« Louvet a beaucoup écrit sur l'histoire ; mais tout ce qu'il a fait est d'un style diffus, mal digéré et assez peu utile. » (Biographie Hœfer-Didot). — « Lourd et diffus » (Deschamps et Brunet) — « Un assez grand nombre d'ouvrages mal digérés et d'un style diffus » (Larousse). — « Ouvrages diffus et mal ordonnés » (Vapereau).

« Médiocre auteur » (Lenglet du Fresnoy et Drouet, t. XIII, pp. 119 et 136 ; cf. t. XII, p 329)

« La *Bibliothèque historique de la France* ne contient pas moins de vingt ouvrages sortis de la plume de Louvet.... Ce fatras, fruit de la plus déplorable fécondité.... » (de Laplane).

A propos des *Recherches sur l'Histoire de Languedoc*, Junius Castelnau s'exprime ainsi : « L'auteur écrit mal, mais ne manque pas de science, et son travail sur les Assiettes diocésaines n'est point sans utilité.... Il a publié divers ouvrages historiques sur le Languedoc, la Provence, la Guyenne et le Bordelais, écrits d'un mauvais style et sans critique. »

« Louvet surchargea le public, depuis 1659 jusqu'à sa mort, d'une foule d'ouvrages sur l'histoire de Provence et du Languedoc. Il avait quitté la médecine pour l'histoire, mais il était aussi peu propre à l'une qu'à l'autre, quoique honoré du titre d'historiographe du prince de Dombes. Les matériaux sont si mal digérés et ses inexactitudes sont si fréquentes, qu'on ose à peine le citer » (*Biographie des hommes remarquables des Basses-Alpes*.)

On constatera facilement et sans que nous ayons besoin d'y insister, que dans cette série d'appréciations, les avis réellement personnels sont rares. En revanche le jugement du Père Lelong a été religieusement réédité. — *Servum pecus* ! disait Horace. — Et si le P. Lelong n'avait jugé Louvet que par ouï-dire ??

tât déjà, à l'époque où il les écrivit, plus d'une douzaine d'années de professorat d'humanités. Elles trahissent l'historien novice qui s'est « formé lui-même » et qui s'est surtout laissé pénétrer par les défauts à la mode chez ses contemporains ; mais on y sent aussi l'homme passionné pour les recherches d'érudition et que l'on eût pu, sans grand effort, amener à tirer un meilleur parti de ses qualités naturelles (1).

Ce tableau historique de Montpellier, qui mettra peut-être en lumière, plus que tel ou tel autre chapitre de ses ouvrages, les insuffisances de sa méthode et de sa langue, était, par son sujet même, imposé à notre choix (2), et, tout bien pesé, ce ne sera réellement pas mal servir sa mémoire que de reproduire ce morceau. Nous n'aurons pas, tout à l'heure, à exagérer la valeur de l'inventaire que Louvet a rédigé en 1662-1663 du fonds principal de nos Archives ; il nous suffit qu'en la circonstance il ait fait œuvre utile, — et que notre publication étende cette utilité. Pas davantage nous ne devons chercher ici à grossir le mérite de l'historien. Il faut le voir tel qu'il a été, mais il est particulièrement intéressant de le voir tel qu'il a été à l'époque où ses facultés se donnaient carrière avec le plus de spontanéité.

Cette façon d'écrire l'histoire, autant parfois avec son imagination qu'avec ses souvenirs, cet étalage oiseux de détails de seconde ou de troisième main, ces préoccupations morales, religieuses, professionnelles même, qui nous étonnent et nous choquent aujourd'hui, étaient alors fort prisées dans le milieu où Louvet s'était formé et vivait. Il y régnait encore un mauvais goût remontant au XVIe siècle, époque féconde, s'il en fut, et de curiosité universelle et d'audace, mais qui, altérée de savoir, obéissant à toutes les séductions, manquait de critique et de mesure. De là des défauts, reconnaissables même dans les auteurs de premier ordre, défauts dont on retrouve longtemps la trace dans tous les genres aussi bien dans celui de la Chaire que dans le Théâtre, et qui ne s'effacèrent que graduellement, pendant que prévalaient les diverses influences auxquelles nous devons la pureté sévère de notre littérature classique. Ils ne doivent pas nous empêcher de remarquer chez Louvet des qualités réelles qui le rendent vraiment digne de notre estime, alors même qu'il nous faudrait admettre qu'il retardait quelque peu sur beaucoup d'historiens de son temps et que Mézeray et Péréfixe lui-même étaient de meilleurs narrateurs que lui.

(1) Dans son étude sur les *Listes municipales de Toulouse du XIIe au XVIIIe siècle*, M. Roschach a loué la conscience, l'impartialité et la sincérité de Louvet : — « Pierre Louvet, qui était un compilateur consciencieux et qui apportait à ses recherches l'impartialité d'un érudit, a relevé, sans préférence, triage ni prétention, les mentions de qualités et de professions qu'il rencontrait dans son texte. Aujourd'hui qu'une grande partie du manuscrit original a disparu, notamment presque tout ce qui se rapporte aux temps antérieurs à l'année 1530, le répertoire alphabétique de Louvet est d'un précieux secours pour suppléer à l'insuffisance des documents. La sincérité même avec laquelle le médecin de Beauvais a transcrit les qualifications, sans les traduire ni les interpréter, assure à son témoignage une autorité dont beaucoup de travaux ultérieurs sont dépourvus. » (*Mém. Acad. Toulouse*, 8e série, tome VII, 1er sem., p. 5).

(2) On lira volontiers, en tête d'un recueil d'inventaires et de documents montpelliérains, cette synthèse curieuse de certaines parties, alors considérées comme les plus marquantes, de l'histoire de notre ville.

COMTES DE MAGUELONNE, DE SUBSTANTION

ET DE MELGUEIL OU MAUGUIO

Maguelonne estoit jadis Cité épiscopale (1), assise dans une Isle au bout d'un petit Golfe de la mer Méditerranée, qu'on appeloit anciennement l'estang des Volques, et depuis appellé les estangs de Mauguio, de Peraus et de Lates, telle qu'on la voit encore aujourd'huy sous ses ruines : les Sarrasins après la conqueste de l'Espagne, estans venus fondre en France par l'Aquitaine et Gothie s'en saisirent, ce qui fut cause de sa ruine ; car Charles Martel l'ayant reprise sur eux, et voyant son assiette trop avantageuse pour la descente des ennemis en cette Province, la fit démolir, et transporter le siège de l'Evesché et du Chapitre en un lieu nommé Substantion, assis sur une coline à un quart de lieue de Montpellier (2), et où les Evesques ont résidé 300 ans, jusques à ce que l'Evesque Arnaud rebastit la Ville de Maguelonne environ l'an 1060, quelque temps après que les désordres de la France eurent divisé la Province en plusieurs Seigneuries et Comtez ; et comme dans l'ordre que les Empereurs avoient instituées les Provinces, chaque Diocèse avoit un Gouverneur qui portoit titre de Comte, les Comtes de Maguelonne se transportèrent à Substantion, de mesme que l'Evesque et le Chapitre ; d'où quelque temps après le mauvais air dudit lieu les obligea de se retirer au Chasteau de Melgueil, ou Mauguio dans ledit Diocèse, duquel ils s'approprièrent le Gouvernement, comme firent les Comtes de Tolose, de Carcassonne et autres, qu'ils laissèrent à leurs successeurs, y faisant battre la monnoye des sols appelez Melgorois. Un d'iceux, sçavoir Pierre Comte de Melgueil fit donation dudit Comté en faveur de l'Eglise Romaine l'an 1085 à Grégoire VII et à ses successeurs ; à sçavoir la Comté de Mauguio à l'Évesché de Maguelonne ; à la charge de le retenir pour soy et les siens en foy et hommage de l'Eglise Romaine, payant chaque année une once d'or de redevance ; en suite de la donation de ce Comté l'Eglise en posséda la directité, et les successeurs du Comte Pierre jusques à Ermessende possédèrent la Comté sous la mesme redevance, laquelle estant enfin tombée entre les mains de Béatrix Comtesse de Melgueil, femme du Comte Bernard Pelet, elle la donna à sa fille Ermessende l'an 1172, la mariant avec Raymond Comte de Tolose ; mais le débris desdits Comtes de Tolose du temps de la guerre des Albigeois réunit à l'Eglise de Maguelonne tous les revenus de cette Comté, et le Pape Innocent III en investit l'an 1215, Guillaume d'Altignac, Evesque de Maguelonne, pour des raisons énoncées dans l'histoire des Albigeois, et non pas Guillaume Raymond, comme a escrit Verdale Evesque dudit lieu ; l'Evesché a esté transporté en la Ville de Montpelier l'an 1538, par Paul III, à l'instance du Roy François I, et depuis le siège de Montpelier une partie de l'Eglise a esté démolie sous prétexte que ceux de la Religion Prétendue Réformée s'y pourroient fortifier.

MONTPELIER

La ville de Maguelonne ayant esté démolie par Charles Martel, et depuis rasée par Charlemagne, les habitans d'icelle errans çà et là, et ne sçachant où habiter, une partie d'eux se retira à Substantion, d'autres bâtirent des metteries où ils pouvoient avoir quelque portion de terre à labourer et à défricher : plusieurs personnes de qualité commencèrent à bastir en la campagne et au lieu où est maintenant Montpellier ; choisissans les lieux plus propres pour se défendre en un siècle vrayement de fer, et où ils pourroient cultiver quelque chose de quoy fournir à l'entretien de leur vie ; et c'est de là que sont venus tant d'anciens Chasteaux et Bourgs, qui au

(1) Nous avons transcrit ce fragment de Louvet sans nous astreindre à respecter toujours la ponctuation du texte imprimé. Nous avons également, pour la commodité du lecteur, rectifié souvent l'accentuation et modernisé la graphie des voyelles consonnes *u-v* et *i-j*. Nous procèderons de même, et pour la même raison, dans la publication de l'Inventaire mss du fonds des Grandes Archives.

(2) Presque partout ailleurs Louvet imprime Montpelier avec une seule *l*, comme on le verra dans la suite.

commencement n'estoient que metteries fortifiées, pour éviter les incursions et brigandages des ennemis : les Comtes de Substantion, qui se prétendoient maistres et Seigneurs de tout ce terroir, puisque leur jurisdiction s'estendoit dans tout le Diocèse, permirent à quelques-uns de leurs parens, alliez, ou bons amis, de bastir sur ces petits tertres où est à présent Montpellier, et de s'y fortifier autant qu'il seroit nécessaire pour leur seureté, mesme de couper autant de bois de la forest qu'il en faudroit pour faire un labourage; cela ayant réüssi par l'industrie et le travail de ceux qui avoient eu cette permission, et par la bénédiction de l'éternelle puissance qui préside aux commencements des Villes et des Républiques, on vit bien-tost des maisons champestres, bien gentiles, et fort commodes pour la vie rustique : ce qui donna envie à quelques-uns de se venir joindre à ces premiers, et de bastir comm'eux, d'où s'ensuivit une espèce de Bourgade assez imparfaite, toutefois en son commencement, laquelle vint en titre de domaine à la maison des Comtes de Substantion, qui mariant Eustorgia une de leurs filles, luy donnèrent ladite Bourgade pour partie de sa dot : de ladite Eustorgia sont sortis plusieurs enfants, entre lesquels sont remarquez S. Folcran qui ayant esté nourry à Substantion, fut enfin promeu à la charge de grand Archidiacre de Maguelonne, et puis d'Evesque de Lodève l'espace de 57 ans 9 jours; et ses deux sœurs attendans le temps propre pour les marier, eurent cette terre qui avoit fait partie de la dot de leur mère *in allodium*, en alleu, comme parle Verdale. Ces filles se treuvant d'une humeur solitaire, et semblable à celle de S. Folcrand leur frère, se pleûrent d'abord en ce lieu, et y menèrent quelque temps une vie si exemplaire et si politique, que leur réputation s'épandit en peu de temps par tout le quartier, en sorte qu'ayant obtenu permission, soit de leur père ou frère aisné, et héritier qui estoit alors chef de leur famille, d'agrandir leurs maisons, et d'y retirer ceux qui voudroient venir bastir sous hommage et seigneuriale reconnoissance, elles eurent la conjoncture des affaires si favorable que dans peu de temps elles eurent deux Villages, ou deux belles Bourgades, l'une plus grande que l'autre : elles partagèrent leurs terres; et bien que les possessions fussent séparées, leurs cœurs ne furent pas divisez, mais s'unissans plus estroitement, elles employèrent tous les moyens licites pour accroistre et estendre leur domaine; l'une des principales causes de leur grandeur fut la décadence de Substantion, d'où les Comtes se retirèrent à Mauguio pour le mauvais air du lieu, qui estant le père des maladies change enfin les Villes en déserts : les plus aisez jettèrent les yeux sur ces deux Bourgs naissans, qu'on commença d'appeller Montpelier, et Montpeilleret, estans attirez sans doute par l'odeur des vertus de ces sainctes Vierges, qui ont un si beau privilège par dessus tous les Bienheureux, qui n'a jamais esté concédé aux Apostres, ny aux Martyrs; qui est au dire de l'Apocalypse, de suivre l'Agneau par tout où il va.

Mais ces sages filles ayant soigneusement pourpensé en leur esprit que toute la convoitise de ce monde n'est que vanité, et que la faux de la mort coupe également un chacun, comme celle du paysan abat aussi bien les belles fleurs que les herbes et le foin, tournèrent toutes leurs pensées à s'acquérir des amis aux despens du Dieu des richesses et d'iniquité ; c'est à dire d'échanger leurs possessions temporelles et périssables pour une céleste d'éternelle durée : à cet effet d'un commun consentement elles firent don irrévocable à jamais de tout le droit qu'elles avoient sur ces deux bourgs avec toutes leurs appartenances en l'honneur de Dieu et de ses Bienheureux Apostres S. Pierre et S. Paul à l'Eglise de Maguelonne en la personne de Ricuin II, Evesque dudit lieu, qui vivoit environ l'an 975, régnant en France le Roy Lothaire.

Voilà d'où Montpellier a pris son origine, et ce qui est admirable est qu'en si peu de temps elle devint si puissante, si grande, et si peuplée, que nous lisons avoir esté au temps d'Alexandre III Pape qui y vint à refuge 150 ans après. Il est vray que les Estats, les Villes, et les Républiques ne peuvent avoir que d'heureux succez lors qu'elles sont fondées sur les bases et fondemens de la pureté ; comme au contraire on a veu plus d'Estats renversez, et plus de Princes dejectez de leurs Thrônes par l'impureté que par leur cruauté, ou tyrannie : qu'ainsi ne soit, nous lisons que parmy les Assyriens, Sémiramis fut heureuse en ses conquestes, mais d'abord qu'elle vint à désirer les embrassements de son fils, elle perdit l'Empire avec la vie; et cette puissante Monarchie qui avoit duré près de 1400 ans trouva sa fin et sa ruine dans les impudicitez de Sardanapale ; les Sichemites furent taillez en pièces, et leur Ville désolée pour le rapt de la fille de Jacob : la Tribu de Benjamin destruite par le fer et par le feu pour un mesme sujet : l'adultère de Paris causa la perte du plus beau Royaume d'Asie ; Ægistus ayant abusé de la femme d'Agamemnon perdit la vie et le Royaume qu'il croyoit d'occuper. Les Lacedemoniens virent périr une République pour l'affront qu'on avoit fait aux filles de Lecedas ; et nos anciens Gaulois s'accagèrent

Rome, et désolèrent toute l'Italie pour vanger la Princesse de Toscane qui avoit esté ravie ; l'impureté de Salomon causa la division de son Royaume; et les Romains secouèrent le joug de la Royauté pour le rapt fait à Lucresse par le fils de Tarquin ; et leur République fut au point de sa ruine au sujet de Virginie que le Décemvir Appius vouloit ravir. Balthazar, Roy de Babylonne, faisant chère avec ses putains, voit une main qui minute l'Arrest de sa mort, et la fin de son Empire. La Monarchie des Perses, qui en si peu de temps estoit devenue si puissante, trouva sa fin dans l'impureté de ses Ambassadeurs, qui furent égorgez en Macédoine, lorsqu'ils voulurent attenter à la pudicité des femmes.

Les paillardises de Cléopatre mirent fin à son Royaume et à sa fortune. Bunduica(1), Reyne des Icenes en Angleterre, fit révolter toute l'Isle contre les Romains qui avoient abusé de ses filles. Les Gaulois firent le mesme sous Néron, et refusèrent d'obeyr à un Empereur si efféminé, lequel osta la vie à sa mère qui avoit auparavant recherché ses embrassemens. Galienus s'adonnant à ce vice, trente Tyrans s'élevèrent en divers lieux de son Empire. Valentinian III fut tué par Maximus, de qui il avoit corrompu la femme, et Phocas par Photinus pour le mesme sujet. Ce qui a donné entrée aux François dans la Gaule, a esté l'adultère d'Avitus, qui ayant abusé de la femme de Lucius gouverneur de Trèves, celuy-cy pour s'en vanger appela les François, ausquels il livra sa Ville : et les François avoient ce vice si fort en horreur qu'ils chassèrent leur quatrième Roy Childéric pour sa molesse, paillardise, et lascheté. Les Sarrasins vindrent d'Afrique en Espagne pour vanger l'affront du Comte Julian, de qui le Roy Roderic avoit violé la fille; et leur fortune commença à diminuer par l'adultère d'un Seigneur Arabe qui força la sœur de Pélage, qui en suite se retira aux montagnes des Asturies, où il establit le premier royaume des Chrestiens; et les mesmes Sarrasins aymèrent mieux se soumettre à Alphonse VI, Roy de Castille, et luy livrer la Ville de Tolède, que de souffrir leur Roy excessivement adonné à la paillardise, qu'ils dépossédèrent de son Estat. Vitiza et Teudizele Roys d'Espagne, et D. Ramir Roy [de] Léon, ont eu pareille fortune, aussi bien que Egbald, et Eduin Roys d'Angleterre, Evenus et Maldivius Roys d'Escosse. Louis III, Roy de France, se tua poursuivant une fille à Tours. Henry II, Roy d'Angleterre, fut estranglé avec les estrivières des chevaux par deux de ses valets, desquels il avoit corrompu les femmes (2). Ladislas, Roy de Naples, treuva la fin de sa vie dans les amours de la fille d'un Médecin qui l'empoisonna sur le fait. Rodoald, Roy des Lombards, et un Prince de Monaco ont perdu la vie dans l'adultère, aussi bien qu'Alexandre de Médicis, premier Duc de Florence, qui fut tué entre les bras d'une garce, ce qui pensa donner changement à son Estat (3). Mahomet III, Empereur des Turcs, eut couru risque de perdre son Empire, s'il n'eut abbatu la teste à sa Belle Rose en présence de son Conseil qui bransloit à la révolte (4). Je passe sous silence les Vespres Siciliennes, causées par la vie débordée des François, et la révolte des Suisses qui secouèrent le joug des Archiducs d'Austriche, pour l'impudicité d'un gouverneur envers une femme ; et le Schisme d'Angleterre, que l'amour désordonné d'Henry VIII avec Anne de Boulain, a malheureusement causé ; pour dire que la justice de Dieu a paru sur l'Isle de Candie, que les Turcs tiennent encore pour vanger le crime du fils d'un Gouverneur qui viola une femme en 1646, pour dire encore que Dieu fut contraint de noyer par les eaux du Déluge tous les hommes qui avoient corrompu par leurs impuretez l'ordre de la nature, afin d'esteindre par la froideur des eaux un feu que quarante ans après (5) il falut estouffer

(1) Il veut parler de Boadicea. V. TACITE, *Annales*, XIV, 31-37.

(2) Henri II mourut le 6 juillet 1189, du chagrin, disent les historiens, d'avoir dû subir les conditions humiliantes qui lui furent imposées par son fils, Richard Cœur-de-Lion, et le roi de France, Philippe-Auguste. Il était d'un tempérament amoureux. De ses relations avec la belle Rosemonde, fille de lord Clifford, il eut deux fils, Richard dit Longue-Espée et Geoffroy, évêque de Lincoln. Les autres détails donnés communément de l'histoire de Rosemonde sont pure légende. V. HUME, *History of England*, tome I, pp. 463-470, éd. de 1773.

(3) C'est le sujet qu'Alfred de Musset a traité dans *Lorenzaccio* : il a emprunté le cadre de son drame et certains détails à la Nouvelle XII de l'*Heptaméron* de Marguerite de Navarre. Cf. LOUIS CASTETS, *Alfred de Musset et l'Italie*, p. 6.

(4) Voir FRANÇOIS COPPÉE, *Poésies*, 1874-1878, p. 121-134, la pièce intitulée : « La Tête de la Sultane ».

(5) Louvet se trompe, à moins que le tort ne soit à son imprimeur qui aurait lu *quarante* au lieu de 400. La Bible compte, en effet, plus de trois cents ans entre le Déluge et la destruction des Villes maudites V. *Genèse*, XI, XVIII, XIX. L'explication ici donnée du Déluge est empruntée à une légende du Moyen Age mentionnée dans le *De Consummatione seculi* du Pseudo-Méthodius qui fit autorité en son temps comme le Pseudo-Turpin.

par un autre feu en l'embrazement de cinq Villes, qui donnèrent occasion à un Lac qui en porte encore la punition, et qui ne peut souffrir sur soy que ceux qui par leur impuissance se sont abstenus de ces sales plaisirs.

Je supplie le benin Lecteur de m'excuser cette digression que j'ay faite en faveur de la Ville de Montpelier, qui a esté bastie par deux Vierges, ce qui luy a fait donner le nom de *Monspessulanus, Monspelium* ou *Mons puellarum*, qui veut dire montagne des Filles; ou, comme on a depuis interprété, à cause de la beauté des filles dont cette ville foisonne sur toutes celles de France : les Rabins l'ont appellée *Mons Tremulus*, comme il est notifié par l'itinéraire de Benjamin Tudelensis, pour la ressemblance qu'elle a à la montagne où Josué fut enterré, laquelle trembla pour le peu de respect que les Israëlites avoient tesmoigné à sa mémoire, n'ayant pas assez pleuré sa mort. Elle est Episcopale et distante d'une lieue de la mer; il y avoit autrefois 80 Eglises dans la Ville, lesquelles ont esté demolies, et entr'autres un célèbre Hospital du S. Esprit, qui fut érigé en chef d'ordre par Innocent III, l'an 1198, et une marque singulière de la piété des Habitans est que cette Ville a esté honorée de deux célèbres Conciles qui y ont esté tenus l'an 1214 et 1258, et de la présence de plusieurs souverains Pontifes, entr'autres, Urbain II fut bien reçu à Montpelier du temps du Roy Philippe I. Gelase II, du temps de son exil et de sa pauvreté, s'y vint consoler et attendre la noblesse que Louys le gros envoya là pour luy rendre honneur et faire compagnie. Calixte IV, auparavant Archevesque de Vienne, et Cardinal issu du sang des Roys et Empereurs, y fut si bien accueilly lors de son voyage de S. Gilles qu'il s'en souvint longtemps après, et voulut luy-mesme estre l'arbitre des différens qu'avoient ensemble Guillaume de Montpelier, et le Comte de Melgueil. Alexandre III y est venu à refuge fuyant la persécution de l'Empereur Fridéric I, au temps duquel elle estoit grande et fort peuplée, selon les actes dudit Alexandre. Nicolas IV et Clément V ont honoré ce beau séjour de leur présence. Adrian IV les a obligé par ses bienfaits. Célestin III remit la paix en leur ville troublée par la mésintelligence du Seigneur et des sujets. Grégoire IX confirma aux habitans le privilège d'honneur qu'Alexandre III leur avoit octroyé. Innocent III y mit le chef de l'ordre du Sainct Esprit l'an 1198. Urbain V de Mende en Languedoc y a enseigné le droict Canon en qualité de Professeur, et y a fondé un Collège de Religieux, et un autre pour la Médecine; lequel Collège de Religieux ayant esté uny au Chapitre de l'Eglise Cathédrale, l'Abbé de S. Victor de Marseille (d'où estoit Abbé ledit Urbain V) a encore la nomination d'un Chanoine; et lorsque la ville fut affligée sous le gouvernement de Louys Duc d'Anjou, le Pape Clément VII envoya deux Cardinaux au dit Duc implorer sa clémence pour cette Ville.

Après avoir monstré la piété des Habitans de Montpelier, il faut faire voir comme la Justice y a toujours tenu les balances droictes par cette auguste Cour des Comptes, Aydes et Finances, qui contient dix Présidens, 48 Conseillers, 14 Correcteurs, 22 Auditeurs, trois Gens du Roy, trois Substituts des Gens du Roy, trois Greffiers et autres Officiers; elle fut institué par Charles VIII et Louis XI. Son fils ordonna qu'elle seroit sédentaire à Montpelier : il y a de plus un Bureau des Trésoriers Généraux de France, qui sont au nombre de 25 et un Siège de Séneschal et Présidial.

Un des beaux fleurons de la Couronne de Montpelier est la célèbre et florissante Université de Médecine si renommée par tout le monde, et où abordent tant de nations estrangères pour y estudier : comme Anglois, Escossois, Irlandois, Allemans, Polonois, Suisses, Holandois, Suédois, Livoniens, tous lesquels j'ay veu et remarqué, tant à cause des belles disputes qui s'y font journellement, que pour le beau jardin Royal des simples, très bien entretenu par les soins de Mr. de Belleval, Conseiller en la Cour et Chancelier de l'Université. Ce n'est pas sans mystère que Dieu ait voulu orner et remunérer une Ville qui a servi d'azile et de refuge à tant de Souverains Pontifes, de ce qu'il y a de plus Souverain dans le monde, et que le Sage Salomon recommande tant d'estre honoré : comme de fait, la médecine l'a esté par tant de testes couronnées, tels qu'ont esté le mesme Salomon, Roy des Juifs; Gigès, Roy de Lydie; Evax, et Sabit, Roys d'Arabie; Hermès et Apis, d'Egypte; Sapor, de Perse; Mithridat, de Pont; Périandre, de Corinthe; Denys le Tyran, de Sicile, qui préparoit luy mesme les médicamens, et faisoit toutes sortes d'opérations; Adrian, Empereur Romain; Constantin V de Constantinople; Mérovée, Roy des François; Avicenne, Prince de Cordoue, Christophle Grimaud, Duc de Gennes, Pierre Archphald, Archevesque de Mayence et Electeur de l'Empire, et autres; mais encore davantage par plusieurs Souverains Pontifes qui ont esté divinement eslevez de la médecine temporelle à la médecine spirituelle de l'Eglise, comme le Pape Eusèbe sous l'Empereur Maxence; S. Grégoire le grand; Jean XXI Portugais; Jean XXII de Cahors, médecin et Chancelier du Roy Robert de Sicile; Evesque de Cahors, Archevesque d'Auch et d'Avignon; Paul III, Urbain

V et Nicolas V de Serzane, tous deux fils de médecins, sans faire mention de plusieurs Cardinaux (comme de Pierre Damian) Archevesques et Evesques que la brièveté de ce discours ne me permet pas de produire pour ne donner la peine au lecteur de soupçonner que je parle pour mon intérest, me contentant de dire que le Cardinal Baronius, de qui la foy n'est aucunement suspecte, en a conté dans le Catalogue des Saincts jusqu'au nombre de trente-trois (1).

Et pour n'ennuyer le Lecteur de diverses ambassades et honorables emplois qu'ont eu les Médecins, comme celui de l'Empereur Justinian à Cosroé Roy de Perse pour traiter de la paix, Arnaud de Villeneufve Ambassadeur de Jacques Roy d'Aragon au Pape Clément V et vers le Roy de Naples pour obtenir le titre de Roy de Hiérusalem pour son frère Fridéric Roy de Sicile, Barthélemy Cœur de Marseille, et Ambassadeur d'Achmet IV, Empereur d'Orient, vers Henry le grand Roy de France : comme aussi de ce qu'ils ont excellé en toutes sortes de sciences, ny du beau privilège qu'ils ont en Ethiopie, où la loy porte que tous les Sujets du grand Négus de quelque estat et condition qu'ils soient, de trois enfants en doivent donner un à l'Ordre militaire de S. Anthoine, et cette loi s'observe avec tant de rigueur, que les Roys sujets à cet Empereur n'en sont pas exempts, n'y ayant que les Médecins qui s'en affranchissent ; je diray seulement à la louange de la Médecine que Jésus-Christ estant au monde l'a exercée par la guérison qu'il a fait de plusieurs malades, et ayant désiré que ses Apostres vécussent sans la jouyssance et possession d'aucune chose, il leur a laissé en héritage l'exercice de la médecine, qui estoit tout ce qu'ils avoient, et tesmoins les Actes des Apostres où S. Pierre guérissant un malade luy dit, qu'il luy donnoit ce qu'il avoit.

Caseneuve autheur du Franc-Aleu, dit que l'Université fut instituée l'an 1280, par le Pape Nicolas III. Il y a erreur touchant l'année et le Pape, qui fut Nicolas IV, non fondateur, mais confirmateur de ladite Université l'an 1289, le deuxième an de son Pontificat, d'autant que Cassan dans les recherches des droicts de la couronne de France, dit que l'Université prit son commencement des Sarrazins chassez d'Espagne qui s'y retirèrent avec les plus doctes Médecins Arabes disciples d'Averroes et d'Avicenne : en suite elle a tousjours esté honorée par de grands personnages, et entr'autres par Jean Hucher de Beauvais (et non de Belleval, comme a escrit Me Pierre Borel de Castres qui pour ravir cette gloire à ma patrie, a fait semblant d'ignorer la signification du mot *Bellovacensis* dans le monument que l'Université a fait mettre sur la porte pour conserver à jamais la mémoire d'un si brave Chancelier,) je passe sous silence tant d'autres braves Chanceliers et Professeurs, de qui les doctes escrits ne mourront jamais, comme ont esté MM. Varandal, Joubert, Rondelet, Ranchin, du Laurens, et à présent M. de Belleval qui la maintient dans un éclat qui donne de l'admiration à un chacun. Cette ville est aussi illustrée d'une Université des Loix qu'on dit avoir esté la première Université de France pour le droict Civil qui y fut leu par Placentin Italien qui en fut premier Professeur, et qui y a esté enterré l'an 1192 (2).

(1) Ce pédantisme, cette manie de citer ou d'énumérer des autorités sans choix sérieux, sans critique, mais pour le seul plaisir d'étaler son savoir et d'émerveiller le lecteur, sont un vieil héritage dû à l'admiration et à la confiance que le moyen âge professait indistinctement pour tout ce qui est écrit. La Mothe Le Vayer, dans *Prose Chagrine* (édition princeps de 1661, chez Augustin Courbé, in-12, 98 p. non mentionnée par Brunet ; le privilège est du 6 mai 1661), après avoir usé et abusé de la citation, s'en justifie ainsi : « Pour ce qui est de l'estude, il n'y a gueres que les ignorans qui la méprisent. Et quant aux lieux communs dont ils parlent, c'est sans doute qu'on en peut debiter de tres ridicules, comme il en est d'autres dont l'on ne sçauroit blasmer l'usage sans témoigner le peu de connoissance qu'on a de la belle erudition, et encore plus de l'art de mettre la main à la plume » (pp. 91-92). — Et plus loin (pp. 94-95) : « J'ai grande pitié d'eux si c'est une chose honteuse de citer ceux qui nous ont precedé. Lisez toutes leurs œuvres philosophiques, vous verrez qu'ils ne laissent passer aucune occasion de rapporter ce qu'ils avoient appris des plus grands Poëtes, Orateurs et Philosophes anciens à leur égard, dont ils taschoient d'imiter les ouvrages. » Le *Discours de la Méthode* est de 1636 ! Il a fallu, pour tuer cette *belle érudition* et ce mauvais goût, Port-Royal, Molière et les *Plaideurs* de Racine.

(2) Ce résumé de l'histoire de l'Université, ou des Universités de Montpellier, est en somme exact. Il faut savoir gré à Louvet d'avoir tenu à marquer que le Pape Nicolas IV, en réunissant par la bulle de 1289 les Facultés de Montpellier en un *Studium generale*, confirma ce qui existait déjà, ne le créa point. Les origines des Ecoles de Montpellier remontent au XIIe siècle. Aux Arabes exilés d'Espagne Louvet aurait pu ajouter les médecins Juifs. C'est pour encourager ces étrangers que Guilhem VIII concéda, en janvier 1181 (n. st.) le droit d'enseigner la médecine « à tout homme, quel qu'il soit et d'où qu'il vienne » : ... *ideo mando, volo, laudo atque concedo in perpetuum, quod omnes homines, quicumque sint vel undecumque sint, sine aliqua interpellatione, regant scolas de fisica in Montepessulano, qui regere scolas de fisica voluerint*, etc. ... Le texte a été conservé dans le *Liber instrumentorum memorabilium* ou *Mémorial des Nobles*, fol. 96, ro. V. *Cartulaire de l'Université de Montpellier*, t. I, pp. 179-180. Médecine se dit encore en anglais *physic*, et médecin, *physician*.

La célébration du VIe Centenaire de l'Université de Montpellier a eu lieu le 23 mai 1890 et a été présidée par M. Carnot, Président de la République française.

Comme cette Ville a esté glorieuse en piété, justice et science, elle l'a été pareillement en Saincteté, ayan donné la naissance au glorieux S. Roch fils d'un Gentilhomme des principaux Seigneurs de Montpelier, de la race duquel on dit merveilles ; sçavoir, que tous ses parens sont Gentilhommes et qu'aucun d'eux n'a jamais esté nécessiteux, ny eu la peste, ny esté entaché d'hérésie : qui désirera en estre esclaircy plus amplement, qu'il voye le traitté de la peste qu'en a fait Mr. de Ranchin.

Cette Ville fut affligée sous le gouvernement de Louys Duc d'Anjou, et du règne de Charles VI, et depuis s'estant jettée dans le party de la Religion prétendue réformée, elle fut assiégée l'an 1622 par le Roy Louis XIII. de glorieuse mémoire, qui l'ayant prise y fit bastir une Citadelle.

Ayant que finir ce discours il ne sera pas mal à propos de rapporter ce que dit Froissard à la louange de cette Ville chap. 5. du liv. 4. sçavoir, que Charles VI en l'an 1389 et environ la sainct Michel partit de Paris pour aller visiter le Pape Clément VII en Avignon, et que ce Roy fut disner à Nismes, et coucher à Lunel, et le lendemain vint disner à Montpelier, où il fut royalement reçeu, et luy furent faits de très beaux et riches présents. Car Montpelier est une puissante Ville, et garnie de grandes et exquises marchandises, aussy le Roy la prisa grandement, et luy fut dit qu'elle n'estoit alors rien en comparaison de ce qu'elle avoit esté : car le Duc d'Anjou, et le Duc de Berry chacun à son tour l'avoient mallement pillée et appauvrie. Le Roy séjournant en cette Ville, et s'y agréant luy fut encore dit que ce n'estoit pas grand chose de la pauvreté de Montpelier à l'égard de celle du pays que sa Majesté verroit, car Montpelier se deffent et répare sa perte par le moyen de la marchandise, dont la pluspart des Citoyens se soignent faire valoir et par mer et par terre. Le Roy fut à Montpellier douze jours.

Dans la maison Consulaire, il y a des lettres du Roy de Cypre et de Jérusalem, donnant privilège aux habitans de Montpellier, d'aller, venir, demeurer et trafiquer par tous ses royaumes.

Le Prince d'Antioche donne pouvoir aux marchands de Montpelier de traffiquer par toutes ses terres, avec la mesme liberté, et les mesmes privilèges que ses sujets mesmes.

Le grand maistre de Rhodes leur donne puissance de négotier à Rhodes, duquel privilège il y a deux actes.

Privilège escrit moitié en lettre hébraïque, moitié en lettre Romaine de la cité de Constantinople.

Trois privilèges escrits en lettre Grecque que le Roy d'Arménie donne aux habitans de Montpellier, pour négocier en ces terres.

Lettre du Pape Urbain V contenant la grâce que le Pape donne aux Marchands de Montpelier, de pouvoir trafiquer et négocier en terre de Sarrasins, dans celles du grand Soldan ; et de pouvoir contracter avec les Infidèles, pourveu que ce ne fût en chose de la Foy, ou du passage des gens de guerre.

Lettre de Jacques Roy d'Arragon et de Maillorque à ce que les marchands de Montpelier fussent francs et quittes de péages et levées en toutes ses terres.

La Seigneurie de Venise donne pouvoir aux marchands de Montpelier de trafiquer, contracter et négotier en toutes les terres de sa jurisdiction.

Charles Roy de Sicile, et Prince de Capoue, de Provence, et Forcalquier, leur donne sauf-conduit et puissance de négotier par toutes ses terres : comme aussi

Edouard Roy d'Angleterre leur donne puissance de traffiquer par tout son Royaume.

J'ay fait cette disgression pour faire voir en quel estat estoit autrefois Montpelier parmy les Nations estrangères et que ce n'est pas d'aujourd'hui qu'elle est estimée une des meilleures villes de France, mais de l'Europe.

SEIGNEURS DE MONTPELIER

L'origine des Seigneurs de Montpelier est assez douteuse, et pour ne m'amuser à plusieurs opinions diverses, je suivray celle qui ressent mieux sa vérité, en m'attachant à ce qu'en a dit M. Gariel, Chanoine et Doyen de Montpelier, en son livre des Evesques de Maguelone en la vie de Ricuin II, au temps duquel il dit qu'il y avoit en ces quartiers là un certain gentilhomme nommé Guy, compagnon de guerre du Comte de Melgueil (M. Catel l'appelle Guillaume gentilhomme du Comte de Melgueil, et en un autre endroit dit que c'estoit un Chevalier qui dépendoit du Comte de Melgueil), lequel estant estranger, et n'ayant aucuns biens ny possessions, alla un jour treuver l'Evesque Ricuin le prier de luy vouloir donner en fief Montpelier, ce qu'il obtint à force de prières, moyennant l'hommage et la fidélité qu'il devoit rendre à luy, et au Chapitre; l'Evesque garda Montpeilleret pour luy, qui fut depuis appelé la part antique, et parce qu'à force de bastir on avoit joint ces deux Bourgs ensemble: il sera bon de remarquer la partie que possédoit un chacun, selon ce qu'en a écrit M. Catel. La Seigneurie de Montpelier (dit-il) estoit jadis divisée en trois parties; la première estoit la Rectorie, laquelle prenoit son commencement au pont Saint-Esprit (proche la porte de la Ville dite de S. Gilles) et venant du costé de Lunel entre en la porte de Montpelier par la porte de S. Gilles, et suivant la rue Grande, et alloit à la rue Roé; l'Evesque de Montpelier estoit anciennement Seigneur de cette partie, laquelle, ensemble le fief et le droit qu'il avoit sur l'autre partie de la ville appellée la Baillie, et le Chasteau de Lates qui relevoient de luy, ledit Evesque changea avec Philippes-le-Bel en eschange de la Baronie de Sauve, la Seigneurie de Durefort, Saincte Croix, de Fontanes, la Justice haute du Poussant, et 500 livres melgorois (le sol Melgorois valoit huict sols d'aujourd'huy) et fut la première acquise au Roy; autre partie nommée la Baillie estoit beaucoup plus grande que la Rectorie, laquelle appartenoit à ceux qui se disoient Seigneurs de Montpelier, avant que les Roys d'Arragon en fussent les maistres, elle fut acquise par Philippe de Valois du Roy de Maillorque: la troisiesme partie estoit la Baronie, laquelle consistoit anciennement en certaines Seigneuries, et terres allodiales, ayant un juge, les appellations duquel ont esté dévolues autrefois à Perpignan, jusqu'en l'an 1282, dix ans avant que le Roy en eust acquis la portion de l'Evesque: le Roy de Maillorque recognut tenir ces baronies du Roy de France Philippes-le-Hardy. Voilà ce qu'en a dit M. Catel; poursuivons avec M. Gariel qui dit qu'en suite de ce Guy il y a eu plusieurs Seigneurs, la pluspart desquels ont porté le nom de Guillaume, et ne sont distinguez que par les noms de leurs mères, dont le premier qui se rencontre dans les mémoires de M. Catel est:

I. Guillaume, fils d'Ermengarde, qui espousa Ermessende, de laquelle il eut trois fils, et trois filles, Guillaume son successeur, autre Guillaume et Bernard, Guillemette, Hermenjarde et Adelays; il fut à la terre Saincte avec Raymond de S. Gilles.

II. Guillaume II, fils d'Ermessende, luy succéda l'an 1121, fut à la terre Saincte, où il espousa Sibille fille du Roy de Hierusalem, qui luy procréa cinq fils, et trois filles, Guillaume, Guillaume le jeune, Seigneur de Tortose, Raymond Guillaume, Evesque d'Agde, Bernard Guillaume Religieux de l'Abbaye de Grandselve, et Guy, Guillemette, Adelays, et Ermessende; il fut au voyage de la terre Saincte, et mourut l'an 1146 à Grandselve, religieux sous S. Bernard, comme j'ay appris des mémoires de Mr. de Rignac: et comme il ne sçavoit de Latin qu'*Ave Maria*, on vit sur son tombeau une fleur qui portoit en ses feuilles *Ave Maria*, ce que M. Catel croit estre arrivé à son successeur.

III. Guillaume III, fils de Sibille, espousa Mathilde de Bourgogne le 5 des calendes de mars, l'an 1156, fille de Hugues II, Duc de Bourgogne et sœur d'Eudes II, aussi Duc (M. Catel dit Mathilde fille d'Emanuel Empereur de Constantinople); ce Prince reçeut l'an 1162, le Pape Alexandre III à Maguelone, et le mena à Montpellier, où il demeura depuis Pasques jusques au mois de juin. Il eut Guillaume son successeur, Guy Chevalier de la milice du Temple, Raymond Religieux de l'Abbaye de Grandselve, Sibille femme de Raymond Gaucelin Seigneur de Lunel, et quatre autres filles.

IV. Guillaume IV, fils de Mahaut ou Mathilde, espousa Eudoxia fille (Catel la dit nièce) d'Emanuel Empereur de Constantinople, laquelle estoit fiancée à Alphonse II, Roy d'Arragon: et comme elle estoit venue à Montpellier, elle aprit qu'Alphonse estoit marié avec Sanche de Castille, fille d'Alphonse VII, dit le noble, et voulant s'en retourner en Grèce, Guillaume l'arresta et l'espousa, et en eut une fille nommée Marie; du depuis il espousa (vivant encore la dite Eudoxia) Agnès, de laquelle il eut plusieurs enfants, réputez illégitimes par le décret du Pape Innocent III.

V. Marie succéda contre le testament de son père, du vivant duquel elle avoit esté mariée à Barral Vicomte de Marseille Lieutenant d'Alphonse II, Roy d'Arragon, et Comte de Provence, puis en secondes noces avec le Comte de Comenge, duquel elle eut deux filles Mathilde et Pétronille, ce mariage fut dissous par authorité de l'Eglise à cause de parenté, et Marie fut remariée à Pierre II Roy d'Arragon (fils de cet Alphonse qui avoit refusé sa mère) qui fut tué devant Muret l'an 1213, et leur fils

VI. Dom Jacques, nay à Montpellier, luy succéda; il estoit prisonnier du Comte de Monfort à qui il avoit esté baillé en ostage par son père : ce fut lors qu'il fit vœu de fonder l'ordre de Nostre Dame de la Mercy s'il pouvoit estre délivré, ce qu'il fit ; il rendit hommage l'an 1326, à Jean de Monlaur Evesque de Maguelonne, pour raison de la Ville de Montpellier qu'il possédoit du chef de la Reyne sa mère ; ce fut luy aussi qui transigea avec S. Louis l'an 1258, et, ayant fait son testament entre ses deux enfans, l'an 1262, fit Pierre son aisné Roy d'Aragon, et

VII. Jacques II, Roy de Maillorque, Comte de Roussillon, et Seigneur de Montpelier, qui espousa Esclarmonde fille de Roger Comte de Foix, et en eut quatre fils et deux filles, Jayme, Sanche, Ferrand et Philippe ; l'une des filles fut mariée à l'infant Manuel de Castille, l'autre fut femme en secondes nopces de Robert Roy de Hiérusalem. Ce Roy fut dépossédé des Isles de Majorque par Alphonse Roy d'Arragon son nepveu l'an 1285, en haine de ce qu'il avoit fortifié le passage de l'armée de France par le Roussillon, mais par la Paix de l'an 1291 entre les Roys de France et d'Arragon, il fut restably en son Royaume, et mourut l'an 1311.

VIII. Sanctius, ou Sanche, son fils luy succéda au Royaume, et à la Seigneurie de Montpelier, et mourut sans enfans l'an 1324, et son nepveu

IX. Jacques III, fils de Ferrand frère de Sanche, luy succéda; il fut dépouillé des Isles de Majorque par Alphonse d'Arragon pour crime de félonnie, l'an 1343, pour lesquelles recouvrer il vendit Montpelier à Philippe VI, Roy de France l'an 1349 pour la somme de 120000 escus, et fut tué la mesme année en un combat, et son fils Jacques blessé, et retenu prisonnier à Barcelonne, où il estoit enfermé de nuict en une cage de fer, d'où estant évadé l'an 1362 il espousa Jeanne I, Reyne de Naples, qui fut bien-tost lasse de sa compagnie; il mourut l'an 1375, ayant laissé Izabeau sa sœur, vefve du Marquis de Montferrat, laquelle céda ses droits à Louis duc d'Anjou, ce qui fut depuis confirmé par Pierre Roy d'Arragon, qui receut le reste de l'argent deu encore à payer: cette Seigneurie fut depuis baillée à Charles le Mauvais Roy de Navarre, puis luy fut ostée l'an 1379, et comme elle avoit esté séparée à part des autres Comtez de Languedoc, aussi sous nos Roys elle n'estoit sujette à aucuns de la Province, mais estoit régie par un Gouverneur establi par les Roys, qui ont depuis annexé à ce Gouvernement la séneschaussée et Cour de Présidial (1).

Ce fut le *22 avril 1662*, à la suite de mesures prises pour assurer la conservation des compoix, que le Conseil de Ville de Montpellier chargea Pierre Louvet de l'inventaire du fonds des Grandes Archives. On traita avec lui à raison de cinquante livres par mois et il se mit à l'œuvre sans retard. — Le *30 juin* comme on évaluait que quatre ou cinq mois au moins seraient encore nécessaires pour arriver à l'achèvement du travail, on vota un crédit de 300 livres. — Un second crédit de 200 livres vint s'y ajouter le *11 septembre*, et l'on se trouva ainsi en état de faire face « au payement des vacations et journées du dict s[r] Louvet » durant une période de dix mois.

Pendant que Pierre Louvet reclassait et inventoriait le fonds des Grandes Archives, un feudiste montpelliérain, François Joffre, — dont nous nous occuperons spécialement plus loin, — se livrait à une besogne analogue sur le fonds du Greffe consulaire. A la date du *14 mars 1663*, tous les deux avaient terminé, et une commission était nommée pour vérifier leur travail et évaluer la gratification qu'il convenait de leur attribuer.

Le *19 mai*, la Commission proposa le vote en faveur de Louvet d'un nouveau crédit de 700 li-

(1) P. Louvet, *Remarques sur l'histoire de Languedoc* (1657), pp. 91 à 116.

femme ne puisse porter aux manteaux ou habits aucunes fourrures de
vair, gris ou de camelot, ou bien des fourrures de lis ou de taffetas
comm'on avoit acoustumé, ny aussi qu'ils puissent porter à leurs
capuces ou couvrechefs ou à leurs habits aucune sorte de rubans d'or ou
d'argent ou autres broderies, ny aussy manteaux ouverts par costé
pareils quelles semblables des hommes mais bien ouverts par devant
et de long, ni aussi qu'elles puissent porter aucune fourrure dans
leurs capuces ou manches de leurs habits ou autres parties de leurs habits
d'ailleurs qu'elles ne puissent porter manches pendantes plus longues de
trois doigts ou de plus grande largeur qu'ils n'ayent ou un paulme
et encore qu'aucune d'elles puisse porter ou faire porter mettre ou faire
mettre sur ses manteaux aucune fourrure de vair clair mais
bien les anciennes fourrures et celles de menu vair sur leurs manteaux
comm'auparavant, qu'aucune ne puisse porter guirlande ny chap.
ni aussi les damoiselles aucuns jardins d'orfèvre ou pierres precieuses
ou bien a la teste, que les hommes ne portent leurs habits plus courts
que dessous les genoux et aucun habit de soie, qu'aucun homme
ou femme ne puisse porter sur ses souliers d'estre ou bonnets des points
dits de polayna et que chacun aille habillé selon son estat et condi
tion et de sa femme et de sa famille, et quiconque ira autrement
sera puni et mis a la taille selon l'estat qu'il portera, de plus
qu'aucun pelissier sabatier sartre, jupponier, aguilletier ou autre ne
presumeroit de faire aucuns ouvrages pour les habitans de ladite
ville. Ces reglemens ayans esté approuvés par le seigneur
Evesque de Maguelone qui declara excommuniés ceux qui y con-
treviendroient et ainsi fait par sa Saincteté qui voulut que tous
les clercs et estudians et personnes ecclesiastiques suivissent ces regles
selon lesdits statuts, sa majesté les approuva et confirma à Paris
le 17e octobre l'an 1367 et manda a son Seneschal de Beaucaire
au recteur et juge ordinaire de la petite seau et au gouverneur
et au baile de Montpellier de les faire observer, et parceque la
plus grand part des habitans demeuroient sujets du roy de
Navarre sa majesté ordonne qu'on les leur fasse observer, et qu'ils y
soient contraints par force s'ils sont refusans.

Y

11. — Inventaire du fonds dit des Grandes Archives (1662-1663). — Archiv. municip. de Montpellier, II. 8, fol. 51 v°.

vres, ce qui eût constitué, avec les 500 déjà perçues par lui, un total de 1200 livres. En même temps on lui demandait d'ajouter une table à son inventaire.

Louvet fit la table réclamée et le *2 juillet* on lui alloua.... 300 livres seulement. — L'Inventaire du « Grand Chartrier » arrivait ainsi à ne coûter à la ville de Montpellier que la somme, relativement peu élevée, de 800 livres. Louvet y avait travaillé une année entière, « *despuis les trois heures du matin jusques à six heures du soir*, avec grande assiduité, fidellité et sincérité » (1).

L'« *Inventaire des vieux papiers, anciens actes, documens et privilèges des Grands Archives de la ville de Mompelier*, rangé selon l'ordre alphabétique des armoires, cassettes et tiroirs, par Mᵉ Pierre Louvet, docteur en médecine, l'an 1662, finissant 1663, par ordre du Conseil des Vingt-Quatre de la dite ville » (2) remplit un registre in-folio de 404 feuillets, d'une écriture menue et régulière (3). — Il est divisé en neuf parties, correspondant 1° aux huit armoires du meuble principal (4), 2° aux deux armoires complémentaires dites des petits tiroirs (5). Le plan est le même que celui du récolement de 1495. Louvet s'est, en effet, borné, sauf quelques cas particuliers, à suivre le cadre de classement de la fin du Moyen Age.

Ce classement, la chose n'est pas contestable, est « défectueux » aussi bien dans son plan général que dans le détail de ses diverses parties (6), et il eût été facile, en s'inspirant du système généralement admis aujourd'hui pour la mise en ordre des archives, d'y substituer une disposition plus logique, plus claire, plus commode pour les recherches. On a préféré conserver l'état de choses ancien et cette manière de voir a eu l'approbation des hommes les plus autorisés en la matière (7).

La ville de Montpellier se trouvait posséder, non seulement « un trésor » historique « tout à fait rare » (8), mais encore une curiosité archéologique d'un intérêt tout particulier. Le mobilier du Grand Chartrier, — nous avons eu l'occasion de le dire plus haut (9), remonte authentiquement à

(1) Cf. les Pièces justificatives.

(2) Archiv. municip. de Montpellier, *II. 8*.

(3) Cf. p. LXI, fig. 11, la reproduction autotypique, réduite d'un dixième environ, de la majeure partie du fol. 51 vᵒ.

(4) Armoire **A**, cassettes 1 à 22 (fol. 1 à 52 vᵒ), — armoire **B**, cassettes 1 à 22 (fol. 52 vᵒ à 87 vᵒ), — armoire **C** (fol. 87 vᵒ à 116 vᵒ), — armoire **D** (fol. 117 rᵒ à 140 vᵒ), — armoire **E** (fol. 140 vᵒ à 211 vᵒ), — armoire **F** (fol. 211 vᵒ à 263 vᵒ), — armoire **G** (fol. 263 vᵒ à 316 vᵒ), — armoire **H** (fol. 316 vᵒ à 365 rᵒ).

(5) Fol. 365 vᵒ à 376 rᵒ et 376 rᵒ à 384 rᵒ.

(6) Germain ne s'est pas borné aux qualificatifs « *défectueux* » et « *insuffisant* » ; il est allé jusqu'à le déclarer « *irrationnel* », car (dit-il) « il n'est disposé ni par ordre de matières ni par ordre de » dates, et il serait vivement à désirer que l'Administration locale » voulût bien s'occuper d'une refonte en ce sens ». (*Hist. de la Commune de Montpellier*, t. I, p. 4). — L'exagération est ici évidente, et il n'y a qu'à feuilleter Louvet pour constater que nos devanciers des XVᵉ et XVIIᵉ siècles n'ont ignoré ni le groupement par ordre de matières, ni la disposition par ordre de dates. Seulement ce groupement et cette disposition n'ont pas été faits avec l'attention minutieuse qu'y apporterait un archiviste du XIXᵉ siècle. « Les cadres qui existaient, en 1662, dans les archives consulaires (dit M. Grand, dans son *Récolement* de 1889) répondaient plutôt à des besoins pratiques ou nécessités par les circonstances qu'à un classement rigoureusement méthodique. C'est ainsi que, dans la série B, on voit se succéder des cassettes contenant des documents relatifs aux fondations pieuses (B. III), à l'Université (B. IV), aux fontaines (B. V), aux ouvriers de la commune clôture (B. VI), aux octrois (B. VII), aux foires (B. XII), etc., sans compter les cassettes consacrées aux « choses diverses » (B, VIII, etc.). Les tiroirs ont été réservés plus spécialement à la comptabilité de la Ville, principalement au XIVᵉ siècle (quittances, mandements de paiement, procurations, etc.), et au commerce (traités, privilèges, etc.) » (*Bulletin municipal de la ville de Montpellier*, 9ᵉ année, 1889, p. 857 ; tirage à part, p. 27 ; — *Bibliothèque de l'École des Chartes*, tome L, 1889, pp. 682-683.)

(7) Cf. Archiv. départ. de l'Hérault et Archiv. municip. de Montpellier : dossiers relatifs aux Archives municipales de Montpellier.

(8) Germain, *Hist. de la Commune de Montpellier*, t. I, p. 4.

(9) Cf. ci-dessus, pp. XXIX à XXVI et p. XXIX, fig. 9.

1495 ; nous le croyons même antérieur à cette date. Dans ces cassettes gothiques, les Chartes ont, en somme, le même ordre qu'à la fin du XVe siècle. — Conserver, à ce double point de vue du *contenu* et du *contenant*, la physionomie Moyen Age de cette partie du dépôt municipal de la Tour des Pins, c'était à la fois respecter un « monument », comme bien peu de villes ont eu la bonne fortune d'en conserver, et fournir à l'Histoire générale des Archives un « document » d'un intérêt considérable. — La publication de l'Inventaire de Louvet aura ainsi, en outre de son utilité historique, une utilité bibliographique, — *bibliologique*, si l'on préfère; — de plus elle sauvegardera pour l'avenir le vieux classement des « Grands Archifs » du Consulat montpelliérain, et à ces titres il faut savoir gré au laborieux archiviste de 1662 d'avoir presque perpétuellement suivi le plan adopté par ses devanciers sans chercher à se montrer novateur.

Cet intérêt archéologique et bibliographique de l'œuvre de Louvet lui fera pardonner de n'être pas aussi méthodique que les inventaires d'archives rédigés par les « professionnels » de notre époque. D'autre part, la richesse des renseignements qui y sont contenus rendra le lecteur indulgent pour les défauts variés qu'il sera amené à constater. Louvet était, nous l'avons dit, ce que nous appelons aujourd'hui un « autodidacte », et il n'y a pas lieu de s'étonner outre mesure que son inventaire — rédigé d'ailleurs avec une grande rapidité — laisse de temps à autre à désirer au point de vue de la diplomatique et de la chronologie, voire même au point de vue de la lecture, pour certains noms de lieux ou de personnes (1).

Nous avons déjà pu constater que Louvet écrit médiocrement : son inventaire des Archives de Montpellier en témoignera encore plus que ses livres. Mais il témoignera également de la curiosité très vive de son esprit. Louvet n'y a pas seulement fait œuvre de greffier et de feudiste, comme la plupart des archivistes ses contemporains ; il a fait aussi et surtout œuvre d'*érudit*. Au désir de servir les intérêts de la municipalité qui l'employait et de rendre les Chartes qu'il analysait susceptibles d'une utilité pratique, il a joint la préoccupation constante de dégager la valeur historique des documents et de consigner au passage ce qu'ils apportent d'informations caractéristiques sur le passé. C'est là ce qui constitue l'originalité de son travail, ce qui en fait un des plus intéressants spécimens d'inventaires d'archives rédigés antérieurement à la Révolution et ce qui explique les services considérables qu'il a rendus jusqu'ici aux érudits montpelliérains (2).

L'inventaire de Louvet est une rareté dans la littérature « archiviale » (3) du XVIIe siècle; comme

(1) Nous donnerons, à la suite du texte de Louvet, une série de notes où seront faites les rectifications nécessaires.

(2) « La ville de Montpellier... doit [à Louvet] un inventaire détaillé de la partie de ses Archives connue sous le nom de *Grandes Archives*...., ouvrage fort laborieux et fort utile encore à tous ceux qui s'occupent d'histoire et d'archéologie locales. » (Jun. Castelnau, *Bibliographie du Languedoc*, p. 15).

(3) Le mot est d'un archiviste languedocien, — presque contemporain de Louvet et qui fut, comme lui, un « ambulant » de l'érudition, — le Père Césaire Cambin, récollet (cf. *l'Université de Montpellier*, 2e année, 21 mai 1892, p. 254).

rareté, il sera intéressant à mettre en lumière. C'est en même temps, malgré ses incorrections et son caractère singulièrement touffu, une œuvre solide, consciencieuse, méritoire et d'une lecture souvent attachante. Les historiens, autant que les diplomatistes et les sigillographes, ont encore beaucoup à y cueillir. Les amateurs de notre vieille langue et les curieux de nos coutumes anciennes y trouveront nombre de pages qui retiendront leur attention.

La « table ou rubrique » ajoutée par Louvet à son inventaire, — une vingtaine de feuillets à peine (1), — était un peu trop brève, même au simple point de vue des intérêts municipaux et indépendamment de toute recherche scientifique. Une trentaine d'années plus tard, le Corps de Ville la fit remplacer par une autre plus développée, qui forme un volume spécial, in-folio de 143 feuillets (2). Nous n'avons rencontré aucune mention expresse du nom de son rédacteur, mais l'écriture est de la même main que les tables de l'inventaire auquel le nom de Darles est resté attaché, et elle fait partie, selon toute vraisemblance, des travaux entrepris vers 1693, par le feudiste François Joffre et l'archiviste Guillaume Darles (3).

Cette « Table de Louvet » étant susceptible de rendre service, — au moins encore pendant quelque temps (4), — nous reproduisons la liste des 370 rubriques sous lesquelles elle a été établie :

RUBRIQUES DE LA TABLE DE L'INVENTAIRE DE LOUVET

Adultères, — alleus, — amortissemens, — Ancie, lieu en Bourgoigne, — Angleterre, — Aragon, — archives, — Arles, — armes, — Asperas, — Augustins, — avocats, — Aigues-mortes;

Bacheliers, — baille de Montpellier, — ban, arrière-ban, — bancs, — ban, droit de ban, — barons, — Barselone, — bassin du Purgatoire de S. Bartélemi, — bâtards, — bedaut [de l'Université], — Belleval, — bénéfices, — biens recelèz, — bois de Valène, — blé, — boucheries, — bourgeoisie de Montpellier, — Boutonet, — bulles ;

Caravètes, — Carbonèle, — Carmes, — carquan de la maison de ville, — Castelnou, — Castries, — Catalogne, — Celleneuve, — cercles des tonneaux, — Chaise-Dieu, abbaye de la Chaise-Dieu, — chambre apostolique, — chandèle pour éclairer... pour vaquer aux procès, — changeurs de Montpellier, — chapelainies, — chapelle de Raimond de Montferrier, — chapelle du Consulat, — chapitre de Magalone, — chapitre S. Pierre de Montpellier, — Charité, la Charité, — charivari, — charpentiers, — chemins, — Chipre, — clavaire, — claverie, — clefs des portes de la ville de Montpellier, — cloche de l'hôtel de ville de Montpellier, — cloches, sonerie de cloches, — Cognac, diocèze d'Agde, — collège de Bresche ou Bresce, — Collioure, — Combaillolz, — Combelongue, chemin de Combelongue, — commerce, — communauté de Montpellier, — compoix, — comptes des consuls de Montpellier, — comtes de Tolose, — conciles, — confiscations, — conseillers de la communauté de Montpellier, —conseillers de Montpellier, — Constantinople, — consulat de Montpellier, — consuls de mer, — consuls de Montpellier, — consuls des métiers, — contagion, — cordiers, — corratiers, — coupes, — cour de Rome, — cour des Aides, — criées à Montpellier, — crieur public, — criminels, — croisade, — Cusac;

(1) *H. 8*, fol. 385 à 402.

(2) Archiv. municip. de Montpellier, *H. 9*.

(3) Cf. ci-dessous, chapitre V.

(4) Le tome 1er des *Archives de la Ville de Montpellier* sera terminé par une table analytique du texte de Louvet et des notes qui y auront été jointes.

Damas, — dames du dimecrés, — Danemarc, — dettes de la communauté, — dettes des étrangers, — dettes du Roi, — domaine du Roi, — Dominicains, — draperie. — droit écrit, — droits recelés;

Éclésiastiques, — électeurs des consuls, — emphitéose, — enterremens, — équivalant, — escarlate, — eschanges, — esglise, — états de Languedoc, — états du Roiaume, — évéque de Magalone, — évéque de Montpellier, — excommuniés;

Fer, — fermiers, — feux à Montpellier, — fiefz, — fiefz nobles acquis par les roturiers, — finances, — Flandres, foires, — fontaine du bois de Valène, — fontaines [de Montpellier], — fortifications de Montpellier, — fouages, — fourches du bois de Valène, — fourches plantées à la place de Montpellier, — fours, — francs-fiefs, — friperie, — fripiers, — fumiers, — fustiers;

12.— Disposition actuelle des cassettes gothiques du fonds dit des Grandes Archives.

Gabèle, — Genève, — Gênois, — gentis-hommes, — Gramont, monastère de Gramont, — grands jours, — gouverneurs de Montpellier, — grau de l'évéque de Magalone, — graux, — grefiers, — grefiers de la cour de Montpellier, — grefiers des Consuls de Montpelier, — grefier des inquans, — guerre, — guet et garde, — Guienne;

Habits, — hérétiques, — Hières, — horloge, — hôpital de Celleneuve, — hôpital de l'ermite de Montpellier, — hôpital de Notre-Dame, — hôpital de Saint-Éloy, — hôpital de Saint-Guillen de Montpellier, — hôpital de Saint-Jean de Jérusalem, — hôpital de Saint-Julien, — hôpital de Saint-Lasare, — hôpital de Saint-Martin de Montpellier, — hôpital des Orphelins, — hôpitaux de la Miséricorde, — huissiers;

Jardiniers, — Jérusalem, — impositions, — incendies, — indults, — inquanteurs de Montpellier, — Inquisition, — inventaires de papiers, — Jonquières, — jouxtes, — Italie, — juge royal de Montpellier, — juges, — Juifs;

Las Matas, puech de las Matas, — Lastelier, chemin de l'Astelier, — Las Voutes, — Lates, — Leucate, — leudes, — libertéz, — lods des échanges, — lods des ventes, — Loge à Montpellier, — Longue-ville, — loyers de maisons, — lumière pour vaquer aux procèz, — Lunel, — luxe des habits;

Magalonne, — Majorque, isle de Majorque, — maisons de la communauté de Montpellier, — maisons, nombre de maisons à Montpellier, — maneguières de Cornon, — Mante, — marchandises, — marchéz, — Marseille, — Mas de Jonquières, — Mas de Matalongue, — Mas de Vaissières, — Matalongue, mas de Matalongue, — [Les] Matelles, — Mauguio, — menusiers, — mesures, — Meulan, — Mineurs, Frères Mineurs, — moliniers, — muniers, — Monaco, — monoie de Mauguio, — monoies, — monoieurs, — Montauberon, — Montbarras, — Montborous, puech de Montborous, — Monteil, — Montferrier, — Montpellier, — moulin de l'hôpital Notre-Dame, — moulins, — mouture;

Narbonne, — Navarre, — Nice, — Nimes, — Noailles, — noblesse, — Nostre-Dame de Tables, — Nostre-Dame du Château, — notaires, — Novigens;

Octrois, — oficiers de justice, — oficiers du Roi, — ordonnances roiaux, — orfelins, pauvres orfelins, — orfèvres, — Ouvriers de Montpellier;

Pain, — palais du Roi à Montpellier, — papes, — papiers des particuliers, — parlement à Montpellier, — parlement de Paris, — pâturage du terroir de Lates, — pâturage du terroir de Montpellier, — péages, — peillerie, — Pérols, — Perpignan, — peseurs et mesureurs, — peseurs et mesureurs d'huile, — Petit Seel de Montpellier, — Pignan, — pilori du bois de Valène, — pirates, — Pise, — place de l'Herberie, — place du Marché, — Plaisance, — poids, — poids des merciers de Montpellier, — poissonnerie, — police, — ponts, — [Le] Pouget, — praticiens, — [Frères] Prêcheurs, — prest, — prévôt de Magalonne, — prisons, — privilèges de Languedoc, — privilèges de Montpellier, — procureurs généraux du Parlement de Paris, — Provence, — Puech Canelat, — Puech Calvelet ou Canelat, — Puech de las Matas, — Puech de Montbourous, — Puech de Taurier, — Purgatoire, bassin du Purgatoire S. Bartélemi, — putains, — Puy Archivel, — Puy de Gardies, — Puy-Méjanier;

Queste, quête; — rançon du roi Jean, — rebellions, — recelèz, — recteur de Montpellier, — règlemens de justice, — religieuses de Proillan, — religieuses de Ste Magdelaine, — reliques, — réparations de la ville et fauxbourgs de Montpellier, — Rhodes, — Rhosne, — rière-fiefs, — robes consulaires, — roiaume de France, — rues;

Safran, — Saint-Barthélemi, — Saint-Claude du Carnier, — Saint-Cosme, — Saint-Esprit, la ville du Saint-Esprit, — Saint-Esprit, hôpital Saint-Esprit, — Saint-Fermin, — Saint-Giles, ville de S. Giles, — Saint-Giles du Fesc, — Saint-Jean de Jérusalem, — Saint-Michel, — Saint-Pierre de Montpellier, — Saint-Roman de Codières, — salaires des sergens d'armes, — salins, — santé, soins pour la santé en tems de peste, — Sarrasins, — sauve-garde de Montpellier, — séditions, — sénéchal de Beaucaire, — Sentreyrargues, — sépulture ecclésiastique, — sépultures, — sergens, — sergens d'armes, — serment de fidélité par les habitans de la sénéchaussée de Beaucaire, — sermens des maitres des métiers, — sesteiral, le setier, — Siène, — sindics, — Sustention;

Tabellions, — tables de boucherie, — tailles, — Taurairol, — Taurier, puech de Taurier, — teinture de draps, — teinturiers, — Teutoniques, — Tolose, — tolte, — traite-foraine, — trésorerie, — trève, — Trinitaires, — Tripoli, — trompète;

Valène, — Valentinois, — Valfère, tènement de la Valfère, — Vayrada, — Vayssières, — Venise, — verdet, — vignerons, — vignes, — viguier de Montpellier, — Ville-neuve la Cremade, — vin, — Vintimille, — vingt-quatre conseillers de la communauté de Montpellier, — vingt-quatre du consei de la ville de Montpellier, — Université de Montpellier, — voleurs, — usuriers.

III

L'INVENTAIRE DE JOFFRE EN 1662-1663

L'inventaire consacré par Pierre Louvet en 1662-1663 aux «vieux Archifs des *membres hauts* de la Maison Consulaire » a pour suite, en quelque sorte, l'inventaire, rédigé à la même époque par le feudiste montpelliérain François Joffre (1), des papiers de la « boutique du Greffe quy est *en bas* de la dite Maison Consulaire ».

Joffre est loin de représenter, dans l'histoire littéraire méridionale du XVIIe siècle, un personnage aussi intéressant que l'historiographe sisteronnais. — D'autre part, le travail de classement fait par lui en 1662-1663 a en grande partie disparu dans le remaniement des Archives municipales exécuté vers 1880 par M. de La Pijardière, suivant le cadre officiel indiqué par le Ministère de l'Instruction publique. Il n'y a guère que le quart de ce classement de Joffre qui se soit conservé à peu près intact : le début du fonds de la *Commune clôture*, qui figure aujourd'hui en tête de la série EE. — En troisième lieu, l'inventaire de Joffre n'offre pas la richesse historique de celui de Louvet. C'est une œuvre consciencieuse, intelligente, méthodique, mais ce n'est pas une œuvre d'érudit, et son caractère est avant tout utilitaire et pratique (2).

Malgré cela, elle est appelée à rendre encore bien des services, tant que l'inventaire des nouvelles séries AA à II ne sera pas rédigé. Des concordances partielles ont été établies, en vue du service de communication des documents, entre l'ancien classement et le classement actuel, et, en attendant mieux, les deux volumes in-folio d'inventaire (3), auxquels Joffre a laissé son nom, permettent de savoir ce que contenait le fonds dit des *Archives du Greffe de la Maison consulaire.*

Ce fonds était renfermé dans neuf armoires (cotées A, B, C, D, E. F, G, H et I), dont les trois dernières étaient réservées aux titres de la *Commune Clôture* (4). Le tome premier de l'inventaire de

(1) Son nom a été plus d'une fois écrit *Geoffre*. — Il signait *Joffre* ou *Joffré*.

(2) L'inventaire de l'armoire I se termine par la mention de huit sacs remplis par des actes divers, « lesquels actes ne contenant aucun usage ny autre droict perpétuel, concernant les dicts Ouvriers ny chapelainies, n'ont pas été insérés dans le présent inventaire ; néantmoins ils sont conservés dans les sacs cy-dessous ordonnés, en cas il se trouvât qu'on en eût besoin. Pour cest effect, il a esté mis sur le dos de chacun d'iceux la substance de l'acte, et notamment le nom du seigneur des possessions qu'ilz contiennent, et de celles qui sont en franc aleu, ceste distinction n'y a pas esté oubliée » (tome II, fol. 223) ; — suivent « les noms des Seigneurs directs sus mentionnés, pour espargner la peine des perquisiteurs » (id. fol. 224).

(3) Archiv. municip. de Montpellier, *II, 10* et *11*.

(4) « Les susdicts docummens de l'Œuvre de la susdicte Commune Closture de Montpellier sont conservés dans les armoires G, H, I » (Joffre, tome II, fol. 1 v°).

Joffre est consacré aux six armoires A à F ; le tome second, aux trois armoires G, H et I. Ce tome second constitue donc une « reffaction » des inventaires de la Commune Clôture, exécutés en 1264, 1377, etc., dont nous avons eu à nous occuper précédemment.

Le tome premier est ainsi intitulé : — « *Inventaire des titres et documans réservés dans les Archives du Greffe de la Maison consulaire de la ville de Montpelier*, faict par le s^r^ François Joffre, la présente année 1662, — du consulat de noble Charles de Combes de Montagut, seigneur de Combas, gentilhomme ordinaire de la Chambre du Roy, chevalier de son ordre Monseigneur Sainct Michel, — sieur Jacques Tornésy, bourgeois, — Mre Jean Merle, procureur de la cour des Comptes, Aydes et Finances dudit Montpelier, — Mr Pierre Gibert, financier, — sieur Pierre Bressieux, et George-Estiene Chamberlin, — et ce par l'ordre et les soins de Mre Estiene Maryé, notaire royal et greffier consulaire de la ditte ville. »

Le tome second, que Joffre avait ainsi qualifié : — « *Inventaire des tiltres et docummans de la Commune Closture de la ville de Montpelier, réservés dans les Archives du Greffe de la Maison consulaire de la ditte ville,* faict la présente année mil six cens soixante deux, par le s^r^ François Joffre,.... », — reçut, à une date postérieure, un second titre : — « *C'est l'Inventaire des titres des Chapellenies dont M^rs^ les Maire et Consuls sont patrons en qualité d'Ouvriers...* » Cette seconde désignation s'explique par ce fait que les Chapellenies, dont les Ouvriers de la Commune Clôture avaient le patronat, occupent plus de la moitié de ce second volume : — 120 feuillets environ sur 225 (1). — Les Archives de ces Chapellenies formaient 64 paquets, répartis en huit sacs (2), qui remplissaient toute l'armoire H.

A la suite du titre du tome premier, Joffre a inséré l'*advis* suivant, qui témoigne tout au moins de la satisfaction de l'auteur à l'endroit de son œuvre :

> Ce travail estoit si nécessaire pour la satisfaction et l'utilité du public, qu'il estoit presque impossible de trouver les papiers qu'on désiroit des Archives du Greffe de la Maison de Ville, sans se résoudre aux soins incroyables d'une visite générale d'iceux, là où pour réussir d'abort en ceste recherche, il ne sera désormais besoin que de la simple lecture de cest ouvrage. — Les actes qui le composent, qui sont en si grand nombre qu'il seroit bien mal aisé de les conter, sans comprendre une infinité qui ont esté rejettés comme inutiles, croupissoint dans une confusion prodigieuse. Il les a faleu voir pour le moins deux ou trois fois, soit pour (après les avoir conceus) coucher sur leur dos la substance de leur teneur, soit pour les loger dans le partage des actes traictans de mesme nature d'affaires, ou enfin pour les insérer au rang de l'inventaire qu'ils devoient occuper, selon l'ordre et la perfection du dessein ; — et il estoit d'autant plus malaisé à réussir en ce labeur, que la principale partie des dits papiers sont de vieille lettre, latine ou catalane (3), de très difficile lecture.

(1) Fol. 107 à 222.

(2) Sacs H, I, K, L, M, N, O, P.

(3) C'est parler inexactement que d'appeler *catalans* des textes écrits dans le dialecte ancien du Languedoc, mais cette erreur, répandue encore aujourd'hui, a son origine dans une remarque juste. Entre le catalan et le languedocien archaïque les ressemblances sont nombreuses et essentielles, parce que ces dialectes dérivent tous deux d'une même langue, celle qui se constitua dans le Midi de la France vers les VIIIe-IXe siècles et qui paraît avoir été im-

Il a esté à propos de diviser l'inventaire en deux parties : dans la première ont esté mis les documans qui sont tous les jours en exercice, réduits dans trois armoires ; et dans la deuxiesme, ceux qui ne servent que de temps en temps, dans autres trois armoires. Et le tout y est, à mon advis, si bien disposé et avec tant de clarté qu'on pourra remettre en leur lieu les papiers qu'on en aura prins, avec la mesme facilité qu'on aura eu à les trouver.

Un avis analogue, mais plus bref, précède le tome second :

Les susdicts docummens de l'Œuvre de la susdite Commune Closture de Montpellier,.... conservés dans les armoires G, H, I,.... sont discernés avec tel ordre que les actes de chaque espèce estans ramassés en des paquets et mis dans des sacs, et portans sur leur dos leur teneur et leur cotte, on les pourra très aisément trouver et très aisemment remettre.

Or, pour rendre cest inventaire totallement parfaict, j'y ay inséré en leur lieu, par annottations, les actes de la dite Œuvre, qui ont esté transportés aux Archives des papiers communs de la dite ville, et employés en l'inventaire que j'en ay aussy faict, — en sorte qu'on y pourra recourir, quand on en voudra faire recherche, — observant tousjours mes indications, qui sont égalemment faciles et commodes.

L'inventaire dressé par Joffre en 1662-1663 n'est pas pourvu, comme celui de Louvet, d'une table *analytique*, par ordre *alphabétique* des noms de matières, placée à la fin, — mais seulement d'une table *méthodique générale*, divisée en deux parties, placées en tête de chaque volume, et indiquant rapidement le contenu de chaque *rang* ou de chaque *sac* des neuf armoires inventoriées. Cette table méthodique générale reproduit, en les abrégeant, les *sommaires* par lesquels débutent les différents chapitres de l'inventaire : — les travailleurs auront profit à trouver ici la transcription de ces sommaires.

portée par les chrétiens en Catalogne, lorsque cette contrée fut enlevée aux Musulmans. Mais quand l'on passe du Languedoc à la Cerdagne française, les deux parlers se différencient immédiatement par des caractères très précis, et l'on pourrait tracer leur ligne de démarcation dans le département des Pyrénées-Orientales, sans trouver entre eux de zone de transition apparente. L'on est donc tenté de supposer entre les deux idiomes une distinction originelle, d'autant plus que leur séparation remonte à une date très reculée et que le catalan, protégé par les conditions géographiques, s'est peu modifié, alors que notre languedocien continuait à évoluer dans le même sens que le français. Il est très probable que la zone de transition a existé, mais au Moyen-Age il y a eu une conquête nouvelle, en sens inverse, allant du Sud au Nord, et le catalan proprement dit, repassant les Pyrénées, s'est superposé à la zone de transition et l'a fait disparaître : de là la solution de continuité qui surprend et fait illusion. Le mouvement des couches géologiques a produit des faits analogues, mais là il suffit de creuser pour retrouver bien souvent ce qui manque à la surface. En un mot, le prétendu catalan de nos vieux textes n'est que du languedocien archaïque.

Le catalan appartient à la famille gallo-romaine et non à la famille hispanique (castillan-portugais) ; il n'est pas un intermédiaire entre ces deux familles, mais une simple variété du provençal. Bien plus, les différences entre le castillan et le catalan sont tellement fondamentales que là où les deux idiomes se mélangent, comme dans les grandes villes et la province de Huesca, on a une langue artificielle qui, au point de vue philologique, est un pur patois, pour ne pas dire un jargon. (V. Mila y Fontanals, *De los Trovadores en España*, 1861, et *Estudios de lengua catalana*, 1875 ; Grœber, *Grundriss der Romanischen Philologie*, p. 669-688.)

Le catalan s'étend de Perpignan à Valence d'Espagne et il est parlé au sud des Pyrénées par une population d'environ quatre millions d'habitants. Au XIIIe siècle, sous le règne de l'illustre Jacques d'Aragon, seigneur de Montpellier, la langue catalane conquit Murcie et Carthagène ; elle y a depuis cédé la place au castillan, mais pendant longtemps le littoral méditerranéen de l'Espagne ne connut d'autre idiome chrétien que le catalan. De bonne heure la langue littéraire de la Catalogne avait emprunté à nos troubadours le nom de *limousin*, et comme le patriotisme local n'oublie jamais son intérêt, nous voyons qu'au XVIe siècle on était encore fier à Valence d'écrire en *limousin*, et qu'aujourd'hui même « l'on parle et l'on écrit en *valencien* quand on suit le dialecte populaire, mais que l'on écrit en *limousin* quand on emploie la langue des *Jochs Florals*. » (Grœber, *Grundriss*, p. 672.) Ainsi l'on évite le mot de *catalan*.

Les Aragonais parlaient et parlent un dialecte de même famille que le castillan, et en 1364 un greffier catalan était incapable de reproduire la déposition d'un témoin aragonais : « Totes les coses desus scrites foren dites et respostes per lodit Mossen Johan, *en son lenguatge*, mas, por tal com lo scriva no los sabia pronunciar ne scriura, foren *mudades en cathala* e apres foren legides al dit Mossen Johan. » (Grœber, *ibid.*)

Dans la mesme armoire D, — *cinquiesme rang*, — sont les estats de la ville de Montpellier, ordonnés [par ordre chronologique, sous les cotes *132* à *134*]...

Dans la mesme armoire D, — *sixiesme rang*, — sont les cayers des estatz des impositions de la ville de Montpeller, — rangés [par ordre chronologique, sous les cotes *135* à *140*]...

Dans la mesme armoire D, — *septiesme rang*, — sont les livres appellés Livres longs et cayradetz et Guidons contenant les sommes imposées annuellement, — mis par ordre [chronologique, sous les cotes *141* à *162 bis*]...

Dans la mesme armoire D, — *huictiesme rang*, — sont les livres des commandemens faictz par les sieurs Consulz aux Clavaires, — ordonnés [par ordre chronologique, sous les cotes *163* à *172*]...

Dans l'armoire mesme D, — *neufviesme rang*, — sont les comptes des sieurs Consulz Clavaires de Montpellier ou leurs commis, de la Commune Closture, des esmolumens et menues affaires consulaires, des fermiers de la boucherie, des despences en temps de peste, et compte de certain scindic de la Province — mis par ordre [chronologique, sous les cotes *173* à *182*]...

Dans la mesme armoire D, — *dixiesme rang*, — sont les comptes rendus par les sieurs quatriesmes Consulz administrateurs de l'Hôpital Sainct-Éloy, des despences ordinaires dudit Hospital, avec certaines quictances concernant icelluy, — ordonnés [chronologiquement sous les cotes *183* à *190*]...

Dans la mesme armoire D, — *unsiesme rang*, — sont certains comptes rendeus par les sieurs cinquiesmes Consulz, administrateurs de l'Hospital Sainct-Lazare, — rangés [chronologiquement, sous les cotes *191* et *192*]...

Dans l'armoire E, — *premier rang*, — sont les pièces justificatives des comptes des Clavaires consulaires, de ceux de la Commune Closture de Montpelier et des Administrateurs des Hospitaux Sainct-Eloy et Sainct-Lazare de la dicte ville, — ensemble de certains restes d'imposition, et de certain scindic du Diocèse dudict Montpellier, — mis [par ordre chronologique, sous les cotes *193* à *262*]...

Dans la mesme armoire E, — *deuxiesme rang*, — sont les Livres appellés des mois, où sont escrites les despences des affaires communs ou consulaires, survenans de mois en mois, — iceux livres ordonnés [chronologiquement, sous les cotes *263* et *264*]...

Dans l'armoire F, — *premier rang*, — sont les cayers et actes des assemblées des Estats de la province de Languedoc, — assiètes du Diocèse de Montpelier, — règlemens sur le passage des troupes, — traite des blés, — réparations [communes] du dict païs [de Languedoc], — payemens de certains frais, et autres actes, — ordonnés [par ordre chronologique, sous les cotes *265* à *273*]...

Dans la mesme armoire F, — *second rang*, — sont certains instrumens des directes de l'Œuvre de la Commune Closture dudict Montpelier, avec plusieurs lièves des usages et inventaires des actes d'icelle, — mis en l'ordre [chronologique, sous les cotes *274* à *276*]...

Dans la mesme armoire F, — *troisiesme rang*, sont certains livres et cayers, contenant arrentemens des esmolumens du Greffe civil et criminel, — pois du Roy, — herbages du Bois de Valène, proclamations, relations des domages faictz au dict bois, — eslections des sieurs Consulz et leurs officiers, — et autres actes concernant les dictz reveneus, — les susdictz livres et cayers mis par ordre [chronologique, sous les cotes *277* à *284*]...

Dans la mesme armoire F, — *quatriesme rang*, — sont les actes contenant achapts et ventes des blés, deffences de les sortir de la Province de Languedoc, — assises sur le faict de Police, — recepte et despence de certains deniers d'icelle, — règlemens des moliniers, — taux du pain, vin et chair, — et autres actes concernant la Police, — ordonnés [chronologiquement, sous les cotes *285* à *287*]...

Dans la mesme armoire F, — *cinquiesme rang*, — sont certains livres, cayers et sacs, contenant eslections des Consuls de Mer de Montpelier, leurs droicts de justice, sauvegardes et autres, — mis par ordre [chronologique, sous les cotes *288* à *300*]...

Dans la mesme armoire F, — *sixiesme rang*, — sont certains livres et cayers, concernant les règlemens, délibérations et autres actes, sur le sujet de la Santé, — ordonnés [chronologiquement, sous les cotes *301* à *305*]...

Dans la mesme armoire F, — *septiesme rang*, — sont plusieurs livres, sacs et cayers, contenant les inventaires des armes et munitions de guerre de Montpelier, logemens des gens de guerre, visite des sixains, fortifications, aprêtz, despences, et autres actes concernant le faict de la guerre, — le tout mis par ordre [chronologique, sous les cotes *306* à *316*]....

Dans la mesme armoire F, — *huictiesme rang*, — sont les papiers contenant les affaires de ceux de la Religion Prétendeüe Réformée, — ordonnés [chronologiquement, sous les cotes *317* et *318*]...

Dans la mesme armoire F, — *neufviesme rang*, — sont plusieurs livres, contenant instrumens des directes des Hospitaux Sainct-Jacques et Sainct-Éloy, arrentemens des propriétés d'iceux, avec lièves des usages, inventaires des meubles, rolles des despences et des malades du dict Hospital, et autres actes, — les dictz livres rangés [par ordre chronologique, sous les cotes *319* à *326*]...

Dans la mesme armoire F — et mesme *rang neufviesme*, — sont quantité d'actes en parchemin et en papier, contenant les propriétés et usages des Hospitaux Sainct-Jacques, Sainct-Éloy, [Sainct-Julien de Tournefort, l'aumosne mercurine, réduits au dit hospital Sainct-Éloy, — ... assemblés en une liasse, cottée par n° *327*...

Dans la mesme armoire F, — *dixiesme rang*, — sont plusieurs actes contenant les usages de l'Hospital Saint-Lazare, — mis dans un sac, cotté par n° *328*...

Dans la mesme armoire F, — *unziesme rang*, — sont grand nombre de liasses, contenant divers actes, concernant les affaires communs de la ville de Montpelier, — mis par ordre [chronologique sous les cotes *329* à *347*].

Dans la mesme armoire F, — *doutziesme rang*, — sont nombre de paquets, trousseaux et liasses des actes concernant les affaires communs de la ville, de si petite conséquance qu'on n'a pas daigné les spécifier aux inventaires précédens, — en celluy-ci ilz sont mis en... ordre [sous les cotes *348* à *362*]...

Dans la mesme armoire F, — *treitziesme rang*, — sont quantité de sacs, contenant les Procès interveneus entre les sieurs Consuls de Montpelier et certains particuliers habitants de la dicte ville et autres, — les dictz sacs mis en ordre [chronologique, sous les cotes *363* à *421*]...

Dans l'armoire mesme F, — *quatorziesme rang*, — sont quantité de titres, sacs et paquetz, contenant lettres patantes, sentances et arrêtz, hommage, dénombremant de certains usages de Sainct-Benoit et [Sainct-Sauveur de Montpelier, — élections de scindic, ministre et commandeur des convens de la Saincte-Trinité et de la Mercy de Montpelier, — rémission faicte en faveur du Collège Sainct-Ruf de la ditte ville, — mariages, testamens et autres actes de plusieurs particuliers, — faisant une liasse, cottée par n° *422*...

Dans la mesme armoire F, — *quinsiesme rang*, — sont certains livres des nottes et des directes de certains particuliers, — et un livre traictant de médecine, — mis par ordre [sous les cotes *423* à *427*]...

Dans la mesme armoire F, — *seiziesme rang*, — sont certains livres d'Inventaires des Actes et Tiltres de la Maison [consulaire] de Montpelier, faicts par ordre des sieurs Consulz de la ditte ville, — iceux livres mis par ordre [chronologique, sous les cotes *428* à *432*]...

TOME SECOND. — DANS L'ARMOIRE G, — au *sac A*, — sont les actes contenant les privilèges des *Ouvriers de la Commune Closture* de la ville de Montpellier, — sçavoir: de leur direction en la dicte closture, fossés et doutze palms d'icelle, — de la garde des clefs des portes de la ville, — de leurs armes, — de leurs criées, — de leurs préséances, — de leur eslection, — de celle de leurs scindic, greffier et escuyer, — de leur exemption à ne respondre par devant aucung juge, — des concessions apostoliques en leur faveur, — de leur grefier, donateur et de la dite Œuvre et conversion de légats pies en réparations de la dicte Closture, — de la sauvegarde des sieurs Consuls de Montpelier, susdictz Ouvriers, Consuls de mer, et du scindic de la dicte ville, — de certaine ordonnance concernant les recognoissances feudales en la faveur, — des confirmations de leurs privilèges, etc., — mis en ordre [chronologique de l'année 1196 à l'année 1570, sous les cotes *1* à *39*]...

Dans la mesme armoire G, — au *sac B*, — sont les instrumens des acquisitions faictes par les susdicts Ouvriers, tant dedans que dehors la ville, — des donations faictes à l'Œuvre, — de ses directes, usages et autres immunittés, — insérés par ordre [chronologique de l'année 1217 à l'année 1573, sous les cotes *40* à *161*]...

Dans la mesme armoire G, — *sac C*, — sont les actes contenant permissions données par les susdicts Ouvriers à plusieurs habitans de faire des fenestres, guichets et autres réparations à leurs maisons respondant ou joignant les 12 pams ou muraille, et mesme de jouir de plusieurs patus desdicts 12 pams, murailles, etc., sans les obliger à aucuns usages, — iceux actes couchés... par ordre de priorité [de l'année 1210 à l'année 1525, sous les cotes *162* à *173*]...

Dans la mesme armoire G, — *sac D*, — sont les actes contenant les prix faictz et réparations publiques, faictz par ordre des susdictz Ouvriers, — les dictz actes mis par rang [de dates, de l'année 1248 à l'année 1592, sous les cotes *174* à *184*]...

Dans la mesme armoire G, — *sac E*, — sont les arrentemmens et louage et autres y concernant, faicts par lesdicts Ouvriers, de certains émolumans de l'Œuvre, — mis en... ordre [chronologique, de l'année 1215 à 1537, sous les cotes *185* à *196*]...

Dans la mesme armoire G, — *sac F*, — sont plusieurs livres contenant eslections desdicts Ouvriers et de leurs officiers, émolumans et directes d'iceux, — et de plusieurs chapelainies, avec collations d'icelles, — ensemble autres actes de divers particuliers, — les dits livres insérés... par ordre [chronologique, de l'année 1264 à l'année 1484, sous les cotes *197* à *210*]...

Dans la mesme armoire G, — *sac G*, — sont autres lettres contenant mesmes actes des eslections des dits Ouvriers et de leurs officiers, que les sus mentionés, au chapitre précédent du sac *F*, — ensemble esmolumens et directes de l'Œuvre, — et de plusieurs chapelainies, avec collation d'icelles, — et autres actes de divers particuliers, — les dicts livres mis par ordre [de dates, de l'année 1487 à l'année 1642 sous les cotes *211* à *225*]...

Dans l'armoire **H**, — *sac H*, — sont les actes des esmolumans de plusieurs Chapelainies, conteneus en 8 paquets : — dans le premier sont ceux de la chapelainie fondée par Nicolas Vivian, en l'esglise Notre-Dame des Tables ; — dans le 2, ceux de la chapelainie fondée par Laurense, vefve de Michel Pellet, drapier de Montpelier, en l'esglise Sainct-Firmin de la dicte ville, autel St-André ; — dans le 3, ceux de la chapelainie fondée par Messire Guilhaume Monyer, prebstre de la dicte ville, en l'esglise Sainct-Denis d'icelle ; — dans le 4, ceux de la chapelainie fondée par Barthélemi Alari dict Gresse, en l'esglise Sainct-Guilhen dudict Montpelier, autel de l'Eucharistie ; — dans le 5, ceux de la chapelainie fondée par Jacques Jean, en l'esglise Sainct-Éloy dudict Montpellier, autel Saincte-Appolonie ; — dans le 6, ceux de la chapelainie fondée par Durand Gabriac, drapier dudict Montpellier, en l'esglise Saincte-Croix de la dicte vile, — ensemble ceux de la chapellainie fondée par Guilhaumette, fille de Pierre de Lauze, en la susdicte esglise Sainct-Firmin, autel Nostre-Dame ; — dans le 7, ceux de la chapelainie fondée par Ermenarde, vefve de Jean de Rodès, en l'esglise Sainct-Paul du dict Montpellier ; — et dans le 8, ceux de la chapelainie fondée par Marie, fille de Jean de Villencufve, en la susdicte esglise Sainct-Firmin, autel Sainct-Michel ; — lesquelz paquetz et actes y conteneus sont... insérés par ordre de priorité [sous les cotes *226* à *263*].

Dans la mesme armoire H, — *sac I*, — sont les actes de plusieurs chapelainies, conteneus en 8 paquetz : — dans le premier sont les esmolumens de la chapelainie fondée par Jean Barthélemy, — ensemble ceux de la chapelainie fondée par Mirabelle de Mauguio ; — dans le second, ceux de la chapelainie fondée par Pierre de Sainct-Mathieu, de Montpellier ; — dans le 3, ceux de la chapelainie fondée par Firmin de la Voute, docteur ez droictz dudict Montpellier, en l'esglise des Augustins de la dicte ville ; — dans le 4, ceux de la chapelainie fondée par Ramond de Salve, changeur dudict Montpellier, en l'esglise Nostre-Dame de Tables de la dicte ville ; — dans le 5, ceux de la chapelainie fondée par Gaubert de la Coste, en la susdicte esglise des Augustins ; — dans le 6, ceux de la chapelainie fondée par Messire Jean Pagès, prebstre dudict Montpelier, en l'esglise Sainct-Firmin dudict Montpelier, autel Sainct-Michel ; — dans le 7, ceux de la chapelainie fondée par Jeanne Raynaudine, vefve de Renaud Ferrier, marchant du dict Montpelier, en la susdicte esglise Nostre-Dame de Tables ; — et dans le 8, ceux de la chapelainie fondée par Jeanne, vefve de Ramond de Sainct-Martin, marchant du dict Montpelier, en l'esglise Saincte-Anne de la dicte ville, autel Nostre-Dame ; — [les dites pièces cotées de *264* à *291*].

Dans la mesme armoire H, — *sac K*, — sont les actes de plusieurs chapelainies, conteneües en 8 paquets : —

dans le premier sont les esmolumans de la chapelainie fondée par Bernard Engilbert, appoticaire de Montpelier, en l'esglise Sainct-Barthélemy de la dicte ville ; — dans le 2, ceux de la chapelainie fondée par Pierre Peroge, marchant dudit Montpellier ; — dans le 3, ceux de la chapelainie fondée par Bernard Castel, appoticaire dudict Montpellier, en l'esglise Saint-Cosme et Sainct-Damian, autel Saincte-Marguerítte ; — dans le 4, ceux de la chapelainie fondée par Jean Aureilli, changeur de Montpellier, en l'esglise des Frères Prêcheurs de la dicte ville ; — dans le 5, ceux de la chapelainie fondée par Guillaume Cocon, marchant dudict Montpelier, en l'esglise Sainct-Thomas de la dicte ville ; — dans le 6, ceux de la chapelainie fondée par Estiène de Montelieu, marchant dudict Montpelier ; — dans le 7, ceux de la chapelainie fondée par Mre Guilhaume Clary, docteur ez droicts dudict Montpellier, en l'esglise Sainct-Paul de la dicte ville ; — et dans le 8, ceux de la chapelainie fondée par Jeanne, vefve de Jean André, marchant dudict Montpellier, en l'esglise des Carmes de la dicte ville, autel Saincte-Croix.

Dans la mesme armoire H, — *sac L*, — sont les actes de plusieurs chapelainies conteneues en 8 paquets : — dans le premier sont les esmolumens de la chapelainie fondée par Bernard de Laup, marchant de Montpelier ; — dans le 2, ceux de la chapelainie fondée par Alamande, vefve de Jean Lobier, dudict Montpelier, en l'esglise Nostre-Dame de Botonet ; — dans le 3, ceux de la chapelainie fondée par Guilhaumette, fille de Pierre Martin, dudict Montpellier, et femme de Mathieu Amelier ; — dans le 4, ceux de la chapelainie fondée par Garcende, fille de Durand Sagayre, dudict Montpelier ; — dans le 5, ceux de la chapelainie fondée par Jean Tailhafer, dudict Montpelier, en l'esglise Saint-Firmin de ladicte ville, autel de la Sainte-Trinité ; — dans le 6, ceux de la chapelainie fondée par Pierre André, dudict Montpelier, en l'esglise Sainct-Paul dudict Montpelier ; — dans le 7, ceux de la chapelainie par Mathieu Gavanac, peletier de Montpelier, en l'esglise Saincte-Anne de la dicte Ville, autel Nostre-Dame de Grâce et Sainct-Fulcrand ; — et dans le 8, ceux de la chapelainie fondée par Jean Brun, docteur ez droictz dudict Montpelier, en la susdicte esglise Sainct-Firmin ; — ensemble ceux de la chapelainie fondée par Marie de Balmes, femme de Jean de Balmes, en l'esglise du couvent des Frères Prêcheurs.

Dans la mesme armoire H, — *sac M*, — sont les actes de plusieurs chapelainies conteneues en 8 paquets : — dans le premier, sont les esmolumens de la chapelainie fondée par Durand Sagayre en l'esglise Sainct-Barthélemy de Montpelier ; — dans le 2, ceux de la chapelainie fondée par Pierre Fournier, marchant dudict Montpelier, en l'esglise Sainct-Firmin de la dicte ville, autel de la Saincte-Trinité ; — dans le 3, ceux de la chapelainie fondée par Estienne Rouch, bourgeois dudict Montpelier, en la susdicte esglise de Sainct-Barthélemy ; — dans le 4, ceux de la chapelainie fondée par Messire Michel Despont, en l'esglise des Religieuses Nostre-Dame Sainct-Giles dudict Montpelier ; — dans le 5, ceux de la chapelainie fondée par André Torquilhas, dudict Montpelier, en l'esglise Nostre-Dame de Tables ; — dans le 6, ceux de la chapelainie fondée par Pierre Albert, drapier du dict Montpelier ; — dans le 7, ceux de la chapelainie fondée par Pierre Gras, en Saincte-Marte, — ensemble ceux de la chapelainie fondée par Guilhaumette, vefve de Guilhaume Dufour, dudict Montpelier, — ceux de la chapelainie fondée par François Gras, en l'esglise Sainct-Sauveur dudict Montpelier, — et ceux de la chapelainie fondée en Sainct-Claude du Carnier par les prévots de la confrérie du susdict Sainct-Claude ; — et dans le 8, ceux de la chapelainie fondée par Garcende Albertine, vefve d'Albert Maurel, pâtissier.

Dans la mesme armoire H, — *sac N*, — sont les actes de plusieurs chapelainies conteneus dans 8 paquets : — dans le premier, sont les esmolumens de la chapelainie fondée par Pierre de Ferrières, de Montpelier ; — dans le 2, ceux de la chapelainie fondée par Jeanne, femme de Pierre Daudemares, marchant dudict Montpelier, en l'esglise Sainct-Barthélemy de la dicte ville, autel Nostre-Dame ; — dans le 3, ceux de deux chapelainies fondées par Pierre de Mastissons, l'une en l'esglise et autel Sainct-Éloy, et l'autre en l'esglise Nostre-Dame des Tables, autel Sainct-Pierre ; — dans le 4, ceux de la chapelainie fondée par Ramond Pelet, drapier dudict Montpelier, en l'esglise Sainct-Firmin de la dicte ville, autel Sainct-André ; — dans le 5, ceux de deux chapelainies fondées par Guilhaume de Prades, canabassier du dict Montpelier, l'une en la susdicte esglise Sainct-Firmin, autel de la Trinité, et l'autre en l'esglise Saincte-Croix, autel Saincte-Catherine ; — dans le 6, ceux de la chapelainie fondée par Huguette, vefve de Thomas d'Envers, dudict Montpelier ; — dans le 7, ceux de la chapelainie fondée par Mirabelle, vefve d'Estienne de Candilhargues, drapier dudict Montpelier ; — et dans le 8, ceux de la chapelainie fondée par Guilhaume Calcadelle, dudict Montpelier, en la susdicte esglise Sainct-Firmin.

Dans la mesme armoire H, — *sac O*, — sont les actes de plusieurs chapelainies conteneus dans 8 paquets: — dans le premier, sont les esmolumens d'une chapelainie fondée en l'esglise Nostre-Dame des Tables, sans dire par qui; — dans le 2, ceux de la chapelainie fondée par Ramond Colet, canabassier dudict Montpelier, en l'esglise Saint-Jacques de la dicte ville, autel Nostre-Dame; — dans le 3, ceux de la chapelainie fondée par le sr Guilhaume Dupuis, en la susdicte esglise Nostre-Dame de Tables, autel de l'Annonciation; — dans le 4, ceux de la chapelainie fondée par Estienne Roq, — ensemble ceux de la chapelainie fondée par Pierre Ambert, marchant dudict Montpelier, en l'esglise Saincte-Croix, — et ceux de la chapelainie fondée par Bernard Benoit, en l'esglise Saint-Firmin; — dans le 5, ceux de la chapelainie fondée par Ramond Bedos, en la susdicte esglise Nostre-Dame de Tables, autel Sainct-Pierre; — dans le 6, ceux de la chapelainie fondée par le sieur Ramond Bec, prêtre dudict Montpelier, en l'esglise Sainct-Barthélemy de la dicte Ville; — dans le 7, ceux de la chapelainie fondée par messire Bernard Sousel, prêtre, en la susdicte esglise Sainct-Firmin, autel Nostre-Dame; — et dans le 8, ceux de la chapelainie fondée par Pierre de Chaulet, en l'esglise Sainct-Mathieu, autel saincte Marthe, — ensemble ceux de la chapelainie fondée par Huguette, vefve de Thomas d'Amans, aliàs Beulaygue, en l'esglise collégiale Nostre[-Dame] du Palais, autel sainct André, — ceux de la chapelainie Nostre-Dame de Pégayroles, fondée en l'esglise Sainct Jacques, sans dire par qui, — ceux de la chapelainie fondée par Messire Guilhaume Castel, en l'esglise Sainct-Cosme, autel grand d'icelle, — ceux de la chapelainie fondée en l'esglise Nostre-Dame des Carmes, autel du Sainct-Sépulchre, — de toutes lesquelles chapelainies sus-spécifiées les dicts Ouvriers de la susdicte Commune Closture sont patrons. (Nota au chapitre suivant du sac P. a deux chapelainies dont les dicts Ouvriers sont aussy patrons.)

Dans la mesme armoire H, — *sac P*, — sont les actes de plusieurs chapelainies conteneus en 8 paquets: — dans le premier, sont les esmolumens de la chapelainie fondée par Thomas Vivian, dans l'esglise Sainct-Thomas de Clunis, proche de Montpelier, et Sainct-Guilhen de la dicte ville, dont les patrons sont le Prieur des Frères Prêcheurs et le Gardien des Frères Mineurs dudict Montpelier, — ensemble ceux de la chapelainie fondée par Pierre Amelier, en l'esglise Nostre-Dame de Tables, de laquelle il faict patrons ses héritiers, — ceux de la chapelainie fondée par le sieur Jean Vilar, prêtre, en l'esglise Sainct-Firmin de la dicte ville, autel Nostre-Dame, de laquelle sont patrons les exécuteurs testamentaires du dict Vilar, — et ceux de la chapelainie fondée par Bernard de la Roque, changeur dudict Montpelier, fils de Durand, marchant de Cajarc, en l'esglise dudict Cajarc, dont les patrons sont nommés par Bernard La Roque, son oncle; — dans le 2, ceux de la chapelainie fondée par Bernard Balbian, marchant dudict Montpelier, dont les Ouvriers sont patrons; — dans le 3, ceux de la chapelainie fondée par Ramond et Pierre Fabres, dudict Montpellier, en la susdicte esglise Sainct-Firmin, de laquelle le tuteur testamentaire des hoirs de Guilhaume Fabre est patron; — dans le 4, ceux de la chapelainie fondée par Messire Bertrand Dumas, prêtre, en l'esglise Saincte-Eulalie dudict Montpelier, dont Messire Jacques Amelier, marchant de la dicte ville, est patron; — dans le 5, ceux de la chapelainie fondée par Messire Bernard Roquette, licentier de Montpelier, en l'esglise des Frères Prêcheurs de la dicte ville, à l'honneur de Sainct-Anthoine et Saincte-Catherine, dont lesdicts Ouvriers sont patrons, — ensemble ceux de la chapelainie fondée par Pierre et Jean Lautiers, en la susdicte esglise Sainct-Firmin, autel Sainct-George, de laquelle Guilhaumette, vefve de Jean Molinier, blancher de la dicte ville, est patronne; — dans le 6, ceux de la chapelainie fondée par Jean Achart, dudict Montpelier, en l'esglise Saincte-Catherine de la dicte ville, autel Nostre-Dame de Betléem, dont Bernard Radulphe et Messire Gervais Formi, notaire de la dicte ville, sont patrons; — dans le 7, ceux des 4 chapelainies de l'Œuvre, — ensemble ceux de la chapelainie fondée par Messire Guilhaume Fulci, chanoine de Magalone, dont Bernard Ramond, du lieu de Posquières, est patron; — et dans le 8, ceux de la chapelainie fondée par Guilhaume Bonis, en l'esglise Sainct-Denis dudict Montpelier, — et ceux de la chapelainie fondée par Dossoline Besunhac, sans dire où, — et autres actes ramassés des directes de certaines chapelainies et autres légats pies.

Dans l'armoire I, — sont quantité d'actes retirés par les dictz Ouvriers, comme leur estant nécessaires pour estre payez de certains légats pies, ou en qualité d'exécutteurs testamentaires de plusieurs personnes...

Dans la mesme armoire I, — sont encore quantité d'autres actes tombés entre les mains des susdits Ouvriers pour les mesmes raisons alleguées au chapitre précédent...

Le travail, fait par Joffre en 1662-1663 pour la ville de Montpellier, lui fut payé la somme de 450 livres, — dont 300 pour les Archives proprement dites du Greffe, et 150 pour les Archives de l'ancienne (1) Œuvre de la Commune Clôture. Ces chiffres furent fixés dans les séances du Conseil de Ville des 11 septembre 1662 et 2 juillet 1663 (2).

L'inventaire des Archives du Greffe de la Maison consulaire, confié à Joffre en 1662, n'était pas le premier travail entrepris par lui pour la municipalité de Montpellier. — L'année précédente, il avait été chargé par les Consuls « de faire pluzieurs extraits de vieux papiers escripts en latin, concernant l'hospital de St-Lazare, et aussy faire un levoir de pluzieurs recognoissances, qui sont dans les notes de Me Fesquet » (3).

De 1663 à 1704, Joffre exécuta divers autres inventaires d'archives ou travaux variés concernant son métier de « féodiste », dont la trace s'est conservée aux Archives départementales de l'Hérault ou aux Archives municipales de Montpellier (4).

C'est d'abord l'« *Inventaire des titres et documans du vénérable Chapitre de l'esglise cathédrale Sainct-Pierre de Montpelier*, faict par le s[r] François Joffre, par ordre des Messieurs du dit vénérable Chapitre, ez années 1663 et 1664 », — grand in-folio de 1218 pages (5), — dont la rédaction se place entre le 4 juin 1663 et le 21 juillet 1664, et qui rapporta à son auteur la somme de 600 livres (6). Dix ans plus tard, Joffre refondit ce travail et le distribua par ordre alphabétique (7) ; en 1703-1704, il y fit des additions ; le tout forme ensemble deux registres : — le premier (8) est intitulé : « *Inventaire alphabétique des titres et documens du vénérable Chapitre de l'esglise cathédrale St Pierre de Montpellier*, fait par Mre François Joffre, docteur ez droicts, en 1673, ... sur l'inventaire de 1663, et continuation du dit inventaire, faite [par le même] en 1703, » — grand in-folio de 18 feuillets et 988 pages (9) ; — le second (10), registre in-4° de 205 pages et 42 feuillets, ne porte ni

(1) « *Deslibération contenant suppression des Ouvriers* » (14 mars 1661) : — Les Consuls ayant « recogneu la charge des Ouvriers de la Commune Clauzure de ceste ville estre inutille et la suppression d'iceux advantageuze à ceste Communaulté,... ils ont ceste année anéanty et suprimé lesdits Ouvriers, requérant leur action estre appreuvée et ce faizant deslibérer qu'à l'advenir il ne sera point faict aulcune eslection des dits Ouvriers et les dits sieurs Consuls chargés de fere leur fonction. » (Archiv. municip. de Montpellier, série BB, Délibérations du Conseil de Ville de 1640 à 1661, fol. 237.)

(2) Cf. Pièces justificatives.

(3) « Ayant demuré plus de vingt jours, tant pour trouver les dits actes et recognoissances, que pour les extraits », il lui fut « paié.... la somme de trente livres pour ses peines et soings qu'il a pris pour la Ville. » (Cf. Délibération du 10 juin 1661, mandement du 14 et quittance du 26 du même mois. Archiv. municip. de Montpellier, série BB, registre des Délibérations de 1661 à 1673, fol. 24 ; — CC. 403, compte de la Claverie de l'année 1661, fol. 19 r° ; — même série CC, pièces justificatives du compte de la Claverie de 1661, pièce n° 22.)

(4) Sans compter un inventaire partiel, non signé, des Archives municipales de Lattes. (cf. ci-dessous, fin du § v).

(5) Archiv. départ. de l'Hérault, série G, chapitre cathédral de Montpellier, classement Thomas, n° 2.

(6) Cf. Pièces justificatives, Joffre, 1663 et 1664.

(7) Cf. Pièces justificatives, Joffre, 1673.

(8) Archiv. départ. de l'Hérault, série G., chapitre cathhédral de Montpellier, classement Thomas, n° 3.

(9) Le Répertoire alphabétique fait en 1673 va du feuillet 1 à la page 949. — Les « deux continuations faites en l'année 1703 » dans les parties laissées en blanc en 1673, sont expliquées dans un « avertissement » final (pp. 959 à 988).

(10) Archiv. départ. de l'Hérault, série G, chapitre cathédral de Montpellier, classement Thomas, n° 4.

titre ni nom d'auteur, mais l'écriture est certainement de la main de Joffre. Au début se trouve une note indiquant que « le travail... a esté fait... par les ordres de Messieurs de Patris et Pouget, chanoines en l'église catédralle St-Pierre de Montpellier, députez par le chapitre de la dite église, en 1704 ». — En 1676, Joffre avait rédigé, pour le même chapitre, « les sommaires... des recognoissances de Montpellier, Agde et Sainct-Julien-des-Poins » (1).

De 1677 à 1679, — pour préciser, entre le 3 septembre 1677 et le 26 octobre 1679, — il travaille à la reconstitution des Archives du « Corps des Bourgeois et Marchans de la ville de Montpellier, » fait des extraits et des traductions des pièces mises à sa disposition ou retrouvées par lui, et en établit l'inventaire (2) qu'il intitule : « *Inventaire des titres et documens du Corps des Bourgeois et Marchans de la ville de Montpellier*, fait par le s[r] JOFFRE, docteur ez droits, commancé en 1677, du consulat de s[r] Jean Lamourous, marchant, bourgeois, premier Consul de Mer du dit Montpellier, Laurens Boulet et Pierre Albe, ses collègues, et fini en 1679, du consulat de s[rs] Antoine Poujol, bourgeois, premier Consul de mer, Antoine Galibert... » — in-folio de 61 feuillets (3).

Dix ans plus tard, nous trouvons :

1° L' « *Inventaire fait en 1687 et 1688*, par le sieur JOFFRE, docteur ez droits, cy-devant Syndic du Diocèze de Montpellier ez années 1684-85-86, *des registres et liasses, actes et documens des Archives du dit Diocèze*, à lui exhibez par Mr Philipe Bertrand, greffier, en suite de la délibération prise par l'Assiète le dernier de février 1687 ; — icelle tenant Monseigneur Messire Charles de Pradel, évêque de Montpellier, conseiller du Roy en ses conseils, comte de Mauguio et de Montferrand, marquis de Lamarquerose, baron de Sauve et de Durfort, noble Pierre de Crouzet, seigneur de Villa, commissaire principal, Messire Pierre Eustache, conseiller du Roy en ses Conseils d'Estat et privé, président et juge mage et lieutenant général nay en la senéchaussée et siège présidial de Montpellier, noble Philipe de Fontanon, capitaine de chevaulégers, premier consul et viguier du dit Montpellier, commissaires ordinaires, noble Jaquez Desandrieux, envoyé de Monsieur le Marquis de Castries, Mr François Pouget, docteur et advocat, syndic, M. Antoine Bonnier, bourgeois, second consul de Montpellier, et les premiers Consuls des sept lieux principaux du dit diocèze » ; — in-folio de 912 pp. (4);

2° La « *Table de l'Inventaire des actes des Archives du Diocèze de Montpellier fait par le s[r] Joffre en 1687 et 88* », — in-folio de 146 feuillets (5).

(1) Archiv. départ. de l'Hérault, série G, chapitre cathédral de Montpellier. (Compte du Trésorier, année 1676, fol. 116 r°).

Délibération du 7 mars 1676 : — « Monsieur Hondrat a dict que le sieur Joffre ayant faict les sommaires des recognoissances servant au sieur Fabre, il prie la compagnie luy vouloir payer son travail ; — sur quoy le Chappitre a accordé la somme de cent livres audit sieur Joffre, laquelle luy sera payée par le Trésorier. » (Archiv. départ. de l'Hérault, série G, chapitre cathédral de Montpellier, Délibérations de 1668 à 1680, fol. 569 r°). — Sur « le sieur Fabre quy travaille au renouvellement des recognoissances », cf. *ibid.*, fol. 565 r°.

(2) Cf. Pièces justificatives, JOFFRE et DARLES, 1677 et 1679.

(3) Archiv. départ. de l'Hérault, B. 37. — L'inventaire de Joffre est suivi (fol. 62 à 76) d'additions, faites par divers, de 1681 à 1709.

(4) Archiv. départ. de l'Hérault, série *C*, fonds du Diocèse de Montpellier.

(5) Ibid.

Il nous reste à mentionner à l'actif de Joffre :

1° Les « *Sommaires de plusieurs livres de l'Œuvre de la Commune Clôture de Montpellier des années de 1376 à 1502 et à 1545* », dressés par lui en 1702,— in-folio de 321 pages, plus une table alphabétique, le tout formant 426 pages (1) ;

2° Les *Sommaires* du *Mémorial des Nobles*, du *Grand Thalamus*, etc., qu'il rédigea en 1676, etc.;

3° Le complément de l'inventaire des Archives municipales de Montpellier (fonds du *Cabinet doré*, etc.), entrepris par lui en 1693, avec la collaboration de l'Archiviste du Domaine du Roi, Guillaume Darles. — Ces deux derniers travaux sont d'une grande importance et ils méritent que nous leur consacrions à chacun un chapitre spécial (2).

En dehors des inventaires et autres travaux que nous venons d'énumérer, ce que nous savons de la vie de Joffre se réduit à peu de chose. Nous avons vu au passage qu'il était docteur ès droits et que, de 1684 à 1686, il exerça les fonctions de Syndic du Diocèse de Montpellier (3). Nous ajouterons qu'à sa profession de feudiste il joignait, à l'occasion, celle d'homme d'affaires (4); à l'occasion aussi, il faisait le métier de copiste paléographe (5). — Les quelques renseignements complémentaires, que les anciens registres de baptêmes, mariages et sépultures de Montpellier nous ont fournis, ne sont pas d'une précision suffisante pour que nous puissions les consigner ici.

(1) Archiv. municip. de Montpellier, EE. 29.

Un autre titre, collé sur la couverture, est ainsi libellé : « *Sommaires des directes et autres droits de l'Œuvre de la Commune Clôture de Montpellier et des Chapelainies dont les Ouvriers de la dite Clôture ont été les patrons. 1702.* »

(2) Cf. ci-dessous. — IV. *Joffre et les Cartulaires municipaux*; — V. *L'inventaire de Joffre et de Darles en 1693.*

(3) « *Comptes des Syndics du Diocèse* :... autres trois comptes. Dans le premier, cotté nº 6, est le compte avec les pièces justificatives..., rendu par M. François Joffre, docteur ez droits, syndic du dit diocèse, de son administration de l'année 1684, arresté au bureau de l'Assiète, le 14 de mars 1685... —Dans le second sac, cotté nº 7, est autre compte avec les pièces justificatives .., rendu par le dit Joffre, syndic, de son administration de l'année 1685, arresté au dit bureau, le 13 de mars 1686... — Et dans le troisiesme sac, cotté nº 8, est autre compte avec les pièces justificatives, rendu par le dit Joffre, syndic, de son administration de l'année 1686, arresté au bureau de l'Assiète le 31 janvier 1687... » (Archiv. départ. de l'Hérault, série C, fonds de l'Assiette du Diocèse de Montpellier, inventaire de Joffre, pp. 906-907).

(4) « [Dépense] de la somme de quinse livres payée à Me François Joffre, docteur et avocat, scindic des Dames Religieuses Ste-Marie, pour la rente de la susdite année de la somme de trois cent livres d'autre fondation faite par la dite Dame Marquise de Castres dans l'esglise du convent des dites Religieuzes, par quittance dudit sr Joffre du XVIe janvier 1697, cy remise et cottée nº LV, cy... XV l. — Alloué. » (Archiv. municip. de Montpellier, CC. 435, Compte de la Claverie de 1696, fol. 17 rº.)

« [Dépense] de la somme de cent septante cinq livres cinq solz six deniers, payée à Me François Joffre, docteur et avocat, syndic des Dames Religieuses Ste Marie, pour la rente de l'année escheue le dernier décembre 1696 de celle de trois mille cinq cent cinq livres cinq solz, par quittance dudit sieur Joffre du XVIe janvier 1697, cy remise et cottée nº LXI, cy... CLXXV l. V s. VI d. — Alloué. » (Archiv. municip. de Montpellier, CC. 435, fol. 18 rº).

(5) Nous avons rencontré les mentions suivantes dans les Délibérations du Chapitre cathédral de Montpellier, conservées aux Archives départementales de l'Hérault;

19 juin 1662 : — « le Chapitre a donné à Joffre, escrivain, cinq livres pour avoir copié des actes servant pour l'affaire contre M. d'Ambialet. » (Registre de 1659 à 1667, fol. 298 vº).

19 mars 1668 : — « le Chapitre accorde au sieur Joffre neuf livres pour avoir fait un extrait de la fulmination de la bulle de sécularization. » (Registre de 1668 à 1681, fol. 27 vº).

18 novembre 1675 : — « a esté donné à Monsieur Geoffre un louis d'or pour l'expédition d'un vieux testament, portant fondation de trois esmines huille au proffict du Chappitre. » (Registre de 1668 à 1681, fol. 554 vº).

IV

JOFFRE ET LES CARTULAIRES MUNICIPAUX

En outre des deux volumes d'inventaire rédigés en 1662-1663 (dont nous avons parlé dans le chapitre précédent), de la table de l'inventaire de Louvet (que nous avons spécialement signalée et analysée plus haut) (1), des cinq volumes d'inventaire dressés avec la collaboration de Darles (qui feront l'objet du chapitre suivant), et des travaux plus spéciaux, que nous venons aussi d'énumérer, — Joffre a doté les Archives municipales de Montpellier de quatre instruments de recherche des plus précieux :

1° le sommaire du *Mémorial des Nobles* (2) ;

2° le sommaire du *Grand Thalamus* (3) ;

3° le sommaire du *Petit Thalamus* (4) ;

4° le sommaire du *Livre noir* (5).

Les deux premiers, qui sont les plus considérables et représentent chacun un assez fort volume in-folio, furent dressés en 1676. Ils demandèrent à leur auteur plus de six mois de travail et lui furent payés 300 livres (6). Ils portent comme titres :

« *Sommaire des actes du livre intitulé* Mémorial des Nobles, fait par le s[r] Joffre, ...

» *Sommaire des actes du* Grand Talamus, fait par le s[r] Joffre, docteur et advocat,

» Par ordre de noble Estiene de Pélissier, sieur de Boyrargues, ancien Trésorier de France en la Généralité de Monpellier, s[rs] Pierre Privat Coste, lieutenant de cavalerie, Jean Fargeon, maître appoticaire, Daniel Pech, imprimeur, Antoine Lapimpie et François Bessière, maître celier, consulz majours et viguiers de la ville de Monpellier l'année présente 1676, à la diligence de maître Estiene Maryé, notaire royal et greffier consulaire »

Les *Sommaires* du Petit Thalamus et du Livre Noir, sans nom d'auteur, sans titre et sans date, forment deux autres volumes in-folio, mais moins considérables.

Les uns et les autres sont précédés de *tables alphabétiques* permettant les recherches à travers le texte des *Sommaires*. Le sommaire du Grand Thalamus est suivi en outre d'une seconde table alphabétique, plus développée que celle placée en tête.

(1) Cf. ci-dessus, pp. LXIV à LXIV.

(2) *AA. 2*, in-fol. de 46 feuillets et 327 pages, papier.

(3) *AA. 6*, in-fol. de 33 feuillets, 527 et 110* pages, papier.

(4) *AA. 10*, in-fol. de 21 feuillets et 112 pages, papier.

(5) *AA. 8*, in-fol. de 10 feuillets et 57 pages, papier.

(6) Cf. Pièces justificatives, Joffre et Darles, 1677.

LE MÉMORIAL DES NOBLES

Adillan, — Agde, — Aignanc, monastère d'Aignanc, — albergues, — St-Amans, — Argen, vignoble de l'Argen, — Armassargues ou Aymargues, — Arnier, castel ou terroir d'Arnier, — Audairanguès, — Audesanègues, — Ato, — Auriol, terroir d'Auriol, — Ayguelongue, — Aymoin;

Baillargues, — Balaruc, — Banières, — Batisat, — Bausile, St-Bausile, — Béjargues, — Belle, vignoble de Nostre-Dame-la-Belle, — Bertrand, fief de Bertrand, — Bésiers, — Blancarie, — Bolonsanègues, — Bonanègues, Boillanergues, — Bonianic, ville de Bonianic, — Boutonnet, — bulles;

Cabrilles, — Campagne, mas de Campagne, — Campnou, — Camprignan, — Candranices, — Capvilar, — Carcarès, — Cardonet, — Carescauses, — Castelnou, — Castries, — Cauvisson, — Cayssanègues, — Celleneuve, — censives, — Chartreux, — Clapiers, — Clermon, — Cocon, — Colias, — colèges, — Comenge, — comtal, terroir comtal, — condamines, — cordes, droict des cordes, — Cornonsec, — cours de l'Olivier (?), — Crès, St-Martin-du-Crès, — Ste-Croix, — cuiratiers;

St-Denis, — Derivan, — Descours. — Dieu, mas de Dieu;

Ebrard, — Ste-Eulalie, — Exindre, Notre-Dame d'Exindre;

St-Félix, monastère S. Félix, — St-Fermin, — Ferrières, — feudale, — fiefs, — fiévatiers, — Flocarie, rue de la Flocarie, — Foiete ou Forete, — Fontfrège, — fours, — Franquevault, — Frontignan;

Gairices, S.-Severin de Gairices, — Gardes, mas de Gardes, — Garriges, — Geneiac ou Guerregiat, — Gènes, — St-George, — Gévaudan, — Gignac, — Gile, — Grabelz, — Grand-Selve, monastère de Grand-Selve;

Hérétiques, — hospital, — Hugon;

Ildefonse, comte Ildefonse, — Jocon, — Jusmac, — St-Juste, — justice, — Juvignac;

La Blachière, — La Bruguière, — La Coste, — La Mote, — La Paillade, — Lansargues, — La Roque, — Las Teules, — Lates, mas de Lates, — La Val de Claret, — La Valète, — La Vaussière, — La Vérune, — lépreux, — leudes, — Leu, — le Lez, — Libertinas, — Limotgas, — Lona. — Loupian, — Lunel;

Maders, — Magalone, — Maleguillaulmenque, — Malestar, — Malpas, — Malvilar, — St-Marcel, — Marcillan, — Marsargues, — Maruéjol, — mas et appennaries, — Masernes, — Mauguio, — St-Maurice. — Maurillan, — Mayranègues, — Maymonc, — Mayrargues, — Maurin, — Mesimac, — Miraval, — monoye, — Montadis, — Montarnaud, — Montbasens, — Montcamels, — Mont Ferran, — Mont Ferrier, — Montels, — Montoulieu, — Montpellier, — Monpeliéret, — Montpeyrous, — Moton, — moulins, — Montouse, — Mudasons, — Mujolan, — Murel, — Murviel;

Narbonès, — Nébian, — St-Nicolas, — Noals, — notaires, — Novigens. — Novitals;

Olargue, — Omelas;

Palais, chapelle du Palais ou Château, — Palmassargues, — paluds, — St-Paragoire, — Paulian, — péage ou leude, — Peret, — Pérolz, — Peirebrune, encat de Peirebrune, — Peyron, — Pinian, — [château de la] Piscine, — Pise, — placites et tolne, — Pleyssan, — Pomayrolz, — St-Pons, — Popian, — Porsian, Porsan, — port, du port, — Poudolz, — Pouget, — Prades, — Pradines, — Preveirenques, — Prunet, — Puech Arquinel ou Arquel, — Puech Aunit, — Puech Avilier, — Puech Barral, — Puech de Montredon, — Puech Lathier;

Rafegan, — Rastenclières, — Reumes, — Rieucoulon, — Ro[che], — Rochète, — Roia ou Roca, — Notre-Dame de Roca, — Rome, — Rovegia, Ste-Marie ou Notre-Dame de Rovegia, — Ste-Rufine;

Saleson, — Salset, Sauset, — Salvinhac, — Samatan, — Saussan, — Sentreirargues, — Salvignac, — sinagogue, — Sisteyranargues, — Sussargues, — Sustantion;

Tables, Notre-Dame-des-Tables, — Teiran, — Terral, — Tesan, — Teulet, — Tolose, — Tourtouse, — Trescas, — Tressan, — Treviès, — Trois Loups, église de 3 Loups;

Val, forteresse du Val, — Valautre, — Val de Cavaillon, — Valène, — Valmagne, — Valmale, — Valredonès, — Valoribert, — Vausière, — Védas, — Vernet, — Veirargues, — Vignogoul, — Villeneuve, — St-Vincens, — Vindemian, — Uglas, mas d'Uglas (1).

LE GRAND THALAMUS

Acquisitions de la Communauté, — Agadès, — Agen, — Aignane, Ainiane, — Albigeois, — Amilanès, — amortissemens, — Antphion, — Arlus, château d'Arlus, — armes, — Ayguelongue, — Ayres ;

Barselone, — Béserès, — Bessières, mas de Bessières, — biscalins, — Bisusdun, — Boatel, — Bordes, — bouchers, — Bonières, — Boutonet ;

Cadurceois, — Caravètes, — Carcassonne, — Castries, — Catalans, — Ceritanie, — Cète, — chair, — changeurs, — chapèles, chapelainies, — Charité, la Charité, — Chateauneuf, — chesnes (2), — chirurgiens, — Claparède, bois de Claparède, — Cluse, — collèges, universités, — Combes, devès comtal, — Commenge, — Conflant, — consulz majours, viguiers, leurs conseillers, consulat, scindic, rentes, etc., — consulz des mestiers, — Contal, devès contal, — Cornonsec, — Coronne, nouvel advènement à la Coronne, — Cosme, St-Cosme, — costumes, franchises, privilèges, statutz, — Credonès, — Crès, — croisats, troupes des croisatz, — curiosités, — chapelles, chapelainies ;

Damien, St-Damien, — disme, — draperie ;

Empud, — Enson, — Espinas, monastère d'Espinas, — estrangers faits citoyens ;

St-Félix de Monten, — Fenouilledès, — St-Fermin, — feux, augmentation de maisons à Montpellier, — fisc, — Floransac, — fontaines, — foires, — fours, — Foix, — franc fief, — Frontignan ;

Gardies, — Gênois, — St-George, — Gévaudan, — St-Gile, — Girone, — gouverneurs, lieutenans de Roy, — Grabelz, — grau ;

Hérétiques, — hôpitaux ;

Jeunesse, chef de jeunesse, — Jocon, — italiens, — juifs, — juges, bailles, greffiers et autres officiers, justice, police, etc. ;

La Coste, — la Mausson, — La Paillade, — Lates, — La Valète, — La Vausière, — Lavenc, bois de Lavenc, — Lauragois, — lépreux, — leudes, — lodz, — Lombards, marchans lombardz, — Longueville, — Loupian ;

Magalone, — Majorque, — Malbosc, — Malestar, — marchés, — Marseille, — mas Martinet, — Matalongue, — Matemale, — Mauguio, comte et comté de Mauguio, — Mellerent, — Mente, — menuisiers, — mer, consulz de mer, — Milanès, jardin du Milanès, — Miraval, Mirevaux, — Minerbès, — Molière, — monoye, — Montarnaud, — Montbasens, — Montferran, — Montferrier, — Montferrier lou viel, — Montmal, — Montpellier, — morts, lit des morts, — murailles, — moulins, — meusniers, — Murviel ;

Narbonès, — naufrages, — Nimes, — Noals, garrigue de Noal, — notes, notaires ;

Olieu, — Omelas, — orfèvres, — orgerie, — ouvriers ;

Pape, pension à l'église romaine, — St-Paragoire, — parlement de Tolose, — pasturage, — Paulian, — péages, leudes, questes, coupes, — peste, — Peyretrincade, — Pinian, — Pisans, — places, — poissonneries, — pont Juvénal, — Popian, — ports, — Pouget, — prestres, — privilèges, — Puech Calvel, — Puech Conin, — Puech Vilar ;

Redois, — religieux, — R. P. R., — représailles, — Rey, terre del Rey, — rivières, — Roudes, Roudesès, — Roussillon, — Rudèle ;

(1) AA. 2, fol. 1 à 46.

(2) *Sic*, pour *chaînes*.

Sacremens, — Salses, — Sarrazins, — Saut, — sel, salines, — sénéchaux, — Sentreyrargues, — sixains, cappitaines de sixains, — Sustantion;

Tables, Nostre-Dame-des-Tables, marguilliers, ouvriers, — tabliers, — tailles, — Taurier, Taurayrol, — Termenès, — Tolon, — Tolose, Tolosanès, — Toscans, marchans toscans, — Tressan ;

Valène, — Valois, duc de Valois, — Védas, St-Jean de-Védas, — Venise, — Verfuil, — Villevieille, — vin, vendange, — Vindémian, — université, collège, — Urgel, — usuriers (1).

Achat, — acheteurs, — adultère, — Aignane, — Albi, — amortissemens, — Antphitoy ou Antphion, évêque et seigneur du dit lieu, — apellations, — aquéreurs, — arbitres, — archers, tour des archers, — argenterie, — Arlus, — armes, — arts, — arts libéraux, — assignations, — Augustins, — avocats, — Ayguerelles, — Ayguelongue, — Ayguesmortes, — Ayres, seigneurs des Ayres;

Bailles, — barrages, — bâtard, — Bessières, mas de Bessières, — biscalins, — blés, — Boatel, — bordel, la maison du bordel, — Bordes, les Bordes, — boucherie, — bouchers, — Bonières, — boulangers, — Boutonet, — Buèges, St-Jean-de-Buèges, — bulles ;

Cahors, — canon, — capitaine du guet, — captalaire, — Caravètes, — Castries, — Catalans, — Caterine, Ste-Caterine, — cavalgade, — cautions, — censives, — chair, — chambre mi-partie à Montpellier, — changeurs de Montpellier, — chapelle du Consulat, — Charité, — charpentiers, — chasser, — Chateau-neuf, — chef de jeunesse, — chemins, — chirurgiens, — Claire, Ste-Claire, — clameurs, — Claparède, bois de Claparède, — clavère, — claverie, — clercs, — collège, — Combes, terroir de Combes, — commerce, — communauté de Montpellier, — conseil, droit de conseil au seigneur, — consuls de mer, — consuls de Montpellier, — consuls des métiers, — Comtal, devois contal, — conventions des filles, — Cornon-sec, — Coste, Lacoste, — coupes, — cour des Aydes, — coutumes, — criminels, — Crès, le Crès, — croisats, — curateurs, — Curignan, mas de Curignan, — curiositez;

Débiteurs, dettes, — délais, — dépôt, — dettes, — devois contal, — dîme, — docteurs ez droits, — dom, office de dom, — donations, — dots, — draperie, — draps, — droguistes, — droit civil et canon;

Ecclésiastiques, — Église, — émancipation, — engagemens, — entrées, droit d'entrées, — épicerie, — épices de la Cour des Aydes, — erres, — Espinas, monastère d'Espinas, diocèse de Tolose, — étangs, — États de Languedoc, — étrangers, — étrangers débiteurs, — étrangers marchans, — étranger vassal, — évêque de Magalone (Montpellier), — exaction forcée, — exécuteur de la haute justice;

Fardeaux, — farine, — faux-bourgs de Montpellier, — Félix, St-Félix-de-Monceau, — fenêtres, — Fenouilledès, — fer, — Fermin, St-Fermin, — feux de Montpellier, — finances, — Floransac, — foires et marchés, — fontaines, — fossez, — fours, — franc aleu, — franc-fiefz, — franchises, — Frontignan, — fruits, — fumier;

Gache, — gages, — gardes-vignes, — Gardies, — gasillans, — Gênes, — George, St-George, — gouverneurs de Languedoc, — gouverneurs de Montpellier, — Grabels, — gran, droit d'atache, — grèfes, — grefiers, — grenier à sel, — griefs, — guerre, — guet et garde;

Habit religieux, — Herberie, place des herbes, — hérétiques, — Homelas, — homicide, — hôpitaux, — host, l'ost, — hôtel de ville de Montpellier, — huguenotz;

Jeunesse, — immeubles, — impositions, — joueurs, — Italiens, — juge de Montpellier, — juge-mage, — juifz, — justice;

Ladres, — Languedoc, — larcin, — Lates, — Lavene, bois de Lavene, — légats d'un père, — légistes, — légitimes, — lépreux, — lésion, — leudes, — libelle conventionnel, — libertés, — lieutenant de juge de Montpellier, — lieutenant de Roi au gouvernement de Montpellier, — Lironde, fontaine de la Lironde, — lits des morts, — livres, — lodz, — loger, — Lombarts, — Longueville, — louages, — Loupian;

Magalone, — Magdelaine, — Majorque, — maison de la Charité, — maisons à Montpellier, — Malbosc, —

(1) *AA. 6*, fol. I à XXXIII.

Malestar, — Malevetule, — marchans, — marchez, — marguilliers de Notre-Dame-de-Tables, — mariages, — Marseille, — Martinet, — Matemale, — Mauguio, — Mausson, mas de la Mausson, — médecine, médecins, — Mellerent, — Mente, — menusiers, — mesures, — métiers, — meubles, — meurtre, — Mineurs, Frères Mineurs, — Miraval, Mirevaux, — Molière, — monopole, — monoyes, — Montarnaud, — Montbasens, — Montferran, — Montferrier, — Montferrier lou viel, — Montpellier, — morts sans parens connus, — moulins, — murailles, — Murviel ;

Narbone, — naufrage, — Nice, — Nicolas, St-Nicolas, — Nimez, - Noals, garrigue de Noals, — nombre, — nomination expresse, — notaires, — Notre-Dame-des-Tables, — nouveaux acquets, — nouvel advènement à la Coronne ;

Olieu, — orfèvres, — Orgerie, — Ouvriers de la Commune Clôture ;

Paillade, la Paillade, — paix, — Paragoire, St-Paragoire, — parlement de Tolose, — particuliers, actes des particuliers, — pâturages, — patus, — Paulian, — pauvres, — péages, — Peirou, hors la porte du Peirou, — pescheries, — Pignan, — Pisans —, Pise, — placetz, — plaids, playderies, — poids, — Poissonnerie, — police, — ponts, — Popian, — portiques, — Pouget, — praticiens, — Prêcheurs, Frères Prêcheurs, — prélation, droit de prélation, — procureurs de la communauté de Montpellier, — prudhommes, — Puech Calvel, juridiction de Combaillols, — Puech Conin, — Puech Vilar, tènement de Vilar ;

Quatorze, les quatorze, — questes, — quintal, — quitances des filles ;

Radelle, — raisins, — receveurs des rentes seigneuriales, — Religion pretendeüe réformée, — Repaux, mas de Repaux, — résidence, — représailles, — rêve, droit de rêve, — Rieutort, — rivières, rivages, — Roch, — Rome, — Roussillon, — Rudelle, — rues ;

Sable, — St-Cosme, — Ste-Caterine, — Ste-Claire, — Ste-Madeleine, — St-Fermin, — St-Jean-de-Védas, — St-Nicolas, — St-Roch, — St-Tomas d'Aquin, — salins, salines, — Sarrasins, — sauvegardes, — sceaux, séels, — seigneurs de Montpellier, — séjour, — sel, — sénéchaux de Montpellies, — sentences, — Sentreyrargues, — sépultures, — sergens, — sergens des consulz, — sermens de fidélité, — sermens des oficiers de justice, — serméns faitz aux Consulz de Montpellier, — sindics de la communauté de Montpellier, — sous-baille, Sougras, — statuts, — substitution, — suplémens de légitime ;

Tables, Notre Dame-des-Tables, — tailles, — Taurayrol, — Taurier, bois de Taurier, — témoins, — testamens, — teinture, — Terral, — terre del Rey, — Tolose, — Tolon, seigneur de Tolon, — toltes, - Tomas, St-Tomas d'Aquin, — Toscans, — traverse, — Tressan, — trossels, — tutelle, — [transaction], — tuteurs ;

Valène, — Valète, la Valète, — valets des Consuls, — Vausière, la Vaussière, — Venise, — ventes, - Verfeuil, — viguier de Montpellier, — Villevis, devois de Villevis, — vin, — Vindémian, — vingt-quatre, conseil de vingt-quatre, — vol, — Université de Montpellier, — usages, — usuriers (1).

LE PETIT THALAMUS

Aleus, — amortissemens, — Angleterre, — années, — assesseur des Consuls de Montpellier, — Augustins, — Avignon, — Aygues-mortes ;

Baille de Montpellier, — barbiers, — bessons, — biscalins, — bois de Valène, — Bologne, — chapelle des Bonnes nouvelles, — boucherie, — bouchers, — boulangers, — boutique du Consulat, — brocs ;

Cabarets, — Calais, — calendrier, — Caravètes, — cardinaux, — Carmes, — chapelain de la chapelle du Consulat, — chapelle de la Maison de Ville, — chapelle du Consulat, — charges de ville, — chemins, —

(1) *AA. 6*, pp. 1* à 140*.

charpentiers, — cherté de blé, — chirurgiens, — clavaire des Consuls de mer, — clavaire des Ouvriers, — clavaire du Consulat, — clerc du Consulat, — cloche de Nostre-Dame-des-Tables, — clocher de Nostre-Dame-des-Tables, — collège de grammaire, — Combes, — compoix, — concile général de l'Eglise gallicane, — concile à Poissy, — conrassiers, — Consuls de mer, — Consuls de Montpellier, — Consulat, — coupes, — cousteliers, — coustumes de Montpellier ;

Déceds des Rois, — démolitions, — députez du Consulat, — desparteurs des impositions, — dettes des communautez, — docteurs ez droits, — Dominiquains, — doutze pans, les 12 pans, — draperie, — draps ;

Entrées de Rois, Papes et grand'seigneurs à Montpellier, — escoles de grammaire, — escudiers des Consuls, — escudiers des Consuls de Mer, — escudiers des Ouvriers, — Estats de Languedoc, — Estats généraux du Royaume ;

Faubourgz de Montpellier, — fer, — feux, — finances, — fontaines, — foraine, — foudre, la foudre, — fours, — franc d'or, — franchises de Montpellier, — francs-fiefs, — Frères Mineurs ;

Guerre de Gascogne, — guerre des Anglois, — guerre des Huguenots, — greffier du Consulat de Montpellier, — guet et garde, — Guienne ;

Habits, — haubois, — hérétiques, — homages faits au Roy, — hospital St-Eloy, — hospital St-Jacquez, — hospital Nostre-Dame, — hospitaux, Huguenots ;

Jacobins, — Jean, roi de France, — impositions, — intendans des hospitaux, — juge des Consulz, — juifz ;

Lacroix, — langoustes, — Lates, — leudes, — libertez de Montpellier, — lodz, — Lunel ;

Magalone, — maison consulaire, — maison de ville, — marchans estrangers, — médecins, — ménestriers, — Merci, la Merci, — merletz, — messagers des Consuls, — Metz, — Milavéz, — mineurs d'âge, — monoyes, — monstres, — Montpellier, — murailles de la ville ;

Naissances, mariages et déceds de Rois et princes, — Nice, — Nostre-Dame-des-Tables, — notaire du Baille, — notaire du Consulat de Montpellier, — notaire du sous-Baille, — notaire du Viguier, — nouveaux acquets ;

Observence, Petite Observence, — offices de la ville, — ordonnances des Consuls, — ordre des processions, — Ouvriers de la Commune Clôture ;

Paix, — palissades de Montpellier ou des faubourgs, — parlement, — Part-Antique, — Pélissier, évêque de Montpellier, — Penlis, comté de Penlis, — Perpignan, — peseurs de blé, — pestiférez, — Peyriac, sénéchaucée de Carcassonne, — pierre tombée des nuées, — poids, — poissonnerie, — police, — ponts, — portes de Montpellier, — potiers d'esteing, — Prescheurs, — processions, — Prouillanes ;

Radèle, — rang aux processions, — Rebuffii, — recherche générale du diocèze de Montpellier, — recteur de la Part-Antique, — règlemens, — religieuses de la Magdelaine, — religieuses de la Petite Observence, — religieuses de la Ribe, — religieuses de Paradis, — religieuses de Proillan, — religieuses de Ste-Caterine, — religieuses de Ste-Claire, — religieuses de St-Gilles, — religieux de St-Bernard, — religieux de St-François, — reliques, — repenties blanches, — repenties noires, — robes des Consuls majours et de leur greffier, — rogaisons, — roubine de Lates ; — rues ;

Sable du Lez, — St-Antoine, — St-Bartélemi, — St-Benoit, — St-Bernard, — St-Claude, — St-Cosme, — St-Denis, — Ste-Anne, — Saincte-Caterine, — Saincte-Croix, — Sainct-Èloy, — Sainct-Esprit, — Saincte-Eulalie, — Sainct-Fermin, — Ste-Foy, — St-George, — St-Germain et St-Benoit, — St-Jean, — St-Jean-de-Védas, — Saincte-Martre, — St-Martial, — St-Matieu, — St-Maur, — St-Nicolas, — St-Paul, — St-Pierre, — St-Sauveur, — St-Sébastien, — St-Tomas, — sceau de la Maison de Ville, — sédition à Montpellier, — sel, — sergens du Consulat, — sermens, — sénéchaux, — sesteyrals, — Sicile, — sixains, — sous-Baille, — sous-Clavaire, — sous-juge des Consuls, — statuts ou ordonnances des Consuls de Montpellier, — subsides, — surintendant des sixains ;

Tarif du poids de Lunel, — teinture, — Templiers, — tortue, — trahison, — trembles-terre, — trente deniers, — trève, — Trinitaires ;

Valène, — valets des Consuls, — vestemens, — vignes, — viguier de Montpellier, — Ville-franque, tènement de Villefranque, — Ville-magne, — vin, — violons, — Universitez (1).

LE LIVRE NOIR

Acquisitions, — Aignane, — aleus, — Anphitoy, — appellations, — assesseurs du juge de Montpellier, — assesseurs ou subdéléguez des officiers de justice, — avocats ;

Baille de Montpellier, — bois de Valène, — bulles ;

Cession de biens, — Charité de Montpellier, — château du seigneur de Montpellier, — Château-neuf, — clameurs, — clercs sacrez, — commerce, — compte final, — Consulz de Montpellier, — coustumes de Montpellier, criminels, — croisats ;

Délégué de la cour de Montpellier, — dettes, — distributionnaire ;

Ecclésiastiques, — écoliers en loix, décrets ou décrétales, — électeurs des Consuls de Montpellier, — élections des Consuls de Montpellier ;

Franchises de Montpellier, — Frontignan, — fours ;

Gages des officiers de justice, — Gênes, — greffiers des cours ;

Incendie, — juge du Baille, — juge de Montpellier, — juge des appellations ;

Lates, — lecteurs des décrets et décrétales, — lecteurs en loix, — lépreux, — libertés de Montpellier, — lieutenant du Roy à Montpellier, — louages ;

Majorque, — marchans, — mariages, — Marseille, — Mauguio, — mineurs, — Miraval, — monoye de Mauguio, — Montferrier, — Montpellier ;

Nice, — Nostre-Dame-de-Tables, — notaire de Baille, — notaires, — notaires des cours ;

Officiers de justice, — ordonnances des Consuls de Montpellier ;

Péages, — pescheries de Frontignan, — pesche, droit de pesche, — Pise, — poissonerie ;

Questes ; — Religieux, — Roussillon ;

Saint-Félix-de-Monceau, — Saint-Sauveur d'Aignane, — Sarrasins, — sous-Baille de Montpellier, — statuts, — subdéléguéz, — succession, — syndic de Montpellier ;

Tabellion, — taxe des officiers de justice, — testamens, — Toulon, — transport de jurisdiction ;

Valène, — viguier de Baille, — viguier de Montpellier (2).

La transcription des rubriques de ces quatre tables suffit pour donner une idée de la façon dont Joffre a procédé, et des renseignements variés que ses répertoires permettent de retrouver, d'abord dans les sommaires, ensuite dans les textes eux-mêmes dont la réunion forme les quatre cartulaires en question.

(1) *AA. 10*, fol. 1 à 21.

(2) *AA. 8*, fol. 1 à 10.

V

L'INVENTAIRE DE JOFFRE ET DE DARLES EN 1693

« Les Archives municipales de Montpellier (écrivait Germain en 1851) se divisent en trois classes: 1° Grandes Archives ou Grand Chartrier ; 2° Archives du greffe de la Maison consulaire ; 3° Armoire dorée : — les Grandes Archives, inventoriées et analysées en 1662 par le docteur Pierre Louvet..., les Archives du greffe de la Maison consulaire, inventoriées par François Joffre en 1662..., celles de l'Armoire dorée, cataloguées, à leur tour, par Darles en 1693...» (1).— Dans son *Récolement* de 1889, M. Grand a reproduit cette division et cité pour l'Armoire dorée l'« inventaire de Darles en 1693 » (2).— Les cinq volumes in-folio composant cet inventaire (3) ont été en effet reliés sous ce titre : «*Inventaire des Archives par Darles, en 1693* », titre très propre à induire en erreur.

Mais les documents contemporains de la confection de ce travail nous montrent Darles comme en étant seulement un des deux auteurs ; de plus, son nom vient régulièrement en second lieu :

« L'inventaire fait par *les s^rs Joffre et Darles* en 1693 » (4);

« Est... deub à *Mrs Mes François Joffre, docteur ez droits, et Guilhaume Darles, comis à la garde des Archives du Domaine du Roy*, la somme de quatorze cens livres pour le travail, peines et soins par eux prinses pour le récollement et invantaires nouveaux de la Maison consullaire, à eux accordée suivant la deslibération du Conseil des Vingt-Quatre du 6e aoust 1694, et ordonnance du... seigneur Intendant du 17e du dit mois, portant que la dite somme sera payée aux dits sieurs *Joffre et Darles* par emprunt au denier vingt... » (5);

Payé « à Mrs François *Joffre... et Guillaume Darles,*... la somme de 70 livres pour l'intérest d'une année escheue le 31e décembre 1695 du capital de 1400 livres... » (6);

« Sr Estienne Issert, bourgeois, subrogé aux droits des dits s^rs *Joffre et Darles*, par contrat receu par Me Bonnier, grefier, le 8 aout 1695 » (7);

Dépense « de la somme de septante livres payée à s^r Estienne Issert, bourgeois de la présent ville, ayant droit de *Me François Joffre.... et Guillaume Darles*,... pour l'intérest de celle de 1400 livres d'une année finie le dernier décembre 1696... » (8)

(1) GERMAIN, *Hist. de la commune de Montpellier*, tome I, pp. 297 à 299.

(2) *Bulletin municipal de Montpellier*, 9e année, 1889, p. 836.

(3) Archiv. municip. de Montpellier, *11, 12, 13, 14, 15 et 16*. — On a relié à tort, comme tome VI de l'inventaire de Darles (II. 17), un inventaire partiel qui n'est pas antérieur à 1700.

(4) Archiv. municip de Montpellier, série CC, registre coté *Estat des Debtes de 1692 à 1697*, note sur la couverture.

(5) *Estat des Debtes de 1692 à 1697*, fol 47 v°.

(6) Archiv. municip. de Montpellier, CC. 434, Compte de la Claverie de l'année 1655, fol. 40 v° et 41 r°.

(7) *Estat des Debtes*, cité ci-dessus, note 5.

(8) Archiv. municip., CC. 436, année 1697, fol. 37 v° et 38 r°, — cf. CC. 437, année 1698, fol. 38 v°.

Les travaux, pour lesquels cette somme de 1400 livres fut votée le 6 août 1694 (1), semblent bien avoir été décidés dès le 14 septembre 1690 (2).

On distingue trois parties dans l'inventaire dressé par Joffre et Darles: — 1° le *Cabinet doré* (3), rempli surtout par des liasses (au nombre de 150 environ), mais où se trouvaient aussi des sacs de procès et de registres de Délibérations du Corps de ville ; — 2° quatre sacs de l'*Armoire I* ; — 3° le dessus et le dedans du *Cabinet haut*, garnis presque exclusivement de registres. — Dans les cinq volumes formant cet inventaire, les tomes I, II, III tout entiers et les trois quarts environ du tome IV sont consacrés au *Cabinet doré ;* le dernier quart du tome IV contient l'analyse des quatre sacs de l'*Armoire I*; le tome V est rempli tout entier par le *Cabinet haut*. Germain parlait donc inexactement en ne mentionnant que le fonds du *Cabinet doré* et en omettant d'indiquer les deux autres fonds qui ont été également catalogués par Joffre et Darles dans l'inventaire de 1693.

Chacun de ces cinq volumes est muni d'une table analytique, par ordre alphabétique des noms de lieux, de matières et de personnes, — dont l'écriture est certainement de la main de Joffre (4). — En outre, chaque chapitre est précédé d'un *sommaire*, qui indique le plan plus ou moins méthodique suivi par les auteurs. Nous reproduisons ces sommaires, comme nous l'avons fait pour les sommaires de l'inventaire de 1662-1663 et pour les rubriques des tables des quatre cartulaires municipaux.

SOMMAIRES DE L'INVENTAIRE DE JOFFRE ET DARLES

TOME PREMIER. — **Cabinet doré.** — *Liasse première* : — Actes des Privilèges de Montpellier, — lods des légats, — dots des femmes, — subsides, — assemblées du peuple, — comptes, — acquisitions des fiefz, — francaleus, — impositions, — poids du blé, farines et moutures, — serment des Consuls au Roy, — prise de possession de Montpelier et Lates, — afaires entre le Roy de France et la Reyne de Navarre, — marchez, — foires.

Liasse seconde: — Acte de mise de possession de la ville et baronie de Montpelier, — Privilèges de Montpellier, — nature du Consulat, — habitanage, — gens exclus des charges consulaires, — ofice de Baille.

Liasse troisième: — Actes de la levée des droits seigneuriaux à Montpellier, — du nom du Roy qui doit estre mis dans les actes publics, — juridiction du Baille et autres oficiers du seigneur de Montpellier, — Privilèges et

(1) Cf. ci-dessus, p. LXXXVII, note 5. — Les délibérations de l'année 1694 manquent.

(2) Cf. Pièces justificatives, JOFFRE et DARLES, 1690.

(3) « L'Armoire dorée, dont un modèle a été conservé et se trouve à la Tour des Pins, servait à recevoir les archives dès le moyen âge et on la voit citée en 1258 ». (GRAND, *Récolement*, dans le *Bull. municip.* 1889, p. 836). — Nous n'avons pas réussi à découvrir, à la Tour des Pins, le modèle de l'Armoire dorée signalé par M. Grand. Ce modèle n'a jamais été vu par le commis-archiviste, M. L. Aimes, qui est attaché depuis 11 ans aux Archives municipales, et qui a collaboré, en 1889, à la rédaction du *Récolement*. Il est également ignoré des divers érudits qui fréquentent nos Archives. — Quant au texte de 1258 qui en ferait mention, nous avons lieu de croire qu'il s'agit de l'établissement de février 1259 (n. s.), transcrit dans le *Petit Thalamus* (pp. 116-117) et utilisé par Germain (*Hist. de la Comm. de Montp.*, note sur les Archives, t. I, p. 297). Ce texte mentionne bien une « arca » à l'usage des Archives, mais il n'indique pas qu'elle ait été dorée.

« L'armoire dorée actuellement conservée aux Archives municipales n'est pas l'ancienne *Armoire dorée* visée dans l'inventaire de Darles. C'est un meuble qui provient de l'évêché : il y servait à renfermer les papiers de l'Assiette diocésaine. Dans le cadre supérieur, sous une couche de peinture, on peut encore déchiffrer ces mots : *Administration du diocèse.*» (GRAND, *Récol.*, ibid.) — Cette opinion de M. Grand, que l'armoire dorée actuellement existante à la Tour des Pins est autre que celle visée dans l'inventaire de 1693, n'est point partagée par tous les érudits montpelliérains.

(4) Tome premier (*II, 12*), pp. 373 à 538 ; — tome second, pp. 385 à 528 ; — tome troisième, pp. 437 à 637 ; — tome quatrième, pp. 361 à 558 ; — tome cinquième, pp. 367 à 482.

Coutumes de Montpellier, — crieur de la Part-Antique, — commissaires du Roy ne peuvent procéder qu'avec le Sénéchal, — émolumens des clameurs du Petit-Seel, — les habitans de Montpellier ne peuvent estre tirés du diocèse par des lettres apostoliques.

Liasse quatrième : — Actes du fouage, — subsides, — réparation des feux de la Part-Antique, — siège de Bosols.

Liasse cinquième : — Actes des impositions sur le blé,— portion de la taille deüe par les notaires et avocats, — gabèles du sel, — subsides sur les grains, farine et pain, — levée du souquet du vin, — barrage sur les vivres et marchandises pour survenir aux dettes, réparations et charges de la ville, — desparteurs appelés les 14 de la Chapele, — parfournissement des greniers à sel, — remise des titres pour s'exempter de la taille, — imposition sur le vin, chams, vignes, rentes et meubles.

Liasse sixième : — Actes des réparations de la ville et faux-bourgs, horloge, chaussées, ponts et chemins, à quoy doivent contribuer les ecclésiastiques et leurs rentiers, — rachat du roy Jean, — subsides sur le sel, chair, marchandises et denrées, — port d'Aygues-mortes.

Liasse septième : — Actes touchant le bien en fonds situé à Loupian, aux jardins de St-Cosme, à la Moure, — les directes sur des possessions à la dismerie Nostre-Dame-d'Aurous, proche le Mas de S. Lazare, — censive due à la Chambre apostolique, — fraix des funérailles, lits des morts et enterremens, — disme des olives, — reconoissance des terres à St-Roman de Codières, — la contribution des clercs aux tailles, — l'observance des festes par les savetiers ; — les dictes pieces concernant l'Hospital Nostre-Dame de Montpellier, les successeurs de Nicolas Vesian, les Commandeurs de Montauberou et de S. Lasare, l'œuvre du pont de Castelnou, l'œuvre du Carnier de St-Bartélemy, le prieur du dict St-Roman et celui de St-Fermin.

Liasse huitième : — Actes de la franchise des marchandises à Achon et Tripoly, — permission de mettre des galéaces et autres navires sur mer, — transport du blé et autres marchandises, et non des billons, — la Provence unie à la Coronne, — la vente de la volaille, denrées et marchandises n'excédant le montant de 5 s. parisis, exemptes du droit des Aydes, — criées sur la vente et poids des chandèles de cire, — réparation du port d'Aygues-mortes,— le fait des monoyes, — les roubines de Corbes et Lunel, — le port d'Agde et le grau de Vic.

Liasse neufième : — Actes concernant la guerre, le fournissement d'un cheval armé, la contribution aux dicts frais par les notaires et avocats, — imposition sur les denrées et marchandises et pour feu pour la guerre d'Angleterre, — l'assemblée des Communautés du Languedoc une fois en un seul lieu, — le secours pour le recouvrement du château d'Ambres, — l'assemblée à Bourges où le Roy devoit assister, — veneüe du Duc de Normandie avec des troupes en Languedoc pour la défence du païs, — les correcteurs et auditeurs exemptz des logemens des gens de guerre.

Liasse dixième : — Actes de l'exemption du péage de la Rudelle, donnée par Gaucelin de Lunel aux habitans de Montpellier.

Liasse onsième : — Actes concernant le huitain du blé et vin au mas Daurèle, — maintenue de Raymond de Caravètes sur le terroir de Murles, — Mas de Combals, entre Valène et le Bousquet, — justices, ban, directes, lods, censives, albergues, pasturage, lignerage et criées dans Valène, mas et tènemens de Taurier, Taurayrol, Caravètes, Villevieille, Martinent, Routèle, La Lequa, — précaution au sujet des arrentemens et coupe du Bois de Valène.

Liasse dousième : — Actes des criées et plantement de panonceaux royaux, reconnoissances des terres au Bois de Valène et tènemens de Puechirlan, Taurier dit Clausels, Castelbœuf, Rotoyère, — paisible possession du dit bois, justices, fourches, directes.

Liasse tresième : — Actes concernant les justices, pillori, plantement de penonceaux royaux, amendes, défense de chasse et pasturage, criés au Bois de Valène, Mas de Caravète, Vayssière, — permission aux Consuls de porter les armes, s'en allant à Valène, — privilèges de la Communauté de Montpellier.

Liasse quatorsième : — Actes concernant le Mas de Caravètes, le Bois de Valène et leurs dépendances, — arrestement du dit bois, — reconnoissance, justices et procès entre l'Évêque de Magalone et les Consuls pour raison des dicts lieux, — directe des Consuls dans la Val de Montferran.

Liasse quinsiesme: — Actes concernant les fourches plantées dans l'Estang par ordre de l'Évêque de Magalone, — nom du Roy aux actes publics, — procès entre les Consuls et le sindic des particuliers habitans, — sommes deues au Roy et à d'autres.

Liasse seizieme : — Actes concernant les écoliers, licentiers et régens de l'Université de Médecine, — directe du prieur de Gramont, — meuble du Duc d'Anjou.

Liasse A : — Actes concernant les privilèges, statuts et acquisitions de la Communauté del Montpellier, — droit de pêcher et naviguer dans la mer, estang et plage, — leudes, péages, — homages et sermens au Roy (1) et au Roy de Navarre, — l'entrée du vin dans Montpellier, — notaires de Montpellier, — l'eau de la Lironde, — droit de n'estre teneu à playder hors du diocèze.

Liasse B : — Actes concernant l'acquisition de Montpellier, — le serment des habitants de Montpellier au Roy, — leurs Franchises et Privilèges, — le droit écrit de la Province, — jurisdiction du Baille, — homage des fiefs au Roy de Navarre, — garde des clefz des portes, — les Commissaires du Roy ont le Sénéchal pour adjoint, — fiefz et arrière-fiefz tombez en main morte, — les habitants de Montpellier ne sont tenus à playder hors du diocèse.

Liasse C : — Actes concernant l'eslection et jurisdiction du Baille, — Privilèges, Coutumes et Statutz de Montpellier, — transport du Parlement de Tolose à Montpellier, — foires de Montpellier, — manufacture de draperie et soye, — payement des tailles par les officiers royaux.

Liasse D : — Actes concernant le Jeu de l'Arc, — payement des tailles par les docteurs en médecine, — résidence du Parlement dans la sénéchaussée de Beaucaire, — les privilèges des Consuls à imposer comme ils aviseront, et autres, — la charge de Viguier, — le greffe de la Cour du Baille et ses officiers, — la Grand Loge, — le pâturage et ban du terroir de Montpellier, — fossez de la porte de Lates à la Jeunesse, — la construction de Montpellier.

Liasse E : — Actes concernant les privilèges, charges et ofices consulaire, — la Baylie, — l'œuvre de la Commune Closture, — l'eslection des Consuls, leur.., serment devant le Gouverneur de Montpellier, — prétention des avocatz et notaires au Consulat, et l'exclusion des dicts avocatz, — droit des habitans de Montpellier, Castelnou et Lates à ne pouvoir estre contraintz de playder hors du diocèse, — maison à la rue des Médecins.

Liasse F : — Actes concernant le greffe de la Baylie prétendu par le nommé Baraton, avec un tarif des esmolumens.

Liasse G : — Actes concernant sur la vendenge et raisins, — le subside pour les fraix de la guerre et règlemens pour le payement des gens de guerre, — criées d'un droit sur ce qui se vendroit à Montpellier, même sur le sel et le verdet, — trafic des marchandises, — réparations des ponts, — le soquet du vin, — réparations des feux, — horloge, — murailles de Montpellier, — payement des docteurs régens en droit et en médecine, — parfournissement du sel, — la leude, — la pous du verdet, — prétention du s[r] de S.-Félix de l'exemtion du payement de la taille, — imposition sur la chair.

Liasse H : — Actes concernant le Mas de Caravètes, directes dans Valène et les herbages de Combes.

Liasse I : — Actes concernant plusieurs possessions scituées à Veyrargues, Meirargues, Montro, Traversan, Sustantion.

Liasse K : — Actes des possessions et censives dans la ville, fauxbourgs et terroirs de Montpellier et lieux et dîmeries de Baillargues, Meirargues, Sussargues, St-Drésery, Vérargues et Nostre-Dame d'Auroux, — directes des hospitaux, etc.

Liasse L : — Actes des biens situez dans la ville et terroir de Montpellier, St-André de Novigens, St-Martin de

(1) Le roi de France.

Prunet, Châteauneuf, — cimitières, — funérailles, — moulins, — condemine de Tournefort à Florensac, — Mèze, — directes des hospitaux, etc.

Liasse L répété : — Actes des biens à Montpellier, Mèse et campagnes, — condemine de Tournefort, — directes des hospitaux.

Continuation de la liasse L répété : — Pièces de l'héritage du s[r] Guiraud, curé de Vendargues, dont l'hospital St-Éloy est héritier.

Liasse M : — Actes concernant les ecclésiastiques, — chapelainies, — hospitaux, — religieuses de Sainte-Caterine et de la Magdelaine.

Liasse N : — Actes concernant lesdirectes des hospitaux et d'autres, — chapelainies, — funérailles, — ofrandes, etc.

Liasse O : — Actes dont les possessions sont situées dans la ville et fauxbourgz de Montpellier et terroirs de St-Fermin, Mauguio, Soriech, Clapiès, Bruguières ; — directes.

Liasse P : — Actes des possessions à Montpellier, Sentreyrargues, Lates, — estime des terres au diocèse de Magalone, — équivalant, — certains manifests.

Liasse Q : — Actes concernant la Poissonnerie, pêcherie, Triperie, — Coutumes, — justice des Consuls, — serment de fidélité, — valetz de la suite, — Orgerie, — impositions, etc.

Liasse R : — Actes concernant les privilèges de Montpellier, — greffes, — four, — acquisition des droitz seigneuriaux du dict Montpellier.

Liasse S : — Actes concernant les criées, — agrandissement de la ville de Montpellier, — portraitz sur les cheminées de la dicte ville, — Orgerie, — corretage, — précautions pour la santé, — boulangers, — Poissonnerie, — Boucherie, graisses.

[*Liasse S répété :* — Actes pour l'octroy du vin].

Liasse T : — Actes concernant Caravètes et Bois de Valène.

Liasse V : — Arrestz.

Liasse X : — Arrestz.

Liasse Y : — Actes concernant les dettes passives de la Communauté, — bâtiment d'églises, — régens du Collège, — la tour du Colombier, — vœu à St-Roch, — manufactures, — teintures, — offres sur les biens patrimoniaux, — tablier de poissonnerie.

Liasse Z : — Actes concernant les hôpitaux, etc.

Liasse & : — Actes concernant les hôpitaux.

Liasse AA : — Actes concernant les Frères Prêcheurs, — diverses chapelles — et le moulin de Semalens.

Liasse BB : — Actes concernant les foules des gens de guerre, — impositions, — inventaires des titres, — messageries.

Liasse CC : — Actes concernant des possessions situées à Montpellier, aux dîmeries de S.-Denis et Saint-Maurice, Meyrargues, — boucherie, — poissonnerie, — seigneurie de Combes, etc.

TOME SECOND. — [Suite du] **Cabinet doré**. — [Pièces diverses classées par années] : — *Liasse DD*, des années 1621 à 1626 ; — *liasse DD répété*, des années 1624 et autres ; — *liasse EE*, des années 1627-1628 : — *liasse FF*, de l'année 1629 ; — *liasse GG*, de l'année 1630 ; *liasse HH*, de l'année 1631 ; — *liasse II*, de l'année 1632 ; — *liasse KK*, de l'année 1633 ; — *liasse LL*, des années 1634 et 1635 ; — *liasse MM*, des années 1636-1637 ; — *liasse NN*, des années 1637-1638 ; — *liasse OO*, des années depuis 1632 à 1635 ; — *liasse PP*, des années 1632 à 1636 ; — *liasse QQ*, des années 1640 et 1641 ; — *liasse RR*, des années 1642 à 1644 ; — *liasse SS*, de l'année 1645 ; — *liasse TT*, de l'année 1646 ; — *liasse VV*, de l'année 1647 ; — *liasse XX*, de l'année 1648 ; *liasse YY*, de l'année 1649 ; — *liasse ZZ*, de l'année 1650 ; — *liasse &&*, de l'année 1651.

Liasse AAA, de l'année 1652 ; — *liasse BBB*, de l'année 1653 ; — *liasse CCC*, de l'année 1654 ; — *liasse DDD*, de l'année 1656 ; — *liasse EEE*, de l'année 1657 ; — *liasse FFF*, de l'année 1658 ; — *liasse GGG*, de l'année 1659 ; — *liasse HHH*, de l'année 1660 ; — *liasse III*, de l'année 1661 ; — *liasse LLL*, de l'année 1662 ; — *liasse MMM*, de l'année 1663 ; — *liasse NNN*, de l'année 1664 ; — *liasse OOO*, de l'année 1665 ; — *liasse PPP*, de l'année 1666 ; — *liasse QQQ*, de l'année 1667 ; — *liasse RRR*, de l'année 1668 ; — *liasse SSS*, de l'année 1669 ; — *liasse TTT*, de l'année 1670 ; — *liasse VVV*, de l'année 1671 ; — *liasse XXX*, de l'année 1672 ; — *liasse YYY*, de l'année 1673 ; — *liasse ZZZ*, de l'année 1674 ; — *liasse &&&*, de l'année 1675.

Liasse AAAA, de 1675 ; — *liasse BBBB*, de l'année 1677.

Liasse première des papiers ramassés, — *liasse seconde* des papiers ramassés, — *liasse troisième* des papiers ramassés.

Livres des Délibérations [du Conseil des 24 de la Maison de ville de Montpellier, 1661 et années suivantes]. — *Livres* des estats des debtes ; — *liasse* des debtes certifiées en l'année 1693. — *Liasse* des ordonnances ramassées de M[rs] les Intendans. — Inventaires et sommaires.

TOME TROISIÈME. — [Suite du] **Cabinet doré**. — *Liasse CCCC*, élections consulaires ; — *liasse DDDD*, actes pour l'agrandissement de la ville de Montpellier et pour les fontaines ; — *liasse EEEE*, actes de la figure équestre [du Roy, 1688] ; — *liasse FFFF*, contenant divers actes qui ont servi pour la vérification de l'estat des dépances ordinaires de la ville, vérifiés en 1666 ; — *liasse GGGG*, des enchères et proclamations, offres et adjudications faittes sur la passation des baux des revenus de la Communauté, clavairie et droitz d'octroy, depuis 1682 à 1693 ; — *liasse HHHH*, de plusieurs affaires importantes de la Communauté ; — *liasse IIII*, contenant les papiers du procès contre Monsr le Juge mage et Mr Casseirol ; — *liasse KKKK*, concernant la boucherie libre ; — *liasse KKKK répété*, concernant la boucherie libre ; — *liasse LLLL*, concernant les affaires de la ville avec le chapitre St-Pierre et les marguiliers de Notre-Dame ; — *liasse MMMM*, concernant l'aliénation du moulin de Semalens appartenant aux pauvres de l'hôpital St-Eloy, et le droit que M[rs] les Consuls, en qualité d'administrateurs des biens du dit hôpital, ont de bailler les dits biens à nouvel achept ; — *liasse NNNN*, contenant les pièces remises par Me Jean Masel, antien procureur au Sénéchal, à Me Bonnier, greffier, en conséquance de la délibération de la communauté, du 14 7bre 1690, portant que les sommes deûbes par les habitans de la Religion prétendue Réformée seront payées en corps de communauté ; — *liasse OOOO*, contenant les actes remis par plusieurs créanciers de la Communauté recevant payement de leurs capitaux ; — *liasse PPPP*, contenant plusieurs cessions des créanciers de la communauté ; — *liasse QQQQ*, concernant les logemens de Nosseigneurs le Gouverneur de la Province et Lieutenans généraux ; — liasse *RRRR*, contenant les pièces qui justifient l'acquisition et payement de la valeur du sol et place où étoit le petit temple de ceux de la R. P. R. ; — *liasse SSSS*, productions de divers procès remis par Me Despuech en 1690 pour la communauté contre divers particuliers ; — *liasse SSSS répété*, procès remis par Mr Estève, procureur au Sénéchal, en 1690 ; — *liasse TTTT*, pièces remises par Mr Despuech, procureur de la ville, en l'année 1689 ; — *liasse VVVV*, concernant le procès de l'hôpital St-Eloy contre les Jésuittes et la dame comtesse de Serres ; — *liasse XXXX*, actes remis par M[r] d'Hivoul, procureur de la communauté, en 1691.

Liasse première des devis, offres et prix faitz depuis 1678 à 1686 ; — *liasse seconde* des devis, offres et prix faitz depuis depuis 1687 à 1693.

Liasse des amendes de police et actes concernant icelle ; — *liasses* des officiers consulaires, Consuls de mer, hospitaux et autres.

Debtes vérifiés : *liasse première* des debtes vérifiés en l'année 1659 ; — *liasse seconde* des actes justificatifz du sixiesme et dernier état des debtes vérifiés ; — *liasse troisième*, addition des debtes au sixiesme état vérifiés en 1665 ; — *liasse quatrième*, actes des debtes vérifiés en 1666 ; — *liasse cinquième* des debtes vérifiés ; — *liasse sixième*, liasse des debtes vérifiés en 1687 ; — *liasse septième*, actes des debtes vérifiés en diverses annés depuis 1672 à 1689 ; — *liasse huictième*, des debtes vérifiés en 1692 ; — *liasse neufvième*, des debtes vérifiés en 1692.

Liasse des actes pour la coupe. — *Liasse* des ordonnances de monseigneur de Besons, intendant en Languedoc. — *Liasse* des ordonnances, rendues par Monseigneur d'Aguesseau, intendant. — *Liasse* des ordonnances de Monseigneur de Lamoignon, intendant, de 1685 et autres années. — *Liasse* des ordonnances de Messieurs les Intendans concernant le sieur Germain, fermier des émolumens de la ville. — *Liasse* des ordonnances pour les gages des maistres et maistresses d'écolle, capitaine de santé, et pour les sœurs du Reffuge.

TOME QUATRIÈME, — [suite du] **Cabinet doré**. — *Liasse* des actes du Consulat de l'année 1678; — *liasse* des actes du Consulat de 1679; — *liasse* des actes du Consulat de 1680; — ... [id.] 1681, — 1682, — 1683, — 1684, — 1685, — 1686, — 1687, — 1688, — 1689, — 1690, — 1691.

Sac des dénombremens. — *Sacs* des procès.

Patot premier: — listes des Consuls majours, électeurs, Ouvriers, Consuls de mer, des Vingt-quatre, des Quatorze, policiens, capitaines des sixains, officiers, monnoyeurs, avouez, du St-Sacrement, recteurs des pauvres, employés, — missives et autres choses.

Patot second: — papiers ramassez.

Paquet premier: — conseils de ville, élections et sermens des oficiers du Consulat, du lieutenant de Baille, de ceux qui ont soing des rues, — musniers, — directeurs des hopitaux, — arrentement de Valène et robinage de Lates, — et plusieurs autres choses.

Paquet second: — délibérations de la police, — visites des sixains. — *Paquet second répété:* — visites des sixains. — *Continuation du paquet second répété:* — visites des sixains, stationemens, mandemens consulaires, certains états de dépenses.

Paquet troisième: — actes féodaux, collations de chapelainies, délibérations des Ouvriers, élections des marguiliers de l'église Notre-Dame, dénonces des garde terres, etc.

Paquet quatrième: — actes concernant M. de la Religion prétendeüe reformée, — artisans étrangers.

Paquet quatrième répété: — actes concernant les nouveaux convertis.

Paquet cinquième: — certaines receptes et comptes, achat de denrées, mandemens et quittances, etc.

Paquet sixième: — comptes des clavaires de 1649 jusques à 1659 inclus.

Paquet septième: — comptes des clavaires de 1650 à 58.

Armoire I. — *Sac Q*, — *sac R*, — *sac S*, — *sac T*: — actes féodaux et autres faisant mention de diverses directes et possessions allodiales, etc.

Sac V, — *sac X*, — *sac Y*, — *sac Z*: — quantité de divers actes des particuliers.

TOME CINQUIÈME. — **Sur le Cabinet haut.** — *Livres* longs contenant les impositions des tailles, octroys, aydes et autres de la ville de Montpellier; — *livres* ordinaires de la Maison consulaire de la ville de Montpellier, où sont les élections des Consuls majours, du juge de Valène et Caravettes, du Clavaire, des Scindics, de l'assesseur, de ceux qui ont soin des rues, visiteurs du pain, et du notaire du Consulat; — *livres* intitulés des instrumens et conseils de la Maison Consulaire, où il y a les sèremens des moliniers et autres; — des *livres* intitulés livres des nottes brefves du Consulat; — *livres* intitulés livres des nottes des nottaires; — *livres* intitulés livres des inquans des gages vandus; — *livres* intitulés d'habitanages des étrangers dans Montpellier; — *livres* intitulés des petites dépances qui se faisoint à la Maison de ville chaque mois; — *livres* intitulés des Consuls particuliers des mestiers de la ville de Montpellier, contenant leurs sermens entre les mains des Consuls majours; — *livres* intitulés de la Charité des Mestiers; — *livres* de l'imposition de la taille, cabaliste, ayde, octroys, guerres, estapes, utancilles et autres choses; — *livres* intitulés des commandemens et quittances du Clavaire, contenant les mandemans ou recognoissances faitz par les Consuls de Montpellier sur le dit Clavaire, et quittances d'icelluy; — divers *livres* contenant les comptes du Clavaire et autres; — des *livres* appellés guidons des impositions des meubles, immeubles et cabaux; — des *livres* contenant les sommes ordinaires qu'extraordinaires imposées en la ville de Montpellier.

Cabinet haut. — [*Livres* des] Comptes de la Claverie ; — *liasse première* du bail fait au sieur Barthélemy ; — *liasse seconde* du dit bail, — *troisième liasse* du dit bail de Barthélemi, — *quatrième liasse* du bail de Barthélemi, — *cinquième liasse* du bail de Me Barthélemi ; — [suite des *livres* de Comptes de la Claverie].

Sur le Cabinet haut. — Comptes de l'hôpital St-Eloy. — Comptes particuliers. — *Boetes* de fer blanc.

Nous aurons plus tard (1) à nous occuper spécialement de la carrière et des travaux de l'archiviste Guillaume Darles. — Pour le moment, nous nous bornerons à signaler de lui un inventaire d'archives municipales, rédigé en 1694 pour une localité voisine de Montpellier, qui a eu un commerce important avant le développement du port d'Aigues-Mortes : — « *Inventaire des titres et papiers de la Communauté de Lattes,* au diocèse de Montpellier, fait par le sr Darles (2), en conséquence de la délibération sur ce prinse en l'année mil six cent quatre-vingt-quatorze (3), et à la diligence de Me Estienne Jarlan, procureur en la Cour des Comptes, Aydes et Finances et greffier consulaire du dit Lattes », — in-folio de 86 feuillets (4).

Selon toute vraisemblance, Darles était d'origine montpelliéraine, bien que l'on ne trouve pas d'acte de baptême à son nom. — Il avait, paraît-il, « épousé à Perpignan » en 1673 (4) ; il fut obligé en 1687 de procéder, à Montpellier, à une nouvelle célébration de son mariage (5), ce qui porterait à supposer que nous sommes en présence d'un protestant converti lors de la Révocation de l'Édit de Nantes. — Il mourut le 20 août 1715, à l'âge de 68 ans (6), laissant le souvenir d'un « féodiste honneste homme, ... qui joignoit à beaucoup de science beaucoup de droiture » (7). — La charge de garde des Archives du Domaine du Roi, qu'il occupa jusqu'à son décès, avait été créée par édit du mois de novembre 1690 (8).

(1) A l'occasion de l'inventaire de la seconde partie de la série C des Archives départementales de l'Hérault.

(2) Cet inventaire est signé de la façon suivante : « fait à Montpellier le 24 décembre 1694 par moy Guilhaume Darles, comis à la garde des Archives du Domaine du Roy de la Province de Languedoc, près la Cour des Comptes, Aydes et Finances dudit Montpellier, Darles » (fol. 86 ro).

(3) Cf. Pièces justificatives.

(4) Archiv. municip. de Lattes, no 8. — Les mêmes Archives possèdent (sous le no 9) un inventaire partiel, coté : « *Sommaire des Privilèges, Concessions et autres titres concernant les habitans de Lattes* » (in-folio de 44 pages), antérieur à 1683, non signé, mais où il est facile de reconnaître la main de Joffre et du scribe qu'il employa en 1662-1663 pour transcrire une partie de son inventaire du Greffe consulaire de Montpellier.

(5) Les registres des quatre paroisses de Perpignan pour l'année 1673 ne contiennent aucune trace de ce mariage (Communication de M. Guibeaud, archiviste de la ville de Perpignan).

(5) Cf. Pièces justificatives, 1687.

(6) Cf. Pièces justificatives, 1715.

(7) Le premier président François-Xavier Bon écrivait, le 23 juillet 1717, à Dom Vaissette : « ... M. Darles, notre archiviste, est mort et ... nous n'avons personne qui entende ce mestier. ... Ce n'est pas chose facile que de trouver un féodiste honneste homme, et la compagnie a perdu tout ce qu'elle pouvoit perdre en ce genre-là, par la mort de ce pauvre Darles, qui joignoit à beaucoup de science beaucoup de droiture. » (Bibliothèque nationale, Mss., fonds du Languedoc, t. CIV). — Cette lettre a été publiée par M. Gaudin dans son édition de l'*Histoire de la Cour des Comptes, Aides et Finances de Montpellier*, de Pierre Serres (Montpellier, Seguin, 1878, in-8o), pp. 84-85, note.

M. Gaudin a également publié dans ce même ouvrage (p. 81, note) la lettre du président Bouhier, du 11 septembre 1733, dont nous avons cité plus haut (p. v, note) un passage relatif à l'acquisition — en ladite année *1733*, et non *1732*, — du manuscrit aujourd'hui conservé à l'École de Médecine de Montpellier sous le no 119.

(8) Archiv. départ. de l'Hérault, B. 392, fol. 127 vo à 131 ro.

VI

INVENTAIRES ET RÉCOLEMENTS DU XVIIIe SIÈCLE

Additions a l'Inventaire de Joffre et de Darles

Grâce à Louvet, à Joffre et à Darles, — grâce surtout à Joffre, — les Archives municipales de Montpellier se trouvaient munies, à la fin du XVIIe siècle, d'une collection d'*inventaires* et de *sommaires*, qui embrassait d'une façon on peut dire complète l'ensemble du dépôt et qui permettait de retrouver sûrement et sans peine tous les titres que le souci des intérêts de la Ville amenait à rechercher.

Mais la majeure partie de ces Archives ne constituaient pas des fonds *définitivement arrêtés*, comme le sont aujourd'hui dans nos dépôts départementaux et municipaux les fonds composant les *séries anciennes*. Il n'y avait guère que le *Grand Chartrier* et les documents de la Commune Clôture qui pussent être conservés à part, sans remaniements et sans augmentations périodiques. Pour le reste, au contraire, le présent continuait le passé, et chaque année, comme aujourd'hui dans nos *séries modernes*, apportait son contingent de versements nouveaux, sans compter les réintégrations ou acquisitions extraordinaires (1). — Les dossiers et registres ainsi entrés aux Archives après 1693 vinrent s'intercaler à la suite dans les différentes subdivisions du classement de Joffre et de Darles. Ceux-ci avaient prévu les augmentations et ils avaient laissé entre les pages écrites de leur inventaire des feuillets blancs, destinés à enregistrer l'entrée au dépôt de nouveaux documents.

Ces additions aux différents chapitres de l'inventaire de 1693 forment la première portion des travaux de catalogue exécutées aux Archives municipales à la fin du XVIIe siècle et dans le courant du XVIIIe. Elles se trouvent d'une part, çà et là, dans les tomes I à V de l'Inventaire dit de Darles (2), d'autre part, dans un volume spécial resté inachevé que l'on avait intitulé : « *Sixième Tome de l'Inventaire des Archives de la Ville et Communauté de Mompelier* » (3).

(1) Cf. Pièces justificatives, 1715 et 1716.

(2) Tome premier (*II. 12*), pp. 234, 291, 295 et 327-328 ; — tome second (*II. 13*), pp. 325, 333-334, 343, 356, 368 et 382 à 384 ; — tome troisième (*II. 14*), pp. 14, 57, 68, 70, 78, 87, 120, 127, 144, 160, 166 à 168, 173-174, 195, 214, 221, 231-232, 259-260, 301 à 304, 309-310, 317-318, 411 à 420, 429-430 et 436 ; — tome quatrième (*II. 15*), pp. 112, 115-116, 197 à 200, 226, 263-264, 352 à 360 et 558 à 573 ; — tome cinquième (*II. 16*), pp. 150, 295-296, 341-342 et 362 à 364.

(3) *II. 17*, in-folio, papier ; — la partie écrite ne dépasse pas la page 86.

Ce volume fut relié depuis comme tome VI de l'*Inventaire des Archives par Darles en 1693*, bien qu'il soit presque exclusivement consacré à des documents postérieurs à cette date. Les analyses, d'une rédaction très rapide, sont groupées sous les rubriques suivantes :

Chapitre des Comptes de Clavairie, — chapitre des Comptes de l'Hôpital St-Éloy, — chapitre des comptes des bleds, — chapitre des livres contenant les sommes ordinaires et extraordinaires imposées en la présent ville, — chapitre des Guidons, — chapitre de la Boucherie, — chapitre des comptes des amandes de la police, — chapitre des ordonnances rendues par M. de Basville, intendant de la Province, — chapitre des édits, arrêts et déclarations, — seconde liasse des arrêts, édits et déclarations du Roy et autres rendus en Parlement et Cour des Aydes du Royaume, — chapitre des ordonnances rendues par Nosseigneurs les Gouverneurs de la Province de Languedoc, Seigneurs Intandans et Gouverneurs de la ville, — continuation du chapitre des ordonnances de M. de Basville, intendant de la Province.

Les pièces répertoriées dans ces différents chapitres se rapportent presque exclusivement aux années 1697 à 1716. Au contraire, celles dont l'analyse a été intercalée dans les tomes I à V de Joffre et Darles se rapportent, d'une façon générale, à la fin du XVIIe siècle et ne dépassent que rarement l'année 1700.

Parmi les dernières nous trouvons (1) la signature : « *ne varietur*, De Montaigne, Farjon, Lagarde, Chardenoux », mais à l'état d'exception. Le travail de récolement et de complément d'inventaire, dont ces quatre personnages furent chargés par les Consuls en 1721, a laissé d'autres traces et bien autrement importantes.

Récolements et Complément d'Inventaire. — 1721-1725.

Le 10 juillet 1719, sur la plainte du Greffier consulaire que « quantité d'actes » des Archives avaient été « dérangées » et ne se trouvaient plus « placées suivant l'invantaire », le Conseil de Ville avait « prié Me Bisses, notaire royal, et M. Serres, cy-devant procureur en la Cour des Aydes, conjointement avec le [dit] greffier, » de remettre les choses en état (2). Cette révision ne fut pas suffisante, et le 28 octobre 1721, à la suite de la disparition de plusieurs pièces, le Conseil chargea MM. de Montaigne, lieutenant principal en la sénéchaussée, Farjon, avocat, Chardenoux, notaire royal, et Lagarde, procureur en la Cour des Aides, « de faire un récolement des inventaires des Archives de la Communauté et vériffier sy les actes et documents y contenus sont dans les Archives, faire mention de ce qui y manque, conter et cotter les feuilles des registres, cotter ceux qui ne le sont pas et adjouter aux inventaires les actes et autres pièces que la Ville a contratés et recouvrés depuis la faction des inventaires ». Le travail des quatre commissaires dura environ dix-huit mois. Au mois de novembre 1723, il était achevé et l'assemblée municipale se préoccupait de la gratification par laquelle

(1) *II. 15*, pp. 565 à 573.

(2) Cf. Pièces justificatives, 1719.

elle devait en récompenser les auteurs. Cette gratification ne fut toutefois votée qu'un an plus tard, le 28 novembre 1724 ; elle fut fixée à 1000 livres, dont 800 « pour l'ouvrage qui estoit fait » et 200 « pour un second récolement », nécessaire à la prise en charge du greffier Satgier (1).

Cette vérification et cette continuation des inventaires de Louvet, de Joffre et de Darles, remplissent deux registres in-folio. — Le premier (2) est intitulé :

« *Récollement des Inventaires* qui ont esté faits des titres et documens de la Communauté de Montpelier, et qui sont dans les Archives de l'Hôtel de la ditte ville, — fait par... Jean Demontaigne, conseillier du Roy, lieutenant principal en la sénéchaussée et siège présidial de Montpelier, Louis Farjon, avocat, Laurens Lagarde, procureur en la Cour des Comptes, Aydes et Finances de Mompellier, et Jean-François Chardenoux, notaire royal de la ditte ville, députés par deux délibérations de la Communauté des vingt-huitième octobre mil sept cens vingt-un et vingt-unième may mil sept cens vingt-deux ; — le présent récollement... fait [1°] sur l'inventaire fait par Louvet en 1662, en un tome in-folio relié en bazane verte,... ledit tome cotté lettre A (3) ;... — [2°] sur l'inventaire fait par François Joffre en la dite année 1662, en deux tomes in-folio reliés en bazane verte,... le premier tome... cotté lettre B (4), et le second... lettre C (5) ;... — [3°] et finallement... sur l'inventaire fait par D'Arles en l'année 1693, en six tomes in-folio reliés en bazane,... le premier tome... cotté lettre D (6), — le second tome... cotté lettre E (7), — le troisième tome... cotté lettre F (8), — le quatrième... cotté lettre G (9), — le cinquième... cotté lettre H (10), — et le sixième... cotté lettre I (11). »

Il se termine par un « Estat des titres, documents et autres papiers quy manquent dans les Archives de la Communauté de Mompelier, suivant le récollement quy a esté fait par Messieurs Demontaigne,... Me Farjon,... Me Lagarde,... et Me Chardenoux,... sur les inventaires quy ont esté faits par Louvet, Joffre et Darles, dans lesquels inventaires les dits titres ont esté compris et ne se sont pas trouvés lors du dit récollement (12). »

Les « titres, documents et papiers contenus dans les inventaires faits par Louvet, Joffre et Darles, conformément au récollement... fait par les dits sieurs commissaires, et... ceux additionnés dans e dit récollement,... à l'exception néanmoins des titres, documents et papiers qui se sont trouvés

(1) Cf. Pièces justificatives, 1721 à 1725.

(2) *H. 18* : « *Récolement de Montaigne an 1722* », III-1-302 pp., papier.

(3) Pages 1 à 21.

(4) Pages 22 à 46 (armoires G, H, I Archives des Ouvriers de la Commune Clôture).

(5) Pages 46 à 84 (armoires A, B, C, D, E, F).

(6) Pages 85 à 110 (Cabinet doré).

(7) Pages 111 à 134 (suite du Cabinet doré).

(8) Pages 131 à 156 (suite du Cabinet doré).

(9) Pages 157 à 189 (suite du Cabinet doré).

(10) Pages 189 à 247 (Cabinet haut).

(11) Pages 247 à 264 (addition à l'inventaire de Joffre et Darles).

(12) H. 18, pp. 267 à 300.

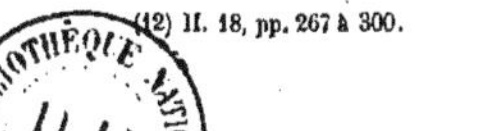

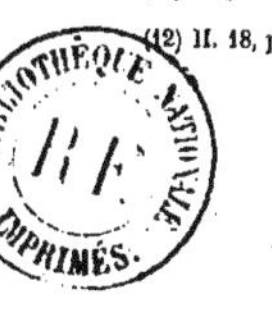

manquer mentionnés dans le dit récollement », furent pris en charge le 30 novembre 1725, par « Jean-Baptiste Salgier, notaire et greffier, garde des archives de la Communauté de Montpelier (1), ayant procédé avec Mrs Lagarde, procureur en la Cour des aydes, et Me Chardenoux, notaire, à la révision du récollement » (2).

« Après avoir achevé le récollement des inventaires des titres et actes de la Communauté », les commissaires de Montaigne, Fargeon, Lagarde et Chardenoux se mirent en devoir de « procéder à l'inventaire des titres et pièces qui ne l'ont pas été ». Cet inventaire, auquel le nom de Montaigne est spécialement resté attaché (3), remplit 251 feuillets in-folio. Les divisions en sont encore beaucoup moins méthodiques que celles des répertoires de Joffre et de Darles.

Fondation de deux places dans le collège de Gironne à Montpellier, — compois, — guidons, - additions à l'estat des dettes de la Communauté, — comptes, — cazernes, - affranchissements des biens de particuliers taillables, — estat des habitans non mariés, — passage du Roy d'Espagne Philipe cinquième et de Nosseigneurs les Princes Monseigneur le Duc de Bourgogne et Monseigneur le Duc de Berry en 1701, — passage de la Reyne d'Espagne en 1702, venant de Marseille, — bois de Valène, — compte sur la vente des bleds, — comptes de la Boucherie pendant la régie faite par la ville, — comptes de l'Hôpital St-Eloy, — édits, déclarations, arrêts du Conseil et de la Chambre de justice et ordonnances du Roy, — arrêts rendus par le Parlement et par la Cour des Comptes, Aydes et Finances, — ordonnances de M. de Basville, intendant, et des Trésoriers de France, — ordonnances de Mrs les Commandans en la Province et Gouverneurs de la ville, — papiers concernant la police de Montpellier, — registres du bureau de la police, — chapitre des ordonnances rendues par le bureau de police, — provisions des assesseurs de la première, seconde et troizième eschelle, — chapitre de maire et consuls, — fontaines Putanelle, du Boulidou et de St-Clémens, — glaces, — liasse des mandes de l'assiette, — nouvelle subvention, — lenternes, — élections consulaires, visites que les Consuls doivent faire, prétentions que Mrs de la Cour des Comptes, Aydes et Finances de Montpellier ont, — pièces ramassées, — fourrages, — boucherie et adjudication, — tablier de boucherie et poisonnerie, — devis et réparations des lieux publics, — fournissement du charbon, — bureau de santé, — ordonnances de Mgr le Duc de Roquelaure, comandant dans la Province de Languedoc, — ordonnances de Mgr de Bernage, intendant de la Province de Languedoc, — hospital Saint-Éloy, — liasse des papiers importants consernant la ville et communauté de Montpellier qui estoint entre les mains d'un particulier et qui nous ont esté remis par le sr Bajnon, commis au greffe..., — procès, — acquisition de la maison du sieur Dorteman, qui joint l'hostel de ville, — liasse des quittances de finances du remboursement de l'office de lieutenant de police, — liasse du remboursement de la charge de lieutenant de maire, — liasse des quittances des finances du remboursement des charges des asseseurs, — consuls perpétuels, — liasse des papiers ramassés, — pièces qui nous ont esté remises par le sieur Baynon, commis au greffe.

(1) « ... Par édit du mois de janvier 1708, Sa Majesté a créé des Gardes deppositaires des Archives des Parlemans, Cours des Aydes, Grand Conseil, Chambres des Comptes, Bureaux des Finances, Présidiaux, Sénéchaussées, Baillages et autres sièges et juridictions. .... Le traittant des dits offices a fait signiffier cet édit au sr Bonier, garde des Archives et greffier de la Communauté, avec acte de remetre ez mains de celluy par luy nommé les clefs des Archives, et comme cette ville ny le dit sieur Bonier ne sont point au cas de cet édit, que d'ailleurs le Roy, par édit du mois d'octobre 1690, créa des offices de Gardes des Archives et Greffiers des Communautés de cette province, et qu'ils ont acquis celluy de la Communauté, cella oblige Mrs les Consuls..... [de] se faire décharger des prétentions du dit traittant et en informer M. l'Intendant et luy remetre les mémoires nécessaires... » (Archiv. municip. de Montpellier, série BB, délibérations de 1704 à 1710, fol. 151-152).

(2) II. 18, pp. 300-301.

(3) *II. 19*: « *Inventaire de Montaigne en 1726* ».

Récolements et ébauche d'un nouvel Inventaire. — 1726-1788.

Le 6 novembre 1726, « Jean Cassagne, greffier, garde des Archives de la Communauté de Montpellier », prit en charge « tous les titres, documents et papiers contenus dans le récolement quy a esté fait par Messieurs de Montagne, lieutenant principal, Farjon, avocat, Lagarde, procureur, et Chardenoux, notaire, commissaires nommés par le Conseil des Vingt-quatre, des actes contenus dans les inventaires faits par Louvet, Joffre et Darles, — comm'aussy.... de ceux compris dans l'addition faitte depuis le dit récolement » (1).

Jean Cassagne resta en fonctions de 1726 à 1754. A cette période se rattache un inventaire partiel, anonyme, en 25 cahiers, représentant un total de 276 feuillets, connu sous le nom d'*Inventaire antérieur à 1754*, qui forme à lui seul tout un portefeuille (2) et dont voici les divisions :

Liasses des Actes du Consulat, de 1726 à 1753.

Dossiers des ordonnances de MM. les Intendans, de 1721 à 1753 ; — dossier des ordonnances rendues par MM. les Commissaires du Roy et des États, de 1727 à 1753 ; — dossier des additions aux états des debtes de la communauté de Montpellier, de 1723 à 1752 ; — dossier des arrêts et autres papiers concernant les droits de courtage, octrois et subventions, de 1705 à 1741.

Dossier contenant les papiers de l'affaire au sujet de la prébande préceptorialle ; — liasses des mandes du Diocèze, de 1705 à 1749 ; — liasses des élections consulaires, de 1708 à 1742.

Liasses concernant l'acquisition faite par la communauté de Montpellier de la maison de Madame de Gévaudan pour l'Hôtel de l'Intendance. — Sac des procès : — dans les procès... est le procès contre M. de Grave et les meuniers du Lez.

Dossier pour l'affaire de la boucherie du Roc-de-Pézenas.

Le 22 mars 1754, dans l'hôtel de ville de Montpellier, — par devant « Antoine Reboul, lieutenant du Maire alternatif, et François Abauzit, troisième Consul de la dite ville, commissaires nommés par délibération du Conseil de Ville du dix de ce mois, authorisée par ordonnance de Monseigneur l'Intendant du vingt du dit mois, pour procéder au récolement des anciens inventaires contenant les actes, titres et papiers appartenant à la Communauté et à l'invantaire de ceux non compris dans les anciens », — le « sieur Jean Cassagne, ancien greffier consulaire de la ditte ville de Montpellier, commençait l'exhibition de « tous les papiers qu'il a[vait] en son pouvoir, à l'effet d'être remis au sieur Estienne Bedos, greffier en titre ». Ce récolement dura un peu plus d'un mois ; il fut terminé le 28 mai 1754 (3). Il forme un petit registre in-folio de 280 pages (4).

(1) *II. 19*, fol. 251 ; — cf. *II, 18*, pp. 301-302.

(2) *II. 25*.

(3) La rédaction du procès-verbal dura du 29 mai au 12 juin.

(4) *II. 20* : « *Récolement des Archives an 1754* ».

Le 28 juillet 1778, à l'occasion de l'entrée en fonctions de « Me Jean-Joseph Durand, avocat,... nommé greffier de la Ville par arrêt du Conseil d'État du 11 juillet courant, au lieu et place du sieur Bedos », — le quatrième consul Jean Bardon, (assisté des deux conseillers politiques Jean-Baptiste Belmond et François Pralon, commissaires nommés à cet effet par le Conseil de Ville, et «ayant pris pour greffier d'office Pierre-Gabriel-Bauzille Combes, financier, habitant de cette ville»), commença « de procéder à la confection et inventaire des Archives de la Ville et au récolement de l'inventaire déjà commencé par M. Verdier, à ce commis ». Le 8 août, décharge était donné à Bedos. Ce nouveau récolement est moins étendu que celui de 1754 ; il se compose de 149 pages in-folio (1).

Trois ans après, en 1781, l'ancien greffier consulaire Etienne Bedos rentra en fonctions, et l'on recommença à récoler (2). L'opération fut menée presque aussi vivement qu'en 1778 : commencée le 28 mars, elle fut clôturée le 5 avril. Les « commissaires nommés.... par MM. les Consuls à l'effet de procéder à l'inventaire des papiers, titres et documents de la présente Communauté, qui se trouvent renfermés dans le Greffe consulaire et dont Me Durand, avocat et ancien greffier de la Ville, sorti de charge le 24 de ce mois [de mars 1781] a les clefs en son pouvoir », étaient, d'une part, Jean Dupré, troisième consul, et les deux conseillers politiques « MM. Villaret, bourgeois, et B. Durand, procureur à la Cour des Aides », — « écrivant sous.... [les dits commissaires], sr Fulcrand Rouel, commis au greffe de la police».

Le greffier Etienne Bedos avait été spécialement chargé en 1764 par la Municipalité de remettre en ordre les Archives, que l'on avait dû déménager afin de laisser plus d'espace aux Archives de la Province (3). En 1765, on lui adjoignit, pour l'aider dans ce travail, un homme qui connaissait déjà le dépôt « par les recherches des titres de la Communauté, qu'il a[vait] été chargé de faire pour produire dans les différents procès de la Communauté » (4), — Mathieu Verdier, qui ne tarda pas à être considéré comme le véritable archiviste de la Maison de Ville (5).

Le travail de reclassement et d'inventaire, exécuté par Bedos et Verdier (surtout par Verdier) de 1765 à 1788, nous est parvenu sous forme de feuillets volants, dont une bonne partie a pu être groupée en un portefeuille, dont le reste est épars, accompagnant les documents inventoriés.

Verdier mourut en 1788 (6). Son décès fut l'occasion de difficultés entre la Ville de Montpellier et ses héritiers (7).

(1) *II. 21*, pp. 1 à 149.

(2) *II. 21*, pp. 151 à 192.

(3) *Cf.* Pièces justificatives, 1756 et 1764.

(4) *Cf.* ibid., 1765.

(5) La page 2 du récolement de 1778 débutait ainsi : « le sieur Bedos, ancien greffier, ... a dit qu'il n'a jamais été chargé des titres et documens de la Ville, que c'est le sieur Verdier, en conséquence d'une délibération prise par la Ville qui le commet pour procéder à l'inventaire » (II. 21, p. 2); — « l'inventaire déjà commencé par M. Verdier, à ce commis » (ibid., p. 1); — « le sieur Verdier icy présent, chargé par délibération de la ville de l'arrangement des Archives » (ibid., p. 4). — « Le sieur Verdier, archivaire de la Communauté » (cf. Pièces justificatives, 1779, etc.)

(6) « Mathieu Verdier, bourgeois », mort le 25 avril 1788, à l'âge de 92 ans, inhumé le lendemain aux Récollets. — *Cf.* Archiv. municip. de Montpellier, GG. 142, fol. 36 vo.

(7) *Cf.* Pièces justificatives.

Rubriques de l'Inventaire de Verdier. — 1765-1788 (1)

[*Archives civiles* :] — amendes, — amortissements, — arts et métiers, — assiètes;

Balances, poids, mesures et pezeuses de bois et charbon, — bancs dans les rues, — bêtes mortes, — boucherie, — boucherie, écorchoirs, — contre-boucherie, — boulangers et fourniers, — Boutonnet;

Caffés et jeux, — Celleneuve, — graisses et chandelles, — charcutiers et cochons, — charettes, — chasse, vol

13.— La Tour des Pins.— Salle voûtée du premier étage, dite Salle des Compoix et des Inventaires.

et domages aux terres, — chef de jeunesse et travailleurs de terre, — commerce, — Commune Clôture, — Conseil de Ville, — Consuls de Mer, — coupeuses, — couratiers et peillerots;

Mauvaises denrées, — don gratuit;

Échanges, — émotions populaires, — équivalent, — délibérations des États, — droits et privilèges des États et autres actes concernant les dits États, — établissement des étrangers, — évocations des affaires des Consuls et renvoys au Parlement;

Fours, — franc-fief et nouveaux acquêts;

(1) Les rubriques que nous transcrivons ici ne représentent qu'une partie de l'inventaire de Verdier. Nous nous bornons à donner celles qui figurent en tête des feuillets volants du portefeuille *II. 26*.

Actes concernant le greffe de la Baylie, — greffe consulaire, — guerre;

Hôpital Saint-Éloy, — hôpital Saint-Lazare, — hôtes et cabaretiers, — huilles;

Illes et établissement des illiers, — impositions, — incendies, — insensés et construction des petites maisons;

Jardiniers, — jeu de mail;

Lanternes, — leude sur la poissonnerie, — logement de MM. les commandants de la Province et autres officiers généraux, — logement des seigneurs des États, lieutenants de Roy, commissaire de guerre, état-major;

Arrêts pour la marque et plombs sur les marchandises, — maquerelles, femmes de mauvaise vie et Bon Pasteur, — moulins de rivière;

Noblesse, — inventaire des registres des notaires et greffiers de la Ville, qui sont dans les Archives de la dite ville;

Opérateurs; — pangoussiers, — pâtissiers, — places et alignement des rues de la ville de Montpellier, — police, — poissonnerie, poissonniers et poissonnières, — porteurs et porte-faix, — portiers de ville, — poulaliers et poulalières, — processions et dimanches, — arrêts concernant la Province;

Revendeuses et denrées, — alignement des rues de la ville, — liberté et propreté des rues;

Suretté et tranquillité publique, — tabliers de bouchers et mazel, — vagabons et gens sans aveu, — vert de gris, — voirie.

Église et Clergé: — arrest du Conceil et du Parlement et ordonnances de Mr l'Intendant concernant l'Eglise et le clergé, — droits que les ecclésiastiques doivent payer à la ville, — dixmes, — R. P. Dominiquains, — œuvre de l'églize N.-Dame de Tables, — chapelle du Consulat, — fondations et collations de différentes chapelles, — enterrements et cimetières, — St-Ruf, — Séminaire du diocèze de Montpellier, jouissant du prieuré de Gramond, — Pénitens blancs, — logement des curés, — Jésuites, — Pères de l'Oratoire, — Religieuses Prolhianes, dites de Ste-Catherine, — Religieuses du Refuge, — Religieuses de Ste-Ursulle, — Religieuses Ursulines de St-Charles, — Religieux réformés de St-Antoine de Viénois, — Religieux de l'Observance, — chapelain de l'hôpital St-Éloy, — Chapitre St-Pierre, — confrarie St-Claude, à présant Pénitans blus, — Religieux de la Trinité, — les R. P. Augustins, — Capucins, — Religieux de la Mercy, — Religieuses de la Visitation de Ste-Marie, — Chapitre St-Sauveur, prieurs de Lansargues, — les Religieux Carmes, — construction, rédification et reparations des églisses et paroisses.

Religion Prétendue Réformée: — payements faits par la ville pour les nouveaux catoliques, — députés, — enterrement, — assemblées générales, — ministres, — cimetière, — du denier sur la viande, — guerre, — hôpital, — département des impositions, — sommes dues par les dits religionnaires, — prétentions au Consulat, — temples, — maîtres d'écoles pour les N. C., — arrests, déclarations et ordonnances à raison des N. C. hors du royaume.

Inventaire des papiers de différente nature d'affaire.

VII

LE RECLASSEMENT DU XIXe SIÈCLE

L'histoire des Archives anciennes de Montpellier au XIXe siècle se résume dans une série d'efforts destinés à les rendre utiles à l'érudition (1). La Municipalité seconda avec empressement les désirs du Ministère de l'Intérieur et des Inspecteurs généraux des Archives. La Société archéologique de Montpellier et les Archivistes départementaux ne ménagèrent pas leur concours. Et si l'on ne put finalement remettre le dépôt dans un état aussi satisfaisant qu'il était à la fin du XVIIe siècle, au lendemain des travaux de Louvet, de Joffre et de Darles, on arriva au moins à rendre possibles les nombreuses publications de Germain sur l'histoire de Montpellier, les études de Renouvier et de Ricard, du Dr Coste, de Mlle L. Guiraud, etc.

En février et mars 1886, sous l'administration de M. Alexandre Laissac, aujourd'hui président du Conseil général de l'Hérault, les Archives municipales quittèrent l'Hôtel de Ville ; on les installa, d'une façon aussi pittoresque que confortable, dans un local spécial, que son caractère archéologique prédestinait à les recevoir, à la Tour des Pins (2). A cette date, M. de la Pijardière avait à peu près terminé le reclassement général des séries anciennes entrepris par lui en 1879, suivant le cadre établi en 1857 par le Ministère de l'Instruction publique ; — une exception toutefois avait été faite pour le fonds inventorié par Louvet en 1662-1663, qui fut conservé intact.

Quelques-uns ont regretté ce reclassement. Il eût été préférable, à leur avis, de laisser à tout le dépôt son ancienne physionomie et de continuer à se servir uniquement des anciens inventaires. — C'était oublier l'énorme complication que la paperasserie du XVIIIe siècle était venue apporter dans les classements faits en 1693 par Joffre et Darles. Cette complication, contre laquelle avaient lutté Montaigne et Verdier, se débrouillait facilement par l'adoption du cadre nouveau, le plus judicieux certainement qui ait été produit en la matière. Le « respect des fonds » n'était d'ailleurs plus possible,

(1) Cf. Pièces justificatives.

(2) Cf. les délibérations du Conseil municipal de Montpellier, en date des 9 avril 1881, 28 décembre 1882, 16 juin, 22 octobre, 12 novembre et 31 décembre 1883, 18 août, 25 novembre et 8 décembre 1885, 5 et 6 mars, 24 mai et 29 décembre 1886, etc.— *Bulletin municipal de la ville de Montpellier*, 1881, pp. 249-250 ; 1883, pp. 500, 828, 881 à 883, 1106-1107 et 1111-1112 ; 1885, pp. 1036-1037 et 1101-1102 ; 1886, pp. 149-150, 164-165, 466 et 1150 ; — *Budget de 1888*, pp. 41 à 43, etc.

les fonds ayant été bouleversés dès l'ancien régime ; le classement de 1693, déjà très arbitraire par lui-même, était devenu absolument informe. Un remaniement radical s'imposait.

Il fut exécuté d'une main alerte par M. de la Pijardière — au moins dans ses grandes lignes. La décision prise par la Municipalité au mois de décembre 1894 assurera la continuation de l'œuvre. La partie des Archives de Montpellier antérieure à la Révolution est, en effet, loin d'avoir reçu sa disposition définitive. Les séries et les sous-séries sont établies, les portefeuilles sont étiquetés, les rayons sont pourvus méthodiquement, mais presque tout le classement de détail reste à faire. La répartition et la numérotation des articles n'est que partielle. Il faudra reprendre l'inventaire, spécialement en ce qui concerne les registres.

Ces seules indications montrent assez quelle est l'étendue de ce travail et qu'il suffirait pour occuper un archiviste pendant de longues années. Il est reconnu nécessaire par tous ceux que leurs études historiques ont amenés à la Tour des Pins, et l'on est en droit de présumer que la ville de Montpellier, qui a repris de nos jours l'ancienne tradition d'assurer la conservation de ses Archives et d'en faciliter l'emploi, n'hésitera point, quand le moment sera venu, à demander à l'École des Chartes le concours d'un paléographe patient et laborieux qui, comprenant l'intérêt d'une tâche modeste, mais difficile, se ferait certainement un honneur de l'achever.

Tel qu'il est à l'heure actuelle, le reclassement général dû à M. de la Pijardière permet les recherches ; c'est un grand point et il y aurait injustice à le méconnaître. En souhaitant que cette première opération soit menée plus loin, nous ne songeons pas à décourager ceux qui auraient l'intention de venir à leur tour consulter un dépôt où l'on a déjà si abondamment puisé et qui réserve encore des surprises aux curieux du passé de notre ville. Mais les améliorations que nous avons mentionnées et qui se réaliseront tôt ou tard, et la publication des *Inventaires et Documents* que nous commençons, rendront les recherches plus faciles, plus rapides et plus fructueuses, au point qu'il sera possible de porter définitivement la lumière sur certaines parties de l'histoire locale, qui ont été présentées jusqu'ici d'une manière superficielle ou incomplète. Il ne suffit pas, en effet, d'avoir le bon vouloir de remonter aux sources, il faut que l'accès soit ouvert à toutes, et une conclusion, si probable ou séduisante qu'elle soit, demeure prématurée tant que l'on n'a pu réunir tous les éléments qui autorisent à la formuler.

VIII

LA TOUR DES PINS

La Tour des Pins, où sont installées aujourd'hui les Archives municipales de Montpellier, est presque la seule subsistante des 25 tours qui garnissaient autrefois l'enceinte de la Ville. C'est, en tout cas, la seule qui ait conservé son aspect du moyen âge (1).

Elle est située dans un des quartiers les plus agréables de Montpellier, en face du Jardin des Plantes, sur le boulevard, ombragé de beaux platanes, qui relie les abords du Peyrou au boulevard de l'Hôpital-Général. Un joli square, établi en 1886 (2), la sépare de l'École de Médecine, de la Cathédrale, de l'Évêché et de l'Institut de Physique. — Du sommet, la vue s'étend sur toute une partie de la ville et des faubourgs, et sur une campagne semée de *mazets*, dont l'horizon est terminé par le Pic St-Loup, les garrigues du canton d'Aniane et les montagnes de St-Guilhem et de la Sérane. Du côté de la ville se détachent le Palais Universitaire, le clocher de Ste-Anne; du côté de la campagne, le Château d'eau de la promenade du Peyrou, les Arceaux de l'aqueduc St-Clément, l'École d'Agriculture, l'Hôpital suburbain, etc.

La hauteur apparente de la tour est médiocre (23 mètres seulement), parce qu'au lieu de partir aujourd'hui de l'ancien niveau du sol qui, à droite et à gauche, est conservé par la rue des Carmes et par le Jardin des Plantes et qui était dominé par les sommets de la colline de Montpellier, où s'élevait le palais des comtes Guilhem, elle est enterrée en partie dans le remblai qui supporte le boulevard Henri-IV.

(1) Cette enceinte, couronnée de 1757 créneaux, était munie de 25 tours rondes ou carrées et percée de onze portes (Cf. Germain, *Soc. archéol. de Montpellier*, t. V, p. 263, d'après le *Petit Thalamus*, pp. LXII, 408 et 457).

« Une tour seule [en] est restée debout et surmontée de ses machicoulis gothiques, et quelques pans de murs s'aperçoivent à peine au milieu des constructions nouvelles qui l'ont envahie, reconnaissables à leur appareil et à quelques rares meurtrières. » (Renouvier et Ricard, *Société archéol. de Montp.*, t. II, p. 145).

« Les murs d'enceinte de la ville de Montpellier, dont l'origine remonte au XIIe siècle, n'existent plus aujourd'hui. Le seul vestige de ces fortifications qui ait survécu consiste dans la Tour, appelée communément la *Tour des Pins*, et qui a paru assez remarquable pour fixer l'attention des membres du Congrès scientifique de France, réuni à Montpellier en décembre 1868. La partie inférieure de cette tour peut bien remonter au XIIe siècle, mais sa partie supérieure, couronnée par des machicoulis très saillants, paraît dater du XIVe siècle, et présente une physionomie qui se rapproche beaucoup de celle des remparts d'Avignon, datant de la même époque. » (Bézine, *Révision de la liste des monuments historiques du département de l'Hérault*, dans la *Soc. archéol. de Montp.*, t. VI, p. 587).

« La *Tour des Pins*,... seul reste des anciennes fortifications,... car la Tour de l'*Observatoire*..., a presque disparu sous les constructions qu'a nécessitées l'établissement d'un télégraphe ». (Eug. Thomas, *Essai sur Montpellier*, 1836, p. 77.) — Cf. pour « la *Tour de la Babotte* » la *Notice sur l'Observatoire de l'ancienne Société des Sciences de Montpellier*, par Ed. Roche. (Montpellier, Boehm, 1881, in-4° de 28 pp., extr. des *Mémoires* de l'Acad. des Sciences et Lettres de Montpellier, section des Sciences, t. X, pp. 133 et suiv.).

(2) Cf. *Bulletin municipal* de Montpellier, 1883, pp. 411 et 499 à 501 ; 1886, pp. 9 à 18, 166, 414, 800 et 1045-1046, etc.

Il suffit de considérer l'ensemble de la Tour des Pins (1) pour constater qu'elle présente dans son élévation deux constructions différentes. — La moitié *inférieure* est construite en pierres coquillières, de couleur jaunâtre, taillées en bossage, dont les assises sont de hauteur égale. — La moitié *supérieure* est construite en pierres beaucoup moins chargées de coquilles, de couleur plus blanche, taillées d'une façon plane et dont les assises sont de hauteur inégale.

Au haut de la moitié inférieure, un peu au-dessus du niveau du balcon actuel, on aperçoit dans la maçonnerie une série de lignes verticales parallèles. Ce sont les traces de l'ancien crénelage, qui était placé à l'aplomb du mur, tandis que le parapet établi au sommet de la moitié supérieure est placé en avant du mur et supporté par des machicoulis.

Le système de crénelage de la moitié inférieure et le système de parapet sur machicoulis de la moitié supérieure correspondent à deux périodes archéologiques différentes, qui nous reportent de prime abord et d'une façon générale, l'une vers la fin de l'époque romane ou le commencement de l'époque gothique (XIIe-XIIIe siècles), l'autre vers l'époque gothique avancée (XIVe-XVe siècles).

Ces indices archéologiques, qui ne peuvent être qu'approximatifs, étant donné le caractère très ondoyant de l'architecture militaire dans le Midi du XIIe au XIVe siècle, sont heureusement complétés par les renseignements que nous fournit l'histoire de Montpellier. — La moitié inférieure jusques un peu au-dessus du balcon, appartient certainement (sauf quelques légères réparations) à l'enceinte qui fut construite durant la seconde moitié du XIIe siècle et la première moitié du XIIIe, enceinte dont le tracé correspond à peu de chose près à la ligne actuelle des boulevards formant le tour de la ville (2). — La moitié supérieure se rattache aux nouveaux travaux de fortifications, qui furent exécutés dans la seconde moitié du XIVe siècle (3).

La construction de l'enceinte des XIIe-XIIIe siècles est visée très explicitement par des textes de 1196, de 1204, de 1205, de 1218, etc. (4). Les dates extrêmes peuvent en être ainsi fixées : d'une part, 1152 (5) ; d'autre part, 1268 (6). — En ce qui concerne la Tour des Pins et les autres portions de rempart, qui ont été construites avec des matériaux identiques, il est peut-être possible de préciser davantage. C'est seulement une hypothèse que nous présentons, mais elle est vraisemblable.

La moitié *inférieure*, appareillée avec bossages, est en pierre de Caunelles (7), tandis que la moitié

(1) Cf. la planche 14, p. CVII.

(2) Sur cette «deuxième enceinte, dite Commune Clôture», cf. L. GUIRAUD, *Recherches topographiques sur Montpellier au moyen âge*, dans les publications de la *Soc. archéol. de Montp.*, 2e série, pp. 123 et suiv.

(3) Cf. id., pp. 127 et suiv., — et LOUVET, Inventaire de 1662-1663, passim.

(4) Cf. RENOUVIER et RICARD, *Soc. archéol. Montp.*, t. II, p. 140. — GERMAIN, *Hist. de la Comm. de Montpellier*, t. I, pp. 110-111 et 174 ; — *Le Petit Thalamus*, pp. 44 et 66, etc.

(5) L. GUIRAUD, *Soc. archéol. Montp.*, 2e série, t. I, p. 123, d'après GERMAIN, *Liber instrum. memor.*, p. 288.

(6) Cf. Archiv. municip. de Montpellier, *II. 11*, inventaire de JOFFRE, passim.

(7) Commune de Juvignac. — Cette ancienne carrière, située près du vieux pont dit de Celleneuve, sert aujourd'hui de lit à la Mosson.

14 — La Tour des Pins. — Vue prise de l'Institut de Physique.

supérieure est en pierre de Pignan et de St-Jean-de-Védas, comme les constructions élevées à Montpellier dans la seconde moitié du XIVe siècle par les soins du pape Urbain V (1). — Or, l'autorisation de puiser dans la carrière de Caunelles, pour la construction des remparts, fut accordée aux Ouvriers de la Commune Clôture, en 1206, le 20 avril.

En l'an de la encarnation de Nostre Senhor MCCVI, a xII kl. de may, jeu B... Agulon, per me e per Raymon, fraire meu, donc, lauze et autroye emper tos temps a vos VII Prohomes en G. Manent, en G. Bedos, en R. de Bordelas, Huc de las Fons, Girart Talon, Johan Limotgan, Ben.... de Bizancas, cosols de la Comuna Clauzura de la viela de Monpeslier, et a totz vostres successors, que de la peiricira nostra que es en Caunelas, otra lo pont de Celanova, puscas far traire e portar aytantas peiras quan volres, a obs de la Clauzura de Monpeslier,.......... aitant longamens quant en la dita peirieira alcunas peiras poiran esser trobadas a traire......... (2).

Il est donc permis de croire que la moitié inférieure de la Tour des Pins n'est pas antérieure à 1206. Elle appartiendrait alors à la première moitié du XIIIe siècle plutôt qu'à la seconde moitié du XIIe. La chose n'est pas d'une certitude mathématique, mais il y a des probabilités sérieuses. — L'ensemble d'ailleurs de la construction des remparts entre 1152 et 1268 nous paraît avoir été beaucoup plus l'œuvre du XIIIe siècle que du XIIe.

Quant à la moitié supérieure de la Tour des Pins (depuis le crénelage encore visible dans la maçonnerie à la hauteur du balcon, jusqu'au sommet), il serait possible que nous puissions en fixer la date avec certitude, à dix ou quinze ans près.

Il existe dans ce même *Thalamus de la Commune Clôture* qui nous a conservé le marché de la carrière de Caunelles, un texte où notre Tour est indiquée comme ayant été achevée : 1° peu de temps avant l'année 1407, 2° postérieurement à la Tour du Palais.

L'an mil IIIIe e VII, lo jorn de Tot Sans, foron [eligitz] Obriers de la Comuna Clausura de Montpeylier los senhors de sot nonnatz...... Et es certana causa que los susditz Obrics, facha per els tres visitations per la muralha, portals et autras causas que pertocon a la deffensa et conservation de la dicha vila de Montpeylier, appellats los senhos Cossolz tant vielhs coma novels que foron en lur temps et motz autres notables valens et honorables homes et atressi peyires (*sic*) et fustiers de la dicha viela, et avut conseil amb els, volens provesir a so que plus necessari era, *feron cobrir la torre que es tras la obra del Papa entre la dicha obra del Papa el portal del Carme*, et aytant ben la torre francesa que es detras la cort del Sagel sur le portal de Montpeylaret, anant vers lo portal del Avesque, per so car *non ha trop de temps que foron fachas et son novas et las darrieras que foron bastidas apres aquela del Palays*, et mot costeron de far, et bevian tant grandament, quant plovia, que de tot en tot venian a destruction, et car fon attrobat per las dichas visitations que so era la causa a que hom devia plus tost acorrer... (3) ».

Si nous ne nous trompons, c'est à cette Tour du Palais, aujourd'hui disparue, que se rapportent

(1) Cf. L. Guiraud, *Les Fondations du pape Urbain V à Montpellier*. III. *Le Monastère Saint-Benoit*, pp. 24 et 205-206.

(2) Arch. municip. de Montpellier, série EE, *Thalamus de la Commune Clôture*, fol. 63 r°.

(3) *Thalamus des Ouvriers de la Commune Clôture*, fol. 89 v°. — Cf. Renouvier et Ricard, *Soc. archéol. Montp.*, t. II, pp. 143-144, et L. Guiraud, *le Monastère Saint-Benoit*, p. 108.

deux passages du *Petit Thalamus*, empreints d'une précision que l'on serait heureux de trouver pour nombre d'autres monuments. Le *Petit Thalamus* nous apprend : 1° que le mur de la Tour du Palais s'était écroulé en février 1365 (1), 2° que l'on en recommença la construction en octobre 1387 (2). — La moitié supérieure de la Tour des Pins serait donc postérieure à 1387, et comme nous la savons d'autre part antérieure à 1407, année où on la couvrit pour la protéger contre la pluie, nous pouvons lui attribuer comme date l'extrême fin du XIVe siècle, ou au plus tard les premières années du XVe.

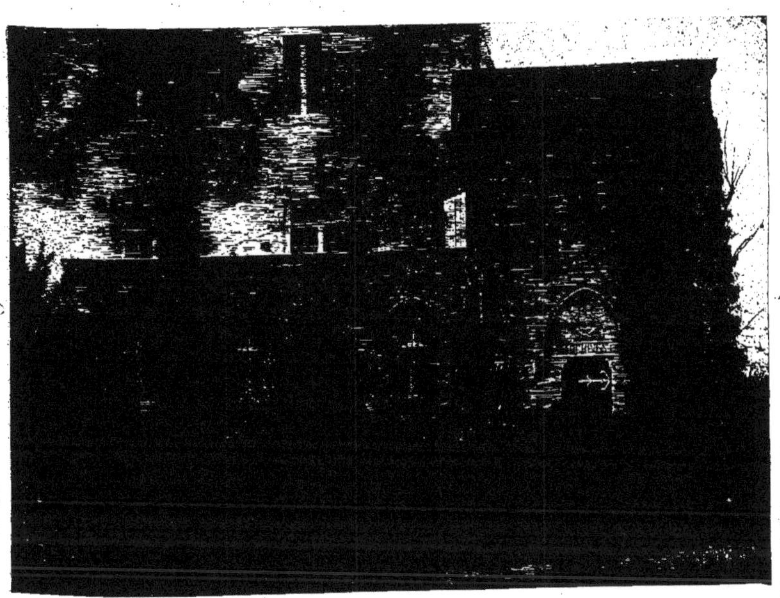

15.— La Tour des Pins.— Vue prise entre l'Évêché et la Cathédrale.

D'après Germain, la Tour des Pins « fut inféodée, en 1592, à une famille Tisson, à laquelle en conserva la jouissance le... maréchal d'Asfeld, par lettres du 29 février 1733 » (3).

A la date de 1558, nous trouvons la mention suivante :

(1) « A xii de febrier, tombet lo mur à la tor de la gacha del Palays». (*Le Petit Thalamus*, p. 368).

(2) Le 21 octobre 1387, « fonc messa la premieyra peyra per bastir lo mur desrocat detras lo Palays de nostre senhor lo Rey de Fransa.» (*Le Petit Thalamus*, p. 412).

(3) Germain, *Études archéologiques sur Montpellier*, dans les *Publications de la Soc. archéol. de Montp.*, t. VIII, fascicule n° 43 (août 1883), p. 161, note 1 ; — cf. t. V, p. 263, note 4.

Jaques Chauchac tient du dict Œuvre [de la Commune Clôture] deux jardins, l'un aux fossez des Carmes à la Blanquerie, et faict d'usaige douze solz six deniers tournois, et l'autre aux fossez de la Porte de Lates vers Montpellayret, et faict d'usaige quinze solz tournois, *et pour la tour qu'il tient sur les murailles auprès Sainct-Pierre darrière sa maison, faict d'usaige quinze sols tournois*, et pour les deux portes de sa maison entrant aux Douze Pans, faict d'usaige deux solz tournois....(1).

C'est évidemment des Chauchac que vint à notre Tour le nom de « Tour des Chochanes » ou « Tour Chauchane » et par corruption « Tour des Cochons » (2), qu'elle porta au XVIIe et au XVIIIe siècle parallèlement avec celui de « Tour du Pin », ainsi qu'en témoignent le « Plan de la ville et citadelle de Montpellier, avec ses environs » (gravé par Villaret) (3), qui date de 1737 (4) et le « Plan de la ville et citadelle de Montpellier, dédié [en 1772] à Monseigneur Arthur-Richard Dillon, archevêque et primat de Narbonne, président-né des États de Languedoc, par.... Nicolas Chalmandrier, graveur » (5). — En septembre 1729, elle est désignée « la Tour du Pin », ou bien « celle où il y a un pin », dans le procès-verbal de la « vérification des murs de la ville, faite..... par Messieurs les Consuls viguiers de Montpellier, assistés de Mr de Vessière, major de la dite ville, et du sieur Desfours, architecte, maître des ouvrages publics » (6). — Puis les pins se multiplièrent. Le grand plan, dressé en juillet 1768 par Giral et Nogaret, en vue de l'« élévation d'arceaux portant l'aqueduc au-dessus des murs de ville pour conduire les eaux à l'Esplanade » (7), permet de constater que dès cette époque la qualification de « Tour des Pins » était justifiée (8). Elle a duré jusqu'à nos jours, bien que les quatre pins et les deux cyprès qu'on leur avait adjoints avec le temps aient été réduits, en 1847 (9), aux deux cyprès qui, vus à distance, donnent l'illusion des arbres auxquels la tour doit son nom. Ils végètent vigoureusement, sans autre humus que le terreau formé par les feuilles mortes, les brindilles et la poussière, et sans nuire autrement à la solidité de la maçonnerie où leurs robustes racines ont pénétré. Leur silhouette toujours verte se dessine nettement sur le ciel bleu, et ils bravent « sans courber la tête » les assauts du mistral qui souffle parfois avec violence dans ce quartier de la ville. Ils continuent à remplir la fonction protectrice de leurs anciens compagnons, et les

(1) Thalamus de la Commune Clôture, fol. 234 r°.

(2) « Pourquoi cette tour s'est-elle appelée dans le temps « Tour des Cochons »? A ce propos, qu'on me permette une digression : l'histoire enregistre que lorsque Jeanne d'Arc défendit Paris, elle accomplit ses meilleures prouesses en une tour appelée « Tour des Pourceaux », parce qu'au pied de cette fortification, et dans les fossés qui l'environnaient, se trouvaient des détritus d'animaux et des pourritures de toute espèce. On avait coutume de vider là les matières les plus pestilentielles. Il en était sans doute ainsi à Montpellier pour la Tour des Cochons.» (L. T., *La Tour des Pins*, dans le journal *le Lez*, 1re année, n° 24, jeudi 27 décembre 1883, avec une lithographie représentant la Tour « restaurée et agrémentée d'un square qu'il est question d'établir.... »

Est-il besoin d'ajouter que l'auteur de cet article a eu tort de supposer que Jeanne d'Arc a défendu Paris. Elle n'y put entrer et c'est en défendant Compiègne qu'elle fut prise par les Anglais.

(3) Archiv. municip. de Montpellier, série II, Plans, n° 543.

(4) Communication de M. Gaudin.

(5) Archiv. municip. de Montpellier, série II, Plans, n° 541 ; — d'Aigrefeuille, *Hist. de Montp.*, édit. La Pijardière, t. I, pp. LVIII-1.

(6) Archiv. municip. de Montpellier, série EE, portefeuille coté « fortifications, fossés, portes de ville, inféodations des murs et fossés », pièce cotée n° 9.

(7) Archiv. municip. de Montpellier, série II, Plans, n° 511.

(8) « La Tour dite la Tour des Pins » (27 mai 1809). — Archiv. municip. de Montp., collection Desmazes, tome I, pp. 203, 205 et 206.

(9) Archiv. municip. de Montpellier, D. 6.

bonnes femmes de Montpellier redisent encore aujourd'hui, avec la même foi que leurs mères, le dicton populaire : « Tant que l'on verra les Pins là-haut, le vieux Clapas ne périra pas. »

Lous Pins amount tant qu'on veirà,
Lou viel Clapas noun perirà (1).

Au moyen âge, la Tour des Pins n'eut pas de nom particulier. En 1365, elle est dite « la gran torre devant la Obra del Papa » (2) ; en 1374, « la torre granda que es d'avan la gleya de sant Benezeg » (3) ; en 1378, « la Gran Torre » (4) ; en 1407, « la torre que es tras la obra del Papa, entre la dicha obra el portal del Carme » (5); en 1519, « turrim existentem retro collegium sancti Germani » (6) ; en 1558, « la tour... sur les murailles auprès St-Pierre » (7).

La Tour des Pins et ses dépendances, tant celles provenant du terrain municipal de l'ancien chemin des Douze Pans (8) que celles établies sur le terrain jadis inféodé par le Chapitre cathédral (9), furent achetées par la Ville, le 27 mai 1809, à « Mr Mathieu Tisson, général de brigade, un des commandants de la Légion d'honneur », fils et héritier de « Mr Jacques Tisson, ancien président du Tribunal de Commerce de Montpellier », pour servir aux Dames de la Congrégation de St-Maur, dites Sœurs Noires. En 1837, celles-ci furent remplacées par les Sœurs de la Madeleine ou Religieuses de l'Instruction et de la Charité de Nevers, qui continuèrent à y faire l'école jusqu'en 1861 (10).

(1) Cf. *Lou Souc de Nadau*, supplément illustré de *la Campana de Magalouna*, 25 décembre 1892. — En dialecte montpelliérain on prononce aujourd'hui : *amoun, beydà, biel, pididò*.

« A l'est de ce boulevard [Henri IV] on voit encore une des tours de l'ancienne enceinte de Montpellier. Quelques pins, qui ont poussé au sommet, lui ont valu le nom de *Tour des Pins*. Le peuple y attache une idée superstitieuse, et un dicton populaire répète que Montpellier périra le jour où cette tour tombera. » (J. DUVAL-JOUVE, *Les noms des rues de Montpellier*, 1877, p. 180). — L'auteur, toujours préoccupé de sa lutte contre les préjugés antiques et l'obscurantisme, n'a pas compris ce que pouvait avoir de merveilleux pour l'imagination populaire le maintien au sommet de cette tour, la seule subsistant de l'ancien rempart, de ces arbres verts dont la végétation lui paraissait inexplicable. La poésie a sa source dans ces associations d'idées et de sentiments qu'il nous est aisé de qualifier de déraisonnables. Mais, ô savant botaniste, dont l'on a très justement donné le nom à une des rues de Montpellier, comment avez-vous pu omettre de mentionner que les pins ne sont plus aujourd'hui que des cyprès ?

(2) Archiv. municip. de Montpellier, Thalamus de la Commune Clôture, fol. 51 r°.

(3) *Revue des Langues romanes*, tome III, p. 162, n° 56 et p. 172.

(4) Même Revue, t. III, p. 166, n° 79 et p. 172.

(5) Thalamus de la Commune Clôture, fol. 90 v°.

(6) Archiv. mun. de Montp., EE. 22 (anc. Joffre G. 217), fol. 30 v°.

(7) Thalam. Comm. Clôture, fol. 234 r°.

(8) « Ce chemin de ronde de *Douze pans* (environ trois mètres d'aujourd'hui), entre le mur d'enceinte et les habitations particulières, fut uniformément établi en 1363. Mais il existait partiellement bien avant ce temps-là. Il en est fait mention dans les Statuts des Ouvriers de la Commune Clôture de 1284 et dans un acte de 1266. ap. Arch. mun. de Montp., *Gr. Chartr.*, Arm. B., Cass. VIII, n° 4, et *Gr. Thal.*, fol. 51. » (GERMAIN, *Soc. archéol. de Montp.*, t. VIII, p. 162, note 2). »

(9) « La maison Tisson est ainsi désignée dans le plan n° 40 de la liasse des plans cédés à la Ville par Me Thomas oncle (plan des maisons de la rue des Carmes de la directe du Chap. Saint-Pierre) :

» *Jardin de Mr Tisson, marchand.*

» *A été de la demoiselle Salat.*

» *1700. Antoine Chassefière, maçon, acquéreur des hoirs de Jeanne Chauchaque, veuve du sieur Vacheire, chirurgien.*

» *Inféodé par le Prévôt en la contenance de 11 cannes de long et 8 de large, à noble Laurens Chauchac, sous l'albergue d'une poule, le 25 9bre 1592.* » (Note de Desmazes. Archiv. municip. de Montpellier, collection Desmazes, tome I, p. 203). — Ce plan porte aujourd'hui le n° 510.

Le jardin Tisson, à propos duquel ont été relevées les indications transcrites par Desmazes, et la maison Tisson, contiguë audit jardin, sont tous deux en-deçà du chemin des Douze-Pans. Leur emplacement se réfère donc exclusivement à l'emplacement actuel du square de la Tour des Pins. — Le plan n° 510 ne contient absolument rien de relatif à la tour elle-même.

(10) Archiv. municip. de Montpellier, collection Desmazes, tome I, pp. 203 à 207 et t. IV, 1re partie, pp. 319 et suiv. ; — ibid. D. 6.

De 1861 à 1886, l'immeuble municipal demeura sans affectation aucune, à l'état de simple vacant. Mais dans l'intervalle on avait conçu le projet d'y transférer les Archives municipales (1).

Logées au second étage de l'Hôtel de Ville actuel, elles y manquaient de place et n'y avaient aucune des garanties de conservation que l'on avait le devoir d'assurer à ce dépôt des titres héréditaires de la Cité et dont la meilleure était, comme pour toutes les collections analogues, l'isolement. D'autre part, l'habitude de consulter les Archives avait fait reconnaître que l'accès n'en serait facile que si l'on se décidait à leur attribuer un local indépendant.

La Tour des Pins, par son caractère de monument historique et par sa situation, répondait aux vœux secrets des archéologues et aux besoins constatés par l'administration. M. Goutès, architecte municipal, exécuta le travail d'aménagement et eut le soin de construire en pierre de St-Jean-de-Védas le rez-de-chaussée portant terrasse qui donne sur le square (2). Il est à noter que l'on eut quelque peine à se procurer cette pierre, dont les carrières n'étaient guère utilisées depuis que les architectes ont préféré employer les pierres de Castries, Beaulieu, St-Geniès et St-Gély, dont le grain permet un travail plus facile, plus fini et d'un aspect plus agréable. Mais au XIIIe siècle on prenait les matériaux de construction dans le voisinage le plus proche, car le transport en était difficile et coûteux, et l'on était loin de prévoir que pour réédifier le Théâtre de Montpellier, il serait économique de faire venir par le chemin de fer la pierre de St-Paul-Trois-Châteaux !

Déjà, à une époque antérieure, la paroi de la Tour des Pins, contre laquelle a été édifié le rez-de-chaussée dont il vient d'être parlé, avait été construite en une pierre plus fine que la pierre coquillière du vieux rempart ; mais cette paroi, d'une épaisseur insuffisante, a dû être consolidée par M. Goutès à l'aide de tirants en fer. L'augmentation croissante des versements que reçoivent les séries contemporaines et le poids considérable qui résultera des dossiers accumulés ainsi obligeront un jour, on le prévoit, à procéder à une réfection de cette façade et peut-être à un agrandissement des locaux.

Le square, tracé avec goût, remplace très heureusement ce qu'était devenu l'ancien jardin Tisson, c'est-à-dire le réceptacle des immondices du quartier : avec le temps, les débris de poterie de toute espèce le transformaient en une sorte de colline qui pour la composition, sinon pour les dimensions, rappelait ce *monte Testaccio* qui finit par s'élever, aux portes de Rome, assez haut pour donner sur la campagne des vues dont Poussin aimait à tirer parti. Entre le square et la cathédrale, l'on a placé récemment une grille élégante qui fera oublier le vieux mur qui les déparait naguère.

(1) Lettre du Ministre de l'Intérieur au Préfet de l'Hérault, en date du 6 septembre 1872 : — « Monsieur le Préfet, en me rendant compte de la situation des Archives communales de Montpellier, M. Francis Wey m'a signalé l'insuffisance du local qui leur est affecté ; cet inconvénient se trouverait aggravé par les dangers d'incendie qu'il y a lieu de redouter. M. l'Inspecteur général m'a fait connaître que l'on se serait préoccupé d'un local isolé de tout autre service, facilement accessible et à l'abri du feu, où les Archives pourraient être transportées, et que la Tour des Pins, donjon spacieux dont la Ville est propriétaire et dont l'appropriation ne serait pas fort coûteuse, paraissait présenter toutes les garanties désirables à cet égard... » (Archiv. départ. de l'Hérault).

(2) Cf. p. CIX, fig. 15.

Ainsi les Archives de Montpellier ont obtenu enfin un local digne d'elles, et ceux qui viennent y travailler y trouvent, avec la paix et le silence qui leur sont nécessaires, une température constante, précieuse surtout pendant la saison d'été, et qui est due à l'épaisseur des remparts. La Tour des Pins, après avoir contribué à protéger pendant des siècles les habitants de Montpellier, abrite aujourd'hui, dans les meilleures conditions de sécurité pour les choses et de confortable pour les personnes, les titres qu'ils réunissaient, classaient et conservaient avec le soin jaloux dont on a vu tant de marques dans l'exposé qui précède et dont témoignerait à lui seul le texte si important de l'inventaire du Grand Chartrier rédigé par Louvet.

En même temps que les Archives anciennes et modernes (1) de la Ville, on transporta, en 1886, à la Tour des Pins, un certain nombre de curiosités qui constituent une sorte d'annexe du Cabinet d'antiquités de la Société archéologique : — le modèle du vaisseau de ligne de 80 canons, « la Septimanie », offert au roi le 26 novembre 1761 par les États de Languedoc ; — la maquette des échafaudages du pont de Lavaur (Tarn), construit de 1773 à 1779 par « M^r [Jean] Chauvet père, architecte et entrepreneur des travaux de la Province de Languedoc, originaire de Montpellier » ; — la maquette du Pont Neuf de Béziers ; — le modèle du « premier appareil du 3/6, d'Edouard Adam, bréveté en l'an IX (1800), donné à la ville de Montpellier, le 15 septembre 1854, par l'abbé Adam, chanoine de Rouen ; restauré par les soins de Mr Achard, négociant » ; — la main droite de la *statue de Louis XVI* (œuvre du sculpteur Valois) érigée en 1829 sur la place des Capucins (auj. place du Marché aux Fleurs) et abattue en 1831 ; — onze anciennes peintures anonymes, dont les portraits de Jean-Pierre Causse († 1752), Antoine Magnol († 1759), Claude Serres († 1768) et Marcel Faure († 1777) ; — l'inscription commémorative de la proclamation de la Constitution française à Montpellier, le 2 octobre 1791 ; — les inscriptions des premières pierres de la Halle au Poisson (1747) et de la statue de Louis XVI (1819) ; — et enfin, les cuivres de trois anciens plans de Montpellièr et d'un ancien plan du bois de Valène.

Deux des salles de la Tour des Pins ont été pourvues de vitrines, destinées à recevoir un petit musée paléographique, diplomatique et sigillographique. Ce musée est toujours à l'état de projet. A chaque jour suffit sa peine. Mais le jour où se trouvera le loisir nécessaire à la réalisation de ce projet, ce ne sont pas les éléments intéressants qui feront défaut. Les vicissitudes politiques et les relations commerciales de Montpellier au moyen âge permettront d'y faire figurer, à côté des documents du pays de Languedoc, de curieux spécimens provenant de la Provence, de la Champagne, de l'Espagne, de l'Italie et même de l'Orient.

(1) C'est également à M. de La Pijardière que revient le mérite d'avoir classé, avec le concours de M. Louis Aimes, commis-archiviste, les Archives municipales postérieures à 1790. Ce classement a été fait d'après le cadre ministériel de 1842 et 1879.

A l'extérieur de la Tour, sur la face dominant le boulevard, une inscription commémorative de Jacques le Conquérant, roi d'Aragon et seigneur de Montpellier (1), a été placée en 1890 à l'occasion du Congrès international de Philologie romane, qui suivit les grandes fêtes du sixième centenaire de notre Université (2).

Il était légitime de rappeler le souvenir d'un prince actif et chevaleresque dont le règne, intéressant surtout pour l'histoire d'Espagne, répond à une période de prospérite croissante pour notre ville. Durant les absences aussi longues que fréquentes de son suzerain, Montpellier put développer assez librement son commerce et son industrie, et organiser, d'accord avec l'autorité religieuse, ses grandes et illustres écoles. Mais pendant que Jacques guerroyait contre les Maures, les esprits des Montpelliérains se tournaient insensiblement d'un autre côté, vers la France, dont les hasards seuls de la féodalité les tenaient détachés. On sait que la seigneurie de leur ville relevait de l'évêque de Maguelone. Or, nous voyons que sous le règne de ce même Jacques d'Aragon, l'évêque reconnaît (1255) que « toute la ville de Montpellier, avec ses dépendances, est et a été de temps immémorial un fief de la Couronne et des Rois de France, tant la partie appelée Montpelliéret, tenue par lui, que l'autre partie, possédée en fief par le roi d'Aragon non comme roi, mais comme seigneur de Montpellier » (3).

Dès lors, et bien que la seigneurie de Montpellier demeurât au roi d'Aragon, puis à ses successeurs les rois de Mayorque, la suzeraineté du roi de France, fortifiée par l'acquisition, en 1292, de Montpelliéret et des droits temporels de l'évêque sur la seigneurie de Montpellier et le château de Lattes, s'exerça tous les jours davantage, jusqu'au moment où le roi de Mayorque, Jacques III, vendit ses droits sur notre ville à Philippe de Valois pour 120 000 écus d'or (1349). Montpellier, par suite de cet abandon du dernier héritier des Guillems, devenait terre française, et sauf pendant les années où, malgré les promesses faites par le roi Jean (4), il fut livré à Charles de Navarre (1365-1367, 1371-1378), puis à son fils (1381-1383), il devait rester associé à toutes les destinées de notre pays, avoir part à toutes ses peines et à toutes ses gloires. Ses Archives, depuis plus de cinq cents ans, font partie du domaine national, dans la plus étroite acception du terme.

FERDINAND CASTETS,
Maire de la ville de Montpellier, Doyen de la Faculté des Lettres.

JOS. BERTHELÉ,
Archiviste de l'Hérault, chargé de la haute direction des Archives de Montpellier.

(1) Né à Montpellier en 1208 de Pierre II, roi d'Aragon, et de Marie, dame de Montpellier, fille aînée de Guilhem VIII, seigneur de Montpellier, et d'Eudoxie Commène.

(2) Cf. *Bulletin municipal de la ville de Montpellier*, 1887, pp. 460-461; — *Rev. des Langues romanes*, t. XXXIV, pp. 192 et suiv.

(3) D'AIGREFEUILLE, II, p. 66; — GERMAIN, *Hist. de la comm. de Montpellier*, II, p. 76-81, 296.

(4) Promesses déjà faites d'ailleurs par son prédécesseur, les Consuls ayant demandé « de rester à perpétuité sous la domination des Rois de France ».

PIÈCES JUSTIFICATIVES

I

1657, 17 janvier et 13 mars. — Délibérations des États de Languedoc au sujet de la *Vie des Gouverneurs et Lieutenans du Roy en Languedoc et l'Histoire des Estats généraux de la Province*, de Pierre Louvet.

[Délibération du 17 janvier :]. — Le sieur Louvet ayant esté ouy dans l'assamblée sur le subjet d'un livre intitulé *la Vie des Gouverneurs et Lieutenans du Roy en Languedoc et l'histoire des Estats généraux de la Province*, qu'il a dessain [de présenter] aux Estatz, a esté arresté qu'il sera veu et examiné par Monseigneur l'Évesque de Cumenge, Monsieur le Baron de Villeneufve, les sieurs Consuls de Nismes et Narbonne.

Archiv. départ. de l'Hérault, série C, fonds des États de Languedoc, procès-verbaux, 1657, fol. 40 v°.

[Le Supplément au Dictionnaire de Moréri de 1735 raconte cette présentation avec quelques détails complémentaires qui ne figurent pas au procès-verbal officiel de la séance des États et qui proviennent vraisemblablement, eux aussi, de la lettre de Louvet à Guy Patin (cf. ci-dessus, pp. XXXII-XXXIII) : — « Le 17 du même mois [de janvier 1657], il présenta aux États de Languedoc assemblés en cette ville [de Béziers] un volume in-4°, contenant des *Remarques sur l'Histoire de Languedoc, de ses Princes sous la seconde et troisième lignée de nos rois jusqu'à sa réunion à la Couronne, des États généraux de la Province, et des particuliers de chaque Diocèse*. Comme les États tenus à Carcassonne avoient fait une ordonnance qui portoit qu'on ne recevroit aucun livre dédié aux États, qu'il n'eût été examiné par des commissaires, M. Louvet fut obligé de communiquer le sien manuscrit, et après qu'il eut été lû et applaudi, on lui donna des commissaires pour la forme, et lorsqu'il l'eut présenté ensuite dans une des séances des États, où il harangua avec applaudissement le 17 dudit mois de janvier 1657, l'assemblée lui députa le premier Consul de la ville en chaperon pour le complimenter. Cet ouvrage fut imprimé la même année à Toulouse » (p. 289)].

[Délibération du 13 mars :] — *Gratification de 200 l. en faveur du s^r Lovet, de Beauvais.* — Les Estatz, en considération que le sieur Lovet, de la ville de Beauvais, c'est employé avec beaucoup de soin et d'estude pour compozer un livre intitulé *la Vie des Gouverneurs de la Province*, qu'il avoit dessain de présanter à l'assamblée, lui ont accordé la somme de 200 livres, et a esté arresté qu'à l'advenir il ne sera plus fait de pareilhes gratiffications et qu'on n'aura aucun esgard aux dédicans des livres qu'on pourroit faire aux Estats, s'ils n'ont esté compozés par ordre exprès de l'assamblée.

Procès-verbaux des États, 1657, fol. 88 v°.

II

1659, 5 mars, 10 mai et 31 juillet. — Délibérations des Jurats de Bordeaux au sujet de *l'Abrégé de l'Histoire d'Aquitaine, Guyenne et Gascogne*, de Pierre Louvet, et de l'inventaire fait par lui des Archives de l'Hôtel de ville de Bordeaux.

Du mercredy 5 mars 1659. — S'est présanté le sieur Pierre Louvet, de Beauvais, docteur en médecine, lequel a prié Messieurs les Jurats de vouloir agréer l'abrégé de l'histoire d'Acquitaine, Guienne et Gascogne, après avoir fait son compliment. Lesdictz sieurs Juratz l'ont remercié de l'ouvrage qu'il leur avoit offert et asseuré qu'aux occasions ilz luy témoigneroint toute sorte de recognoissance.

Du samedy 10 may 1659. — Le sieur Louvet, [de] Beauvais, docteur en médecine, a presté le serment de bien fidellement arranger et mettre en bon ordre les papiers qui sont dans les Archives de l'Hôtel de Ville, attendu qu'ils sont en désordre.

Du jeudy dernier juillet 1659. — Sur ce qui a esté représanté que le sieur Louvet avoit travaillé et donné beaucoup de temps à mettre les papiers et pièces qui sont dans le trésor de céans en bon ordre, que de plus il avoit travaillé avec beaucoup de soin et d'estude à mettre en lumière l'histoire de Guyenne, qu'il estoit nécessaire de pourvoir à donner audit sieur Louvet quelque honneste recognoissance et gratification en considération de ses peines, a esté délibéré, le procureur-syndic ouy et de son consentement, qu'il sera expédié mandement en faveur dudit sieur Louvet de la somme de trois cents livres, sans en ce comprendre ce que luy ou l'imprimeur ont receu, et attendeu qu'il s'agit de contenter pareillement ledit imprimeur, qu'il luy sera donné soixante livres.

Archiv. municip. de Bordeaux. Registre de la Jurade, 1659, fol. 94, 123 et 167 (1).

III

1662, 22 avril. — Délibération du Conseil de Ville de Montpellier chargeant Pierre Louvet du reclassement et de l'inventaire du fonds dit des Grandes Archives ou du Grand Chartrier.

Compoix. — Ledit sieur de Combas a aussy proposé que les compoix de ceste ville sont en sy grand dézordre et les feuillets d'iceux tellement remplis d'escripture, rompus et deschirés que n'estans par ce moyen plus en estat de pouvoir servir, Me Maryé, greffier de ladite Maison consulaire, pour esviter leur entier despérissemant, les a de nouveau faict relier et couvrir de neuf, mais parce que nonobstant ce il est tousjours absoluement nécessaire de les copier et en ce faisant les mettre en estat d'y pouvoir continuer les mudats et y coucher les compoix de ceux qui achaiptent et vendent, en y laissant les fuillets en blanc au dit effect nécessaires, les vieux debvans tousjours rester pour servir d'original, il a esté cy-devant pris plusieurs deslibérations portant que les dits compoix seront coppiés et mis au net, lesquelles deslibérations néanmoings n'ont pas esté exécuttées par la négligence de ceux quy s'estoient chargés de ce soing, — c'est pourquoy il requiert à présent estre faict le fonds nécessaire aux fins d'estre employé à l'effect susdit.

Et d'autant que despuis longues années les papiers, tiltres et documens de ceste Communauté sont en désordre, mesmes despuis que ceste Maison de Ville a esté rebastie, se treuvant la plus grand partie d'iceux dans une Chambre de ladite Maison Consulaire tous esmoncellés et en désordre, exposés aux rats et à la poussière, et les autres dispersés en divers lieux de la dite Maison Consulaire sans aucun ordre et dans la confusion, — à cause de quoy la dite Ville, ignorant ses droits par le peu de cognoissance qu'elle a de ses tiltres et documens, se trouve frustrée et privée de plusieurs droits et facultés que luy apartiennent et souffre par ce moyen un grand préjudice et désadvantage, ce qu'on peut esviter en faisant faire une vériffication exacte des dits tiltres et documens et procéder à l'invantaire d'iceux, — l'occasion s'offrant présentement très advantageuse pour ce faire en ce que le sr Lovet, très versé et expérimenté en ce faict, se treuve en ceste ville, lequel estant prié par ceste assemblée d'y vacquer, donnera très volontiers ses soings, en lui faisant la recognoissance condigne à ce service, auquel effect requiert estre deslibéré qu'il sera.... faict un fonds nécessaire.

Sur quoy ladite assemblée considérant la nécessité qu'il y a de faire en diligence travailler à la reffaction et coppie desdits compoix, a deslibéré conformément aux précédentes deslibérations qu'il sera incessamment procédé à la dite reffaction et coppie desdits compoix, — ensemble à la vérification et recerche de tous et chescuns les tiltres, papiers, documens et autres actes de la dite Maison Consulaire, et en ce faisant sera faict un inventaire d'iceux, — auquel effect ledit sr Lovet sera prié d'y vacquer et travailler; — et pour régler les sommes nécessaires et qu'il conviendra payer tant audit sr Lovet que aux autres employés pour la reffaction des dits compoix et la relieure et couvertes neufves quy ont esté desjà faictes aux vieux, les frais desquels le Conseil a appreuvé et validé, ont esté nommés les dits srs de Pourtalès, H. Ranchin, Boudon et Fesquet, ausquels est donné pouvoir de régler le tout pour, ce faict, les dits frais estre couchés et comprins dans l'estat d'imposition.

Archiv. municip. de Montpellier, série BB, registre des Délibérations du Conseil de ville de 1661 à 1673, fol. 73 ro à 74 ro.

(1) Communication de M. Ducaunès-Duval, archiviste de la ville de Bordeaux.

IV

1662, 30 juin. — Délibération du Conseil de Ville de Montpellier votant un premier crédit de 300 livres pour le paiement du travail confié à Pierre Louvet.

Invantaire des Archives. — Le dit s^r de Combas, premier Consul et Viguier, a proposé que par deslibération du Conseil du vingt-deuxiesme avril dernier, ayant esté deslibéré que par le s^r Lovet seroit procédé à la vériffication et recerche de tous et chescuns les tiltres, papiers, documens et autres actes de la Maison Consulaire et faire un invantaire d'iceux, et que pour régler le prix des journées et vacations que le dit s^r Lovet sera obligé d'y employer, mes dits s^rs de Pourtalès, Ranchin, Boudon et Fesquet ayant esté nommés, iceux ont en conséquence réglé le prix des dites journées et vacations à raison de cinquante livres par mois, et d'autant qu'icelluy a desjà travaillé deux mois entiers et est en estat de travailler encores quatre mois et plus à cauze du grand traval qu'il y a, ainsin que sera raporté par les dits sieurs députtés, et qu'il est au dit effect nécessaire de faire un fonds suffisant pour le payement dudit s^r Lovet, il requiert l'assemblée de vouloir sur ce deslibérer.

Sur quoy les dits s^rs Depputés, par l'organe de mondit s^r de Portallès, ont dit qu'ayant ils esté nommés pour concerter et régler avec ledit s^r Lovet le prix des journées et vacations qui seront par icelluy employées à la vérification des dits papiers et faction de l'inventaire d'iceux, ils se sont à ces fins assemblés dans la dite Maison Consulaire et réglé avec icelluy ses journées et vacations à raison de cinquante livres par mois, en concéquence de quoy le dit s^r Lovet a incessamment travaillé au dit Inventaire et comme c'est un grand traval et que pour le parachever il est nécessaire d'y employer encores quatre ou cinq mois pour le moings, il est absolument nécessaire de faire un fonds pour ce subject.

Lesquelles propositions entendues par ladite assemblée, icelle a deslibéré qu'il sera faict fonds à la prochaine imposition de la somme de trois cens livres pour estre imposée et employée au payement des vacations et journées du dict s^r Lovet et à proportion d'iceux et audit effect couchée et comprinse dans l'estat de ladite imposition.

Archiv. municip. de Montpellier, BB, Délibérations de 1661 à 1673, fol. 79 v° à 80 r°.

V

1662, 11 septembre. — Délibération du Conseil de Ville de Montpellier votant un second crédit de 200 livres pour le paiement du travail confié à Pierre Louvet.

Accordé au s. Lovet 200 livres. — La dite assemblée ayant mandé venir dans la salle le s^r Lovet, employé pour la recerche des vieulx tiltres papiers quy sont dans les vieux Archifs des membres haults de la dite Maison Consulaire et faict exhiber à icelluy le traval et inventaire par luy faict sur ce subject, contenant sept mains papier de minutte, après l'avoir ouy sur le temps qu'il croit estre nécessaire pour paraschever et rendre son traval parfaict, — a deslibéré que, oultre les trois cens livres à luy cy-devant accordés, il sera encores faict fonds dans le susdit estat d'imposition de la somme de deux cens livres pour estre payée au dit s^r Lovet, suivant et conformément aux précédentes deslibérations.

Archiv. municip. de Montpellier, BB, Délibérations de 1661 à 1673, fol. 95 v° (1).

VI

1662-1663. — Paiement à Pierre Louvet, à raison de 50 livres par mois, de 500 livres à lui accordées par le Conseil de Ville de Montpellier.

[Despance] de la somme de cinq cens livres payée à Me Pierre Louvet, docteur en médecine de Beauvaix, pour le payement de ses journées et vacations employées pour la façon de l'invantaire des tiltres et papiers quy sont dans les Archives des membres hauts de la dite Maison Consulaire pendant dix mois, à raison de cinquante livres par mois, suivant la deslibération du Conseil de Vingt-Quatre du XIe septembre 1662, — la dite somme couchée au dit estat d'imposition, articles IIII^xxVII et CIX, appert de l'extraict de la dite deslibération et des dix mandemens des s^rs Consuls endossés des quittances du dit s^r Louvet, le tout lyé ensemble cy rapporté et cotté par n° LIIII et par ce — cy .... v^c l.

» Veu la deslibération du Conseil de Ville du dernier juin MVIcLXII, le susdit estat des impositions dans lequel il est ordonné estre imposé la somme de III^c l.,

(1) Un extrait de cette délibération existe, série CC, parmi les pièces justificatives des Comptes du Clavaire de 1662, n° LIIII.

autre deslibération du dit Conseil du 11e septembre au dit an et dix quittances du dit Louvet de L livres chacune; alloué.

Archiv. municip. de Montpellier, Compte de la Claverie de l'année 1662, coté CC. 404, fol. 29 (1).

VII

1663, 14 mars. — Délibération du Conseil de Ville de Montpellier nommant des Commissaires pour examiner les travaux d'inventaire de P. Louvet et de F. Joffre et évaluer la gratification qu'il convient de leur accorder.

Invantaires des papiers des Archives de la Ville. — Le dit sieur De Combas, premier Consul et Viguier, a proposé que les srs Lovet et Joffre ont paraschevé le traval et invantaire des papiers quy sont dans la Maison Consulaire, — sçavoir le dit sr Lovet, de ceux concernant tous les tiltres et vieux papiers quy sont dans les archifs et aux membres haults de la Maison consulaire, — et le dit sr Joffre, ceux de l'œuvre quy sont dans les armoires de la bouttique du Greffe d'icelle; — le tout au grand advantage et pour le plus grand esclaircissement des affaires de ceste Communauté. Et comme le traval de l'un et de l'autre est méritoire et de grande considération, ils espèrent de ceste assemblée une grattification condigne à iceux.

« Sur quoy ladite assemblée a nommé Messieurs le président Portalès, Boudon, trésorier, La Baume et Fesquet, ausquels elle a donné pouvoir de voir et examiner le traval des dits srs Lovet et Joffre et de régler avec iceux ce qu'ils jugeront juste et raisonnable pour, ce faict et raporté à ceste assemblée, estre le tout apreuvé et validé, s'il y a lieu.

Archiv. municip. de Montpellier, BB, Délibération de 1661 à 1673, fol. 106 vo et 107 ro.

(1) Dates des paiements faits à Louvet, à raison de 50 livres par mois, du 23 mai 1662 au 3 mars 1663 : — *mai*, mandement du 19 mai, quittance du 23; — *juin*, mandement du 28, quittance du 30 ; — *juillet*, mandement du 31 juillet, quittance du 2 août; — *août*, mandement du 31 août, quittance du 11 septembre : — *septembre*, mandement du 3 octobre, quittance du 7 octobre; — *octobre*, mandement du 31 octobre, quittance du 2 novembre; — *novembre*, mandement du 30 novembre, quittance du 4 décembre; — *décembre*, mandement du 1er janvier 1663, quittance du 4 janvier; — *janvier*, mandement et quittance du 31 ; — *février*, mandement du 1er mars, quittance du 3 mars. (Archiv. municip. de Montpellier, Pièces justificatives des Comptes des Clavaires, année 1662, no LIII.)

VIII

1663, 19 mai. — Délibération du Conseil de Ville de Montpellier invitant Louvet à ajouter une table à son inventaire.

Travail faict par le sr Louvet. — Inventaire des Archives. — Le dit sr de Rochemore a aussy proposé que les dits srs de Portallès, Boudon, Labaume et Fesquet feurent par le dernier Conseil nommés pour voir et examiner le travail faict par le sr Louvet, docteur en médecine, touchant l'invantaire par icelluy faict des papiers qui sont dans les Archifz du haut de la Maison Consulaire et de régler avec icelluy ce qu'ilz truveront juste et raizonnable, pour en suite le tout estre apprеuvé et validé par ceste assemblée, à quoy les dits sieurs de Portalès, Boudon, La Baume et Fesquet ont travaillé, — requérant, attendu qu'ils sont présans, qu'il plaize à iceux d'en faire leur rapport.

Sur quoy les dits sieurs de Portalès, Boudon et Fesquet, par l'organne dudit sr président de Portalès, ont dit qu'en concéquance de la susdite deslibération quy contient leur nomination et pouvoir, ils ont veu le travail et invantaire faict par ledit sr Louvet, quy est grand et considérable et très avantageux a ceste Ville et Communauté et quy mérite, heu esgard à icelluy, que la Ville le recognoisse suivant son mérite, — et qu'en leur particulier ils croyent que, outre les cinq cents livres que ledit Lovet a receux pandant les dix mois qu'il a travailhé à raizon de cinquante livres par mois, estre raizonnable qu'il luy soit encores payé la somme de sept cens livres quy reviendra avec les cinq cens livres reçeus à la somme de doutze cens livres, moyenant laquelle tout son travail sera payé, — à condition par icelluy, pour plus facilement truver tous les actes esnoncés audit invantaire, d'y faire une table ou rubrique en bonne et deue forme.

Sur quoy, lecture ayant esté faicte par le greffier des précédantes deslibérations, ladite assemblée a deslibéré que ledit sr Louvet parachèvera son travail et ce faizant faira la table nécessaire audit invantaire pour, ce faict et icelluy remis, estre par l'assamblée deslibéré sur le payemant dudit sr Louvet, ainsin qu'elle truvera juste et raizonnable.

Archiv. municip. de Montpellier. BB. Délibérations de 1661 à 1673, fol. 121 ro et vo.

IX

1663, 2 juillet. — Délibération du Conseil de Ville de Montpellier accordant à Louvet une gratification supplémentaire de 300 livres.

Don des 300 livres accordés au s^r Lovet. — Inventaire des Archives. — Le dit s^r de Rochemore, premier Consul et Viguier, a aussy proposé que suivant la précédente délibération du Conseil, le s^r Lovet a paraschevé entièrement l'inventaire des vieux papiers quy estoient dans les Archifs du hault de la dite Maison Consulaire et faict la table nécessaire audit invantaire, quy en suitte a esté remis dans les Archifs ; — c'est pourquoy à présent il requiert l'assemblée de deslibérer sur la grattiffication et recognoissance requise par le dit s^r Lovet conformément à la précédante deslibération.

Sur quoy, la dite assemblée, [après] au préalable avoir ouy le dit s^r Lovet, quy moyenant séremant a affirmé estre véritable que, oultre les dix mois dont il a receu payemant à raison de cinquante livres par mois, il a encore travaillé pendant deux mois, quy sont doutze mois entiers, et que lorsque Messieurs les Commissaires nommés pour régler ses journées à raison de cinquante livres par mois, iceux luy promirent de le bien recognoistre à la fin de son travail, lequel il supplie l'assemblée de considérer, et qu'il a incessammant travailhé à icelluy pendant ledit temps despuis les trois heures du matin jusques à six heures du soir, avec grande assiduité, fidellitté et sincérité.

Après quoy, le dit s^r Lovet estant sorty, la dite assemblée a deslibéré que, outre la somme de cinq cens livres par le dit s^r Lovet receue de ceste Ville et Communauté, il luy sera encores payé par icelle la somme de trois cens livres, que la dite assemblée luy a accordé pour aucunement le recognoistre des peines et vacations extraordinaires par luy prinses en la faction du susdit invantaire, — et qu'a l'effect de son payement, la susdite somme de trois cens livres sera couchée et comprinse dans l'estat d'imposition de ceste année pour estre imposée et payée au terme d'icelle par le Clavaire de la dite Maison Consulaire.

Archiv. municip. de Montpellier, BB, Délibérations de 1661 à 1673, fol. 131 r° et v°.

X

1663, 6 juillet. — Paiement à Pierre Louvet des 300 livres de gratification à lui accordées par le Conseil de Ville de Montpellier.

[Despance] de la somme de trois cent livres payée à Me Pierre Louvet, docteur en médecine, a luy accordée par deslibération du Conseil de XXIIII du second juillet 1663, pour la faction de l'invantaire des papiers des Archifves hauts de la Maison Consulaire, la dite somme couchée audit estat d'imposition article III^{xx}x, apert de la dite deslibération, mandement desdits s^{rs} Consuls et quittance du dit Louvet au dos, raportée en liasse de luy signée, cottée n° xxxviii, cy ..... iii^c l.

Veu le dit mandement et quittance, alloué.

Archiv. municip. de Montpellier. Compte de la Claverie de l'année 1663, C. 405, fol. 32 v° et 33 r° (1).

XI

1672, 7 novembre. — Extraits d'une lettre écrite de Lyon par Pierre Louvet au bénédictin dom Luc d'Achery.

« J'ai fait un voyage en Bourgogne, où me trouvant à cinq lieues de Cluny, je voulus aller voir cette belle abbaye, plus pour vous obliger et vous servir que pour ma curiosité.... Je rencontrai un très honnête homme de sous-prieur, nommé Dom Henri de Beuvron, auquel ayant exposé ma venue à deux fins, l'une que j'étais en cherche de quelques pièces qui serviraient à mon histoire de Beaujolais et de Dombes, qui les concernaient beaucoup, l'autre que j'avais commerce de lettres avec votre Révérence pour la quête de pièces curieuses qu'elle faisait imprimer, il m'offrit la maison de fort bonne grâce que j'acceptai. Le lendemain il eut grande conférence avec moi touchant votre Révérence et le Père Mabillon.... Il faisait difficulté de me rien faire voir, d'autant, disait-il, que de toutes les pièces que vous faisiez imprimer qui venaient de chez eux, vous cachiez le lieu et le nom de l'abbaye de Cluny. Comme je m'étais précautionné et que j'avais porté avec moi

(1) Le 6 juillet 1663, mandement et quittance des dites « 300 livres.... pour la faction de l'inventaire des papiers estant dans les Archifs du haut de la Maison Consulaire, suivant la deslibération du Conseil des 24, du second du présent mois de juillet. » (Archiv. municip. de Montpellier, série CC, pièces justificatives des Comptes des Clavaires, année 1663, n° xxxviii.)

votre *Elenchus* des onze tomes, j'avais par avance marqué d'une croix † à la marge toutes les pièces de Cluny, afin que sy j'en rencontrais quelques-unes, je ne vinsse à copier une chose imprimée, ce qui me servit bien pour justifier ma conduite et lui faire voir le contraire de ce qu'il me disait. Sur quoi ayant connu mon ingénuité, il me fit part du répertoire de ce qu'ils ont, d'autant que leurs archives sont séparées d'avec celles de l'Abbé. Je ne vis là-dedans que des asservissements, des échanges, des inféodations et autres choses qui ne servent aucunement à imprimer. Je fus deux fois à la bibliothèque, où il y a quantité de manuscrits, mais je n'ai pas eu le loisir de voir ce que c'est, d'autant qu'après huit jours de séjour en ce lieu-là, il arriva d'autres affaires qui ont changé de face à l'abbaye, savoir l'élection du même Dom Henri pour abbé.... *Utinam permaneat*, car c'est un homme qui a beaucoup d'amitié pour moi et m'a promis de me rappeler pour faire l'inventaire des archives de l'abbaye ; ce qui ne vous sera pas inutile, car si cela est, vous y aurez bonne part. Recommandez, s'il vous plait, cette affaire à Notre-Seigneur en vos saints sacrifices. — Il avait grande envie que je visse avant que partir leur trésor, mais comme il y a quatre clefs, le juge-mage et le procureur fiscal qui en gardent chacun une n'étaient pas à la ville. Si Dieu me fait la grâce d'y retourner, vous en verrez les effets....

» J'ai extrait dans Cluny les deux pièces que je vous envoie ; si elles vous servent, ne me les renvoyez pas ; si elles ne vous servent pas, vous me les renverrez, s'il vous plait, avec les deux premiers tomes du *Spicilegium*....

» D'abord que je me serai un peu reconnu de mon voyage et que j'aurais repris l'air et débarrassé mon esprit, je vous enverrai quelques pièces curieuses qui ne vous désagréeront pas, et si je suis appelé à Cluny, je vous en donnerai avis avant de partir, afin que je vous écrive de là et vous aussi au même lieu.....

» Je n'ai présentement autre chose à vous faire savoir, sinon que de recevoir l'honneur de vos commandements. Quant à mes registres, j'ai deux grands livres de manuscrits qui contiennent chacun six mains de papier, l'un desquels est tellement rempli de petites lettres que votre Révérence aurait peine d'y lire, outre que comme je travaille continuellement, je ne puis me passer de les voir (1).

(1) *Les Bénédictins de Saint-Germain-des-Prés et les savants lyonnais*, d'après leur correspondance inédite, par M. l'abbé Jean-Baptiste Vanel (Paris, Alph. Picard, et Lyon, Emm. Vitte, 1894), pp. 51 à 54.

XII

1675, 23 novembre. — Délibération de l'Assemblée des Communautés de Provence, accordant une subvention de 300 livres à Léonard Tétrode, éditeur de l'*Abrégé de l'Histoire de Provence* de Pierre Louvet.

Le sieur assesseur a dit que le sieur Tétrode, marchand libraire de la ville d'Aix, a fait imprimer l'Abrégé de l'Histoire de Provence composé par le sieur Louvet, en deux volumes, qui sera de grande utilité et comodité à plusieurs particuliers qui voudront s'instruire de tout ce qui dépand de ceste province, lequel livre il a dédié à ceste assemblée, et il espère qu'elle luy accordera quelque reconnoissance pour l'indemniser d'une partie des fraits de l'impression, ayant dessein d'en donner un exemplaire à tous les adcistans.

Sur quoy l'assemblée a, par la pluralité des opinions, délibéré qu'il sera payé audit sieur Tétrode la somme de trois cens livres dont il luy sera expédié mandement par messieurs les procureurs du païs.

Archiv. départ. des Bouches-du-Rhône, C. 47, fol. 369 v°.

XIII

1677, 7 mars — Délibération du Conseil de ville de Sisteron, accordant à Pierre Louvet une subvention de 50 livres pour la publication de sa *Vie et Légende de Saint Tyrse*.

Comme ausi a esté proposé par.... M^e d'Heiraud, premier consul, que Me Pierre Louvet, docteur en médecine, historiographe de Madame la Princesse Souveraine de Dombes, a travailhé à la description de la vie de sainct Tiers, patroun de ceste ville, laquelle a fait apreuver et dézire metre soubs la presse et les embelir des figeures du sainct, de sainct Donnat et des armes de la ville, ce qui ne peut estre faict que avec des frais que le dit Me Louvet ne peut fournir s'il n'est adcisté de la part de la Communauté ; attandeu qu'il s'agit de faire metre au jour un ouvrage qui regarde la gloire du sainct qui est le patroun et protecteur de la ville et dont la vie est incogneue pour n'avoir pas esté couchée à son ordre à la vie des sains ; — sur quoy par pluralitté d'oppinions a esté délibéré de donner au dit

Me Louvet la somme de cinquante livres pour subvenir aux frais de la dite impression et planches de la Vie de sainct Tiers, desquels luy sera fait mandat et donnera le dit Me Louvet cinquante examplaires reliés de la dite Vie, qui seront distribués a chascun des délibérans et les autres aux principaux taillables de la ville.

[En marge :] Ce 28 aoust 1677, le s[r] Lovet nous a remis les cinquante exemplaires de sa Vye de s[t] Tiers portés par la dite délibération, dont nous en avons distribué un conformément à icèle, y en ayans vingt reliés en bazane et les autres en papier marbre.

Archiv. municip. de Sisteron, série BB. Délibérations de 1676-1677, n° 91 (non folioté) (1).

XIV

1678, 14 décembre. — Délibération de l'Assemblée des Communautés de Provence accordant à Pierre Louvet une première subvention de 330 livres pour la publication de son *Histoire des Troubles de Provence.*

De l'Abrégé de l'Histoire de Provence du s[r] Lovet, — Le sieur Gautier, assesseur, a dict que le sieur Lovet, qui a depuis quelques années donné au public une partie de l'Histoire de Provence par abrégé et continué ce travail avec plus de connoissance et de particularités que cy-devant, estant veneu icy exprès pour la présanter à l'assamblée cy elle le tréuve bon, ensuite de quoi le dit sieur Lovet estant entré par ordre de l'assamblée et lui ayant exposé son dessain et la substance de son livre, il est sorti, et les voys nommées l'assamblée, par la pluralité des opinions, a délibéré qu'il sera payé par la Province la somme de trois cent trante livres pour aider au dit sieur Lovet de faire imprimer la continuation de la dite Histoire de Provence, en donnant par lui ou par l'imprimeur un exemplaire du dit livre à chacun des adcistans, qu'il faira remettre aux greffiers des Estats qui prandront soin de les distribuer.

Archiv. départ. des Bouches-du-Rhône, C. 49, fol. 372 v° et 373 r°.

(1) «Davantage a payé à M. Pierre Lovet, historiographe de cette ville, cinquante livres quy luy ont esté accordés pour les fraits des planches et impression de la Vie de St Thiers qu'il a composé, et ce suivant la dellibération du Conseilh de la Communauté ; apert du certifficat et acquit du vingt-quatre mars mil six cens septante-sept cotté n° 1[r] LXXV..............................L L. »

Archiv. municip. de Sisteron, Compte de 1676 et 1677, CC. 402, anc. 164, fol. 89 v° et 90 r°.

XV

1679, 13 décembre. — Délibération de l'Assemblée des Communautés de Provence accordant à Pierre Louvet une seconde subvention de 330 livres pour la publication de son *Histoire des Troubles de Provence.*

De la continuation de l'Abrégé de l'Hystoire de Provance par le s[r] Lovet. — Le dit sieur assesseur a dit que despuis la dernière assamblée le sieur Lovet, docteur en médecine et historiographe, a fait imprimer deux volumes pour la continuation de l'Abrégé de l'Histoire de Provance, pour lequel il avoit composé deux autres volumes cy-devant, et comme la dite dernière assamblée lui avoit accordé trois cens trante livres pour luy ayder à faire imprimer les dits deux volumes, en donnant par luy ou par l'imprimeur un examplaire dudit livre à chacuns des adcistans, il s'est rendu icy avec le nombre d'examplaire du dit livre nécessaire à ce dessain et supplie l'assamblée de considérer la grande despanse qu'il a faite pour la dite impression, le temps qu'il a employé à Aix pour la correction, ses divers voyages et les frais de la relieure.

Ensuite de quoy ledit sieur Lovet estant entré par l'ordre de l'assamblée, il a remis à chacuns des adcistans deux volumes de la continuation de la dite Histoire de Provence, et les a suppliés de le faire indamniser des fraiz qu'il a supportés à ce subjet, et estant sorti, l'assamblée, par la pluralité des opinions, luy a accordé la somme de trois cens trante livres par-dessus pareille somme à luy accordée par la précédante assamblée, et du tout il luy sera expédié mandement par messieurs les procureurs du pays, cy fait n'a esté.

Archiv. départ. Bouches-du-Rhône, C. 49, fol. 435 r°.

XVI

1679, 26 décembre. — Paiement à Pierre Louvet des deux subventions à lui accordées par l'Assemblée des Communautés de Provence pour la publication de son *Histoire des Troubles de Provence.*

Le s[r] Lovet, historiographe du Roy. — Du dit jour [26 décembre 1679] mandement a esté fait au s[r] Pierre Lovet, docteur en médecine et historiographe du Roy, de la somme de six cens trente livres pour reste de six cens soixante livres que les Assemblées généralles des Communautés, publiée[s] à Lambesc l'une le mois de décembre année dernière, et l'autre le présent mois, luy ont accordée pour subvenir aux fraiz de l'impression de deux volumes de la continuation de l'Abrégé de l'Histoire de Provence, composée par le dit s^r Lovet, et en considération qu'il en a donné un exemplaire à chacun des adcistans en la dite dernière assemblée au lieu et place de celuy qu'il avoit esté chargé de remettre à ceux qui auroient adcisté à la précédente, lui ayant esté payé trente livres en déduction ensuite du mandement à luy expédié le seize décembre de la dite année dernière; les extraits des délibérations des deux dernières assemblées ont esté raportées au dit mandement.

Archiv. des Bouches-du-Rhône, C. 663, fol. 137 v° et 138 r°.

XVII

1680, 17 décembre. — Délibération de l'Assemblée des Communautés de Provence accordant à Pierre Louvet une subvention de 600 livres pour la publication de ses *Additions et Illustrations à l'Histoire des Troubles de Provence*.

De la continuation de l'Abrégé de l'Hystoire de Provence. — Ledit sieur assesseur a remonstré que le sieur Lovet, docteur en médecine, historiographe, a, despuis la dernière assemblée, fait imprimer deux autres voulumes pour la continuation de l'Abrégé de l'Histoire de Provence qu'il vient présenter à celle cy avec le roole des frais qu'il a fait pour ladite impression et pour la relieure, et il espère que l'assamblée voudra bien, à l'exemple des précédantes, luy en accorder l'indamnité et quelque reconnoissance de ses peines, ayant dessein de donner un exemplaire de ce dernier ouvrage à chacuns des adcistans.

Sur quoy l'assamblée a, par la pluralité des opinions, accordé au dit sieur Lovet la somme de six cens livres pour les causes susdites, en donnant par luy un exemplaire dudit ouvrage à chacun des adcistans, et néantmoins il a esté délibéré par forme de réglement qu'il ne sera donné aucune récompanse ny indamnité des frais à personne que pour les ouvrages de ceux qui seront employés par des pareilles assamblées et qu'après qu'elle les aura fait examiner et aprouver. — Et en mesme temps le dit sieur Lovet estant entré dans l'assamblée, il a distribué l'un des dits exemplaires à chacun des adcistans.

Archiv. départ. des Bouches-du-Rhône, C. 51, fol. 21 r°.

XVIII

1662, 11 septembre. — Délibération du Conseil de Vill de Montpellier accordant à François Joffre une gratifi cation de 300 livres, pour son inventaire des Archive du Greffe consulaire, et le chargeant d'inventorier le Archives de la Commune Clôture.

Joffre, inventaire des Archives. — Le dit s^r de Com bas a encores proposé que le s^r Joffre a de leur ordr procédé à un inventaire de tous et chescuns les pa piers quy y sont dans les Archifs du Greffe quy est e bas de la dite Maison Consulaire, qu'il a divizés suivan la nature et qualitté d'iceux et mis en sy bon ordr que présentement avec facilitté on treuve tous les ac tes nécessaires, ce quy ne [se] pouvoit faire aupara vant qu'avec grand peine, pour estre le tout dans l dézordre et confusion, — sy bien que le susdit trava estant méritoire, pour recognoistre le dit s^r Joffr d'icelluy, les dits sieurs Consuls l'ayant requis de leu dire la grattiffication qu'il préthend, il ne c'est poin voulu expliquer, s'en estant remis à la discrettion d ceste assemblée, laquelle les dits s^rs Consuls requiè rent de vouloir sur ce deslibérer.

Après quoy, la minutte du susdit invantaire et tra val faict par le dit s^r Joffre ayant esté veu par la di assemblée et icelluy considéré, la dite assemblée, pou recognoistre le dit s^r Joffre du susdit traval, luy a ac cordé la somme de trois cens livres, laquelle ser couchée et comprinse dans l'estat d'imposition de l présente année, pour luy estre payée aux term d'icelle, à la charge par le dit s^r Joffre de paracheve et mettre au net le susdit invantaire bien et deube mant et de travailler à celluy des papiers de l'Œuvr de la Comune Clauzure, pour raison duquel s'il mé ritte quelque chose de plus la dite assemblée y aur tel esgard que de raison.

Archiv. municip. de Montpellier, BB, Délibérations d 1661 à 1673, fol. 95 r° et v°.

XIX

1662, décembre. — Paiement à F. Joffre des 300 livres lui allouées par le Conseil de Ville de Montpellier pou son inventaire des Archives du Greffe consulaire.

[Despance] de la somme de trois cens livres payé au s^r François Joffre, suivant les finances à luy accor dée par deslibération du Conseil de XXIIII du xIe septembre 1662, pour l'invantaire par luy faict des papiers de la dite Maison Consulaire des Armoires de la boutique du Greffe, — la dite somme couchée au dit estat d'imposition article cx, — appert de l'extraict de la dite deslibération, mandement et quittance du dit Joffre, deubemant signé, lyé ensemble, cy rapporté et cotté n° LXXIII. et par ce cy .... III^{c} l.

Veu l'estat des impositions, deslibération du Conseil de Ville esnoncé au texte et quittance du dit Joffre. Alloué.

Archiv. municip. de Montpellier, Compte de la Claverie de 1662, CC. 404, fol. 33 r° (1).

XX

1663, 19 mai. — Délibération du Conseil de Ville de Montpellier, à la suite de l'achèvement par F. Joffre de l'inventaire des Archives de la Commune Clôture.

Inventaire des Archives. — Sur ce quy a esté.... représanté par le dit sieur de Rochemore, et ouy les dits sieur de Portalés, Boudon et Fesquet, sur autre inventaire faict par le sieur Joffre, des papiers de l'Œuvre de la Commune Clauzure de ceste Ville, — a esté deslibéré que le sieur Joffre remettra par un préalable l'invantaire par luy faict, pour, icelluy veu, estre par l'assamblée deslibéré sur le payemant d'icelluy, ainsin qu'elle le truvera à propos.

Archiv. municip. de Montpellier, BB, Délibérations de 1661 à 1673, fol. 121 v°.

XXI

1663, 2 juillet. — Délibération du Conseil de Ville de Montpellier accordant 150 livres à Joffre pour son inventaire des Archives de la Commune Clôture.

Don de 150 livres acordés au s^{r} Joffre. — *Inventaire des Archives.* — Sur la recognoissance et gratification... requise par le sieur Jeoffre concernant la faction et dresse de l'invantaire par luy faict des papiers de l'Œuvre de ladite Maison Consulaire, ladite assemblée a deslibéré et accordé à icelluy la somme de cent cinquante livres, laquelle sera... couchée et comprinse dans l'estat d'imposition de ceste année pour luy estre payé aux termes d'icelle.

Archiv. municip. de Montpellier, BB, Délibérations de 1661 à 1673, fol. 131 v° et 132 r°.

XXII

1663, 31 octobre. — Paiement à F. Joffre des 150 livres à lui allouées par le Conseil de Ville de Montpellier pour son inventaire des Archives de la Commune Clôture.

[Despance] de la somme de cent cinquante livres payée au sieur Jeoffre a luy accordées par deslibération du Conseil de XXIIII du mesme jour, pour avoir faict l'invantaire des papiers de l'Œuvre, quy sont dans les armoires de la boutique du Greffe de la Maison Consulaire, la dite somme couchée audit estat d'imposition, article IIIxxXI, appert de la deslibération, mandement des s^{rs} Consuls et quittance du dit Jeoffre au dos raportée en liasse et cottée n° 39, cy .... CL. l.

Archiv. municip. de Montpellier, Compte de la Claverie de 1663, C. 405, fol. 33 r° (1).

XXIII

1663, 4 juin. — Délibération du Chapitre cathédral Saint-Pierre de Montpellier chargeant Fr. Joffre de l'inventaire des Archives du dit Chapitre.

Archifz du Chappitre. — Monsieur Rosselli, scindic, a dict qu'il seroict nécessaire de faire rubriquer et ranger les papiers des Archifz du Chappitre et que le sieur Joffre, rézidant en ceste ville, offre le faire au prix que la compagnie treuvera à propos. Sur quoy ayant esté oppiné, le Chappitre a deslibéré de faire rubriquer les papiers des Archifz par le sieur Joffre, très capable en ses affaires, au meilleur prix qu'il se pourra ; lequel travaillera en présence d'un des Messieurs, et à ces fins Messieurs de Boulhaco, Gariel, Brevard, Trial, Ran-

(1) Cf. le mandement des dites 300 livres, en date du 8 décembre 1662, la quittance de Joffre en date du lendemain et un extrait de la délibération du 11 septembre (mêmes archives, série CC, Pièces justificatives du Compte de la Claverie de 1662, n° 74).

(1) Cf. au sujet de ces 150 livres, accordées « pour l'inventaire des papiers de l'Œuvre de la Maison Consulaire », le mandement en date du 31 octobre 1663 et la quittance de Joffre, du même jour (mêmes archives, Pièces justificatives du Compte de la Claverie de 1663, n° 39).

chin et Solas ont esté depputtés pour estre un d'eux prézant lhorsque ledit Joffre travaillhera.

Archiv. départ. de l'Hérault, série G. Délibérations du Chapitre cathédr. de Montpellier, 1659-1667, fol. 384 vo.

XXIV

1664, 4 août.— Délibération du Chapitre cathédral Saint-Pierre de Montpellier allouant 600 livres à Fr. Joffre pour son inventaire des Archives du dit Chapitre.

618 l. accordées à M. Joffre pour avoir rangé les Archifz. — A esté proposé par Monsieur Hondrat, scindic, que le sieur Joffre a travaillé neuf ou dix mois pour ranger les papiers des Archifz et faire de rubriques particullières et généralle, lequel maintenant prie la compagnie luy paier son travail, paines et vaccations. Sur quoy le Chappitre, après avoir veu et vériffié le dit travail, a accordé au dit sieur Joffre, pour ses paines et soingz, la somme de six cens livres, et à son clerc dix-huit livres, de laquelle somme mandement sera expédié sur le sieur trézorier.

Archiv. départ. de l'Hérault, série G. Délibérations du Chapitre cathédral de 1659 à 1667, fol. 490 v° (1).

XXV

1673, 15 mai.— Délibération du Chapitre cathédral Saint-Pierre de Montpellier chargeant Fr. Joffre de « mettre par lettres alphabétiques » l'inventaire fait par lui en 1663-1664 des Archives du dit Chapitre.

Monsieur David, chanoine et scindic, a dit qu'il seroit nécessaire de faire reffaire la rubrique des actes des Archifz du Chappitre et la mettre par lettres alphébatiques pour plus facilement trouver les actes ; — sur quoy le Chappitre a depputé Messieurs de Boulhaco, archediacre de Vallance, Hondrat et David, chanoines, pour faire faire la dite rubrique par le sieur Geoffre, avec lequel ils feront marché.

Archiv. départ. de l'Hérault, série G. Délibérations du Chapitre cathédral de Montpellier de 1668 à 1681, fol. 457 vo. (2).

XXVI

1677, 20 mars. — Délibération du Conseil de Ville de Montpellier accordant à Joffre une somme de 300 livres pour ses sommaires du *Grand Thalamus* et du *Mémorial des Nobles*.

Invantaires faicts par le s^r Joffre. — Le dit sieur de Boirargues, premier Consul et Viguier, a aussy proposé que au commencement de leur Consulat ils firent travailler le s^r Joffre à faire deux inventaires ou sommaires des registres apellés *le Grand Talamus* et *Mémorial des Nobles*, quy sont les plus importans et nécessaires quy soint dans la Maison de Ville ; au moyen desquels sommaires on pourra facillemant trouver les actes quy pourront servir et qu'on aura besoin pour les affaires de la Communauté ; au lieu que auparavant on avoit beaucoup de paine à sercher et fouiller dans lesdits registres et ne trouvant pas ce quy pouvoit servir, la plus part des affaires les plus considérables estoint perdues et la Ville en souffroit des grands domaiges et préjudices ; présentement ledit sieur Joffre demande payemant dudit travail, auquel il a vacqué pandant plus de six mois ; requérant l'assemblée de vouloir sur ce deslibérer.

Sur quoy l'assamblée, après avoir veu et examiné les dits invantaires en deux volumes, a accordé audit sieur Joffre pour tout ledit travail la somme de trois cens livres laquelle sera couchée et comprinze dans l'estat d'impositions prochaine, pour après lui estre payée et deslivrée par le Clavaire.

Archiv. municip. de Montpellier, BB. Délibérations de 1673 à 1679, p. 141.

XXVII

1677, 3 septembre. — Marché passé avec Fr. Joffre pour la reconstitution et l'inventaire des Archives du Corps des Bourgeois et Marchands de Montpellier.

Contrat passé entre Messieurs les Consuls de Mer et le s^r Joffre. — L'an mil six cens soixante-dix-sept et le troizième jour du mois de septembre, dans Montpellier, avant midy, par devant moy notaire royal et tes-

(1) « Au sieur Joffre la somme de six cens dix-huit livres à lui accordée par le Chappitre pour avoir rubriqué et rangé les papiers des Archifz du Chappitre, suivant le mandemant et acquit cotté n° IIIIxxIII.........vi^e xviii l. » (Archiv. départ. de l'Hérault, série G. Comptes du Trésorier du Chapitre cathédral de Montpellier, année 1664, fol. 111 r° ; cf. les pièces justificatives du dit compte).

(2) « Au sieur Geoffre la somme de cent vingt-six livres pour avoir mis l'invantaire des Archifz du Chappitre par lettres alphabatiques, appert du mandemant et acquit cotté no LXVI, cy... CXXVI l. (Ibid., Compte du trésorier du Chapitre, année 1673, fol. 122, vo).

moings bas nommés, ont esté en leurs personnes — sieurs Jean Lamouroux, marchant, bourgeois, premier Consul de Mer, habitant de Mompellier, Laurens Boulet et Pierre Albe, ses collègues, acistés des sieurs Anthoine Sabatier, Guillaume Colondres et Isaïe Desmares, marchantz de la présant ville, tous députtés du Corps des Bourgeois et Marchantz du dit Montpellier, par acte de deslibération prinse par le dit Corps en jour d'assamblée le dix-septième aoust dernier cy-devant incérée, d'une part, — et Mr Me François Joffré, docteur ez droitz, habitant de la dite ville, d'autre, — lesquels ont fait les pactes et conventions suivantes, sçavoir :

Le dit sieur Joffré a promis et s'oblige de fournir aus dits sieurs Consulz et Députtez un extrait de tout les actes en latin utilles, qui lui seront remis par le dit sieur Lamouroux, de ceux qu'il avoit ou qu'il a retirés du sieur Germain ou qu'il lui indiquera à la Maison de Ville, concernant le dit Corps de Bourgeois et Marchandz ; — promet de plus le dit sieur Joffré de traduire en françois les dits actes et faire un inventaire raisonné non-seulement d'iceux mais encore de tous les autres papiers, soit-ils livres, actes volans et autres documans quelconques, quy sont au pouvoir du dit sieur Lamouroux, apartenant au dit Corps des Bourgeois et Marchandz ; — et outre ce dessus le dit sieur Joffré sera tenu de faire faire d'autres extraitz en latin et traduction d'iceux d'autres actes qui ce truveront dans Mompellier concernant le dit Corps des Bourgeois et Marchandz, pourveu que les dits extraitz ne contiennent pas davantage de deux mains de papier, de deslivrer le tout au net dans six mois ; — plus s'oblige le dit sieur Joffré de dresser le dénombremant que les dits sieurs Consulz de mer doibvent remetre devant Messieur les Comissaires des Adveus et Dénombremans.

Et autre costé, les dits sieur Consulz et Députtez, conformémant au pouvoir à eux donné par le dit acte de deslibération, ont promis et s'obligent de paier au dit sieur Joffré pour le travail sy-dessus espécifflé la somme de deux cens cinquante livres et le papier quy sera nécessaire au dit ouvrage, — laquelle somme de deux cens cinquante livres lui sera comptée par les dits sieurs Consuls de Mer ou leurs successeurs, sçavoir la moityé dans trois mois prochains, et l'autre moityé, lorsqu'il leur remetra le dit travail en la forme que dessus, avec les actes et tiltres dont il sera chargé, moyenant quoy le récipissé qu'il en aura fait lui sera randu et le présant acte sera cancellé, et touttes les partyes demeureront respectivement quittes l'une envers l'autre.

Et pour l'observation de ce dessus les dites partyes ont obligé, sçavoir les dits sieurs Consuls et Députtés, les biens du Corps des Bourgeois et Marchandz de Mompellier, et le dit sieur Joffré ses biens présans et advenir, qu'ils ont soubmis aux rigueurs des cours de Mr le Sénéchal, Siège Présidial, Petit Sçel royal du dit Mompellier et ordinaire des parties.

Faict et récitté au dit Montpellier et maison du dit sieur Lamouroux, premier Consul de Mer, ès présances de Thimottée Hombras et Guillaume Dautemant, praticiens du dit Mompellier, signés avec les partyes et moy Philipe Bertrand, notaire royal du dit Montpellier soubssigné.

Lamouroux, consul de mer ; Boulet, consul de mer ; P. Albe, consul de mer ; Sabatier, Colondres, Desmazes, Joffre, Hombras, Dautemant, Bertrand, notaire, ainsi signés à l'original.

Collationné à l'original : Bertrand.

Archiv. départ. de l'Hérault, B. 99.

XXVIII

1679, 26 octobre. — Quittance finale par F. Joffre des 250 livres à lui allouées pour la reconstitution et l'inventaire des Archives du Corps des Bourgeois et Marchands de Montpellier.

Quittance faicte par le sieur François Joffre.... au proffict du sr Anthoine Poujol, de la somme de 125 l. pour reste de celle de 250 l. — L'an mil six cens soixante dix-neuf et le vingt-six jour du mois d'octobre .... à Mompelier, par devant moy notaire royal et tesmoins...., a esté en personne Monsieur Me François Joffre, docteur ez droits, habitant du dit Mompelier, lequel de son gré a confessé avoir reçeu de sieur Antoine Pouyol, bourgois et premier Consul de Mer, habitant de Mompelier, ... la somme de cent vingt cinq livres présentement en louis d'or et argent et autre monnoye comptée, vériffiée et embourcée par le dit sieur Joffre au veu de moy notaire et tesmoins, et c'est pour reste, fin et entier paiement de la somme de deux cens cinquante livres qui estoit deube par le Corps des Bourgeois et Marchans du dit Mompelier au dit sieur Joffre pour le travail et traduction des actes qu'il s'estoit obligé de faire pour le dit Corpz par contrat reçeu par Me Bertrand, notaire, le troisiesme septembre mil six cens septante-sept, auquel travail le dit sieur Joffre a satisfait et randeu les actes, avec le dit travail par luy fait, au dit sieur Poujol qui l'en décharge, — et le dit sr Joffre a quitté le dit sieur Poujol, ensemble le dit Corpz des Bourgois et Marchants de la dite somme de cent vingt cinq livres, — et consantent respectivement les dites parties que le dit contrat... demure barré et cancellé.... Bonier, notaire....

Archiv. départ. de l'Hérault, B. 99.

XXIX

1687, 22 octobre. — Mariage à Montpellier, en l'église Sainte-Anne, de Guillaume Darles et de Marie-Madeleine Chamberlin.

Mariage Guillaume D'Arles et Marie-Magdeleine Chamberline. — L'an... [1687] et le vingt-deuzième octobre, par permission et dispence de Monseigneur l'Évesque de Montpellier, ont épousé en la présente parroisse [Sainte-Anne de Montpellier] Monsr Guillaumes Darles et demlle Marie-Magdelène Chamberline, de la présente parroisse, lesquels avoint ci-devant en l'année 1673 et le 30e mai épousé à Perpignan, hors de leur diocèze, et pour réparer le dit deffaut, mon dit seigneur les a dispensés des annonces et ordonné la dite célébration, et ont déclaré avoir deux enfans, nommés Bernard et Anthoine Darles et ce en présence de Mrs Claude Serrés, prêtre et promotteur, et Charles Depierre, prêtre, signés avec le dit sr Darles, la dite demoiselle ne sachant écrire.

[Signé :] Redond, curé ; Darles, Serres, Depierre, Plane.

Archiv. municip. de Montpellier, GG. 156, fol. 88 v°.

XXX

1690, 14 septembre. — Délibération du Conseil de Ville de Montpellier décidant la remise en état des Archives municipales.

Le dict sieur Capon du Bosc, premier Consul et Viguier, a... proposé qu'il y a environ 30 années qu'il n'a pas esté fait aucune réparation pour les Archives et papiers de la Communauté, — qu'il y a de vieux compoix tous dérеliés, les cayers et les feulhets détachés et les modernes ont besoin mesme d'une réparation, — quantité de vieux tiltres quy ne sont pas invantoriés et les autres sont mal rangés ; — et comme il n'y a rien de plus important pour la conservation et deffance des droits de la Communauté que d'en conserver les tiltres avec soin, cella fait que les dits sieurs Consuls prient l'assemblée de nommer quelqu'uns du Conseil pour dresser l'estat de tout ce qu'il y a à faire pour la réparation des dites archives et rangemant des papiers, quy feront choix d'une personne fidelle et quy entende les vieux tiltres pour faire ce travail.

L'assemblée a nommé M. le Président de Belleval, conseiller de Ranchin, Villacueil, advocat, Fabre, bourgeois, et Romieu, procureur, ausquelz a donné pouvoir de régler le travail qu'il y a à faire pour la réparation desdites archives, compoix et rangemant des tiltres, et faire choix d'une personne capable et fidelle, pour faire ce travail et régler ce qui conviendra estre payé.

Archiv. municip. de Montpellier, série BB. Délibérations du Conseil de Ville, de 1685 à 1692, fol. 214 v° et 215 r°.

XXXI

1694, 21 mars. — Délibération de l'assemblée municipale de Lattes décidant la rédaction d'un inventaire des Archives de la Communauté.

Deslibération pour faire un armoire et un invantaire des papiers de la Communauté. — Le.... sieur Maire a.... proposé que pour la conservation des titres et documans de la Communauté, il est nécessaire d'en faire un inventaire et les mettre ensuitte dans un armoire asseuré, requérant l'assemblée sur ce deslibérer. Sur quoy il a esté unanimemant deslibéré et donné pouvoir à Monsieur le Consul qui sera nommé ce jourd'hui de faire travailler incessamment à un inventaire de tous les papiers, titres et documents de la Communauté, au pied duquel Me Jarlan, greffier consulaire, faira son chargemant de tous los dits titres et papiers, qui seront enfermés dans une armoire, où il sera mis trois serrures, dont Monsieur le Maire aura une clef, Monsieur le Consul en charge une autre et le dit Me Jarlan, comme greffier, l'autre ; laquelle armoire sera dépozée et mize dans la maison du dit Me Jarlan, auquel il est donné pouvoir de faire travailler à la dite armoire, après avoir esté présenté requeste à Monseigneur l'Intendant pour obtenir permission d'emprunter et impozer la somme de cent cinquante livres pour employer aux frais qu'il faudra faire tant pour le salaire de celluy qui fera le dit inventaire que pour le dit armoire et ferremans.

Archiv. municip. de Lattes. Délibérations, registre de 1687 à 1696, fol. 108 v° et 109 r°.

XXXII

1715, 21 août. — Acte d'inhumation de Guillaume Darles dans la chapelle des Pénitents Blancs de Montpellier.

L'an mille sept cens quinze et le vingt-unième jour du mois d'aoust, a été enterré dans la chapelle des Pénitens Blancs de cette Ville, Mr Guilhaume Darles, garde des Archives du Domaine du Roy près la Cour des Comptes, aides et finances de cette Ville, décédé le jour d'hier âgé de soixante-huit ans.

Mrs Étienne Arnous et Jean-Claude Michel, prêtres et vicaires de cette parroisse, ont signé. — Arnous; Michel, prêtre; Laporte.

Archiv. municip. de Montpellier, GG. 164, fol. 97 v°.

XXXIII

1715, 23 octobre. — Délibération du Conseil de Ville de Montpellier décidant l'acquisition pour les Archives municipales, au prix de 100 livres, de documents intéressant la Ville, qui se trouvent entre les mains de Me Garimond, notaire.

100 livres accordés au sieur Garimond, notaire, pour les papiers qu'il remettra devers le Greffe de la Communauté et qui se sont trouvés dans les nottes de Me Gimil, notaire.— Monsieur Manny, premier Consul et Viguier, a proposé que le sr Garimond, notaire de cette ville, a présenté un mémoire il y a quelque temps par lequel il propose à la Communauté que sy on veut luy donner une somme raisonnable, il remettra plusieurs actes et registres importants et fort utilles pour la Communauté; ayant sur cella, par délibération du 3 juin dernier, prié M. le conseiller de l'Auriol et M. Nissole, advocat, de vouloir examiner sy les actes, titres et registres que ledit sieur Garimond a entre ses mains sont de quelque utillité à la ville, pour en ce cas convenir avec luy d'une somme raisonnable pour l'achapt des dits actes et registres, pour ensuitte sur leur raport estre délibéré ce qu'il appartiendra.

Et ouy le raport de M. le conseiller de l'Auriol, qui a dit qu'il s'est transporté avec le sieur Nissolle, advocat, dans l'estude dudit sieur Garimond, notaire, lequel leur auroit donné à examiner les actes qu'il a en son pouvoir, dans lesquels ils [ont] trouvé qu'il y a plusieurs actes utilles à la Communauté, comme un registre latin en bonne forme de l'année 1437 et 1440 touchant les chapelles dont Messieurs les Consuls sont patrons, plus une sentence arbitralle en original entre le seigneur Évêque de Montpellier et les Consuls, touchant la justice de Valène, plus un inventaire en original contenant la vériffication des feuilles qui ont esté arrachées et emportées des vieux compoix et autres actes en parchemin touchant le privilège de la ville et la justice de Caravettes, lesquelles actes et parchemins nous avons vériffiées et trouvé qu'ils estoit nécessaire de les retirer et de les remettre dans les Archives de la Ville, et avons convenu avec le dit sieur Garimond, sous le bon plaisir de l'assemblée, de luy faire donner la somme de cent livres.

Sur quoy l'assemblée, après avoir remercié Messieurs les Commissaires, a délibéré en conformité de leur avis que l'on retireroit les actes, parchemins et [registres] qui sont au pouvoir de Me Garimond, notaire moyennant la somme de cent livres, laquelle luy sera payée sur un mandement, moyenant laquelle somme ledit sieur Garimond se départira de la propriétté des dits actes, lesquelles resteront au pouvoir de la Communauté et seront aditionnés à l'inventaire général des papiers et titres de la Communauté, après qu'il aura plu à Monseigneur l'Intendant authoriser la présente délibération.

Archiv. municip. de Montpellier, série BB. Délibérations de 1715 à 1717, fol. 57 v° à 59 r°.

XXXIV

1716, 30 mai. — Délibération du Conseil de Ville de Montpellier accordant une somme de 1500 livres à la sœur de l'ancien greffier consulaire Bonier, tant à titre de gratification, en reconnaissance des services rendus à la Ville par le dit Bonier, que comme prix de l'acquisition des « registres et notes » susceptibles d'être utiles à la Ville, qui sont restés entre les mains de la dite demoiselle Bonier.

1500 livres accordés à la sœur de feu M. Bonier, greffier. — Monsieur Manny, premier Consul et Viguier, a proposé que, par délibération du 30 juin 1714, le Conseil de Ville accorda à la sœur de feu Me Bonier, grefier de cette ville, la somme de huit cens livres, tant en considération des longs services que le dit sr Bonier a rendus à la Ville que pour l'achapt de quatre-vingt gros registres, qui apartiennent audit feu sr Bonier, dans lesquels il y a un grand nombre d'actes utilles et nécessaires pour la Ville, mais comme ladite demoizelle Bonier, sa sœur, n'auroit pas esté contente de la dite somme de huit cens livres, parce que par cette offre on ne luy payoit pas la valeur de ses registres et les services que feu son frère avoit rendu à la Ville pendant trente-quatre années, ayant peu vendre lesdits registres, ce qui seroit un grand préjudice à la Ville, si les dits registres se trouvoit entre des mains estrangères, y ayant quantité d'actes importants de la Ville que le dit sieur Bonier, son frère, avoit passé pendant le temps qu'il a exercé l'office de greffier et notaire, que par les sieurs Fesquet, Viala, Marié et Palat, cy-devant greffiers de la Ville et propriétaires dudit office depuis l'année 1618, ledit feu sr Bonier, lorsqu'il fit vente de l'ofice de notaire, il s'en réserva les notes à cause des actes qu'il y avoit, estant d'une nécessité absolue pour la Ville, y ayant toutes les actes que la Ville a passé depuis 1618 jusques à 1694 que ledit sr Bonier fit l'acquisition de l'ofice de greffier, — et comme ladite dlle Bonier n'a pas été satisfaite de ladite somme de huit cent livres, prétendant que les seuls registres et nottes que son dit frère s'estoit réservé lui apartiennent et qu'elles vallent au-delà et qu'elle avoit droit d'en disposer de la manière qu'elle jugeroit à propos et que d'ailleurs les services qu'il avoit rendu à la Ville méritoit une autre récompense, ayant servy la Ville à titre onéreux depuis que la Ville avoit esté obligée d'acquérir l'office de greffier, ayant mangé son bien pendant le temps qu'il a esté greffier, ce qui auroit obligé ladite dlle Bonier de ce pourvoir devant Monseigneur l'Intendant pour demander que la Ville fut tenue de luy rendre les registres et nottes de feu son frère qui sont dans le greffe de la Communauté, sur laquelle il auroit esté rendu ordonnance de soit communiqué, à laquelle il est nécessaire de répondre, l'assemblée est priée de délibérer ce qu'elle jugera à propos.

Sur quoy l'assamblée, après avoir fait faire lecture de ladite requeste et ordonnance de soit communiqué à Mrs les Consuls, a délibéré qu'il convenoit, pour l'honneur de la Communauté, d'accorder une gratification convenable à la dlle Bonier et proportionnée aux services que son frère a rendus à la Communauté pendant l'espace de trente-quatre années qu'il a esté greffier, le zèle et l'afection dudit sieur Bonier pour la Ville ayant esté connu de tout le monde, ses appointemens ayant esté très modiques, que comme la Province a acoutumé de gratiffier les veuves et héritiers de ses Scindics, greffiers et autres officiers, qui l'ont servie longtemps, qu'on [a] des exemples par le passé que la Ville a accordé des gratiffications aux héritiers et veuves des précédents greffiers, il est tout juste que la Ville accorde une gratiffication à la dlle Bonier, en récompense des longs services que son feu frère a rendu à la Ville et la paye de la valleur des registres et nottes, ce qui s'est pratiqué en faveur des sieurs Marié et Palat, cy-devant greffiers de la Communauté, auxquels la Ville avoit accordé quatre cents livres à chacun, comme il conste par les délibérations du Conseil de Ville des.... quoy qu'ils n'ussent servy que très peu de temps la Communauté et même dans un temps où les Greffiers avoit douze cens livres de gages, sans avoir financé pour l'achapt dudit office, comme avoit fait ledit sieur Bonier, — ce qui a porté l'assemblée d'accorder à ladite delle Bonier la somme de quinze cens livres, compris celle de huit cens livres cy-devant accordée par délibération du 30 juin 1714, laquelle demeurera comme non avenue, veu l'estat présent de la Communauté, et c'est en considération des longs et importans services que son frère a rendus à la Communauté pendant l'espace de trente-quatre années qu'il a esté greffier, que pour la remise des registres et nottes qui apartiendront à la Communauté, pour raison de quoy, il sera passé acte avec lad. dlle Bonier par laquelle elle ce départira de la proprietté desdits registres et nottes en faveur de la Communauté, lesquels registres seront adjoutés dans l'inventaire de la Communauté; laquelle somme de quinze cens livres sera payée à la delle Bonier par Messieurs les Consuls sur les revenus de la Communauté, après qu'il aura pleu à Mgr l'Intendant aprouver et authoriser la présente délibération.

Archiv. municip. de Montpellier, série BB, Délibérations de 1715 à 1717, fol. 123 vo à 125 vo.

XXXV

1719, 10 juillet. — Délibération du Conseil de Ville de Montpellier chargeant MM. Bisses et Serres de remettre en ordre les Archives municipales et de procéder à un récolement des inventaires.

Commissaires nommés pour ranger les Archives de la Ville. — Monsieur de Candillargues, premier Consul et Viguier, a proposé que le greffier de l'Hôtel de Ville lui a dit qu'il y avoit quantité d'actes dans les Archives qui sont dérangées, et qui ne sont pas placées suivant l'inventaire des dites Archives, ce qui donne lieu très souvant à une innutille recherche, à quoy il seroit nécessaire de remédier par un récollement des inventaires, si l'assemblée le juge à propos et comettre telle personne qu'il lui plairra pour faire le dit récollement. — Sur quoy l'assemblée a prié Me Bisses, notaire royal, et M. Serres, cy-devant procureur en la Cour des Aydes, conjointement avec le greffier de l'Hôtel de Ville, de ranger les actes, doccumens et autres papiers des Archives de la Ville, ce qui pourra ce faire au moien d'un récollement d'inventaire des dittes Archives.

Faire ferrer les fenestres des Archives de la Ville. — Monsieur de Candillargues, premier Consul et Viguier, a proposé que pour la seuretté des Archives et titres de la Communauté, qui sont dans les Archives de la Ville, il seroit nécessaire de faire griller de fer les fenestres qui tombent du costé de la rue pour évitter certains inconvénians qui pourroient arriver, l'assemblée est priée de délibérer.

Sur quoy l'assemblée a délibéré pour la seuretté des Archives de la Ville, dans lesquelles les actes et titres de la Communauté sont renfermés, de faire griller de fer les fenestres des dites Archives, donnant à cet effect tout pouvoir nécessaire à Messieurs les Consuls, après qu'il aura plu à Monseigneur l'Intendant autoriser la présente délibération.

Laquelle délibération.... [a] été authorisée par mon dit sieur le Juge mage, qui a sur icelles interposé son décret et authorittó judiciaire et a signé.

Archiv. municip. de Montpellier, série BB, Délibérations de 1717 à 1720, pp. 354 à 356.

XXXVI

1721, 28 octobre. — Délibération du Conseil de Ville de Montpellier chargeant MM. de Montagne, Farjon, Chardenoux et Lagarde de faire un récolement des inventaires des Archives.

Récollement des inventaires des Archives de la Ville. — Monsieur Dexandrieux, premier Consul, a proposé qu'il luy a esté raporté que depuis le dernier inventaire qui a esté fait des Archives de la Communauté, il a esté enlevé plusieurs actes, autres titres et feuilets des anciens compoix, particulièrement de la Recherche de Montvaillan et que pour pouvoir éclaircir ce fait et faire en sorte que pareille chose n'arrive plus à l'advenir, il seroit d'avis de faire faire un récolement des dits inventaires pour sçavoir sy les actes y contenus sont actuellement dans les Archives et d'y ajouter les actes et autres pièces que la Ville a recouvré et contracté depuis le dernier inventaire.

Sur quoy l'assemblée a prié M. de Montagne, lieutenant principal, M. Farjon, advocat, M. Chardenoux, notaire, et M. Lagarde, procureur, de faire un récolement des inventaires des Archives de la Communauté et vérifier sy les actes et documens y contenus sont dans les Archives, faire mention de ce qui y manque, conter et cotter les feuilles des registres, cotter ceux qui ne le sont pas et adjouter aux inventaires les actes et autres pièces que la Ville a contratés et recouvrés depuis la faction des inventaires.

Archiv. municip. de Montpellier, série BB, Délibérations de 1720 à 1722, fol. 134.

XXXVII

1722, 21 mai. — Délibération du Conseil de Ville de Montpellier chargeant MM. de Montagne, Farjon, Chardenoux et Lagarde de continuer le récolement des Archives et d'en compléter l'inventaire.

M. de Montaigne et autres commissaires priés de continuer l'inventaire des Archives. — Monsieur de Pésènes, premier Consul et Viguier, a proposé que le Conseil de Ville de l'année dernière auroit prié M. de Montaigne, lieutenant principal, M. Farjeon, advocat, Me Chardenoux, notaire, et Me Lagarde, procureur, de faire le récollement des titres, actes et doccumens et pièces qui sont aux Archives de la Communauté, sur les inventaires qui ont été faits jusques en l'année 1699, et d'adittionner les autres actes et papiers que la Communauté peut avoir du depuis, mais comme il est nécessaire de continuer le dit récollement et inventaire par d'autres commissaires ou de confirmer ceux qui ont esté nommés, l'assemblée est priée de délibérer ce quelle jugera à propos.

Sur quoy l'assemblée a prié M. le conseiller de Montaigne, M. Farjeon, advocat, M. Chardenoux, notaire, et M. Lagarde, procureur, de continuer le récollement de l'inventaire des Archives de la Communauté et d'aditionner touts les actes et papiers appartenant à la Ville, qui ne sont pas compris dans le dit inventaire.

Archiv. municip. de Montpellier, série BB, Délibérations de 1720 à 1722, fol. 168 (alias 164) r°.

XXXVIII

1723, 26 novembre. — Délibération du Conseil de Ville de Montpellier nommant des Commissaires chargés d'examiner le récolement des Archives qui est terminé et de fixer le chiffre de la gratification qui doit être accordée à MM. de Montaigne, Farjon, etc.

Demande des Messieurs qui ont travaillé à l'invantaire des Archives. — Monsieur Degreffeuille, premier Consul et Viguier, a dit que Messieurs les Commissaires, qui ont procédé à l'invantaire et récolement des Archives, ont entièrement achevé leurs ouvrages, et comme ils ont employé environ dix-huit mois, ils prient l'assemblée de leur accorder telle gratiffication qu'elle jugera à propos.

Sur quoy l'assamblée a prié Messieurs le président Daigreffeuille, Potier, avocat et P. Cambon, procureur, d'examiner l'invantaire fait par les dits sieurs commissaires et régler même, s'ils le trouvent à propos, la gratiffication qui convient de leur faire à cause des peines et soins qu'ils se sont donnés pendant le dit temps.

Archiv. municip. de Montpellier, série BB, Délibérations de 1722 à 1725, fol. 97 r° et v°.

XXXIX

1724, 9 septembre. — Délibération du Conseil de Ville de Montpellier nommant des Commissaires chargés d'examiner le récolement et le complément d'inventaire des Archives, rédigés par MM. de Montaigne, Farjon, Chardenoux et Lagarde.

Les Archives de la Ville. — Monsieur de Saint-Romant, premier Consul et Viguier, a proposé que M. de Montaigne, lieutenant principal, M. Farjon, avocat, M. Chardenoux, notaire royal, et M. Lagarde, procureur en la Cour des Aydes, ayant esté chargés par délibération de cette assamblée de faire le récolement de l'inventaire des actes et documens des Archives de cette ville et d'y ajouter les actes et papiers qui sont à l'Hôtel-de-Ville depuis que le dit inventaire a esté fait, lesquels en conséquence de la susdite délibération auroit récollé le dit inventaire et adjoutté ce qu'il y avoit des actes et documents à adjouter, ce qui auroit esté un ouvrage fort long et très pénible, ayant abandonné leurs propres affaires pour y parvenir, et comme un tel travail méritte une gratiffication, ces Messieurs suplient l'assamblée de la leur accorder telle qu'elle jugera à propos.

Sur quoy l'assamblée a prié M. le Juge mage de se faire remettre par M. de Montagne, M. Farjon, Me Chardenoux, M. Lagarde, procureur, le travail qui a esté par eux fait pour faire le récolement de l'inventaire des actes et documens qui sont dans les Archives de la présent ville et adjoutter à iceluy les actes et papiers qui ont esté ramassés depuis la faction du susdit inventaire, pour estre examinés par M. le président de Fonbon, M. le trésorier Daumelas, M. le conseiller Carquet, conjointement avec M. Bisses, notaire, pour, le tout raporté, estre délibéré ce qu'il appartiendra.

Archiv. municip. de Montpellier, série BB, Délibérations de 1722 à 1725, fol. 169 r° et v°.

XL

1724, 28 novembre. — Délibération du Conseil de Ville de Montpellier accordant une gratification de 1000 livres à MM. de Montaigne, Farjon, Lagarde et Chardenoux, tant pour le récolement et le complément d'inventaire actuellement achevés, que pour le nouveau récolement à faire, en vue de la prise en charge des Archives par Satgier, nouveau greffier consulaire.

Gratiffication de 1000 livres en faveur de Mrs de Montagne, Fargeont, Lagarde et Chardenoux. — Monsieur de Saint-Romant, premier Consul et Viguier, a proposé que M. de Montagne, lieutenant principal en la sénéchaussée, M. Farjeont, avocat, M. Chardenoux, notaire royal, et M. Lagarde, procureur, furent chargés par cette assemblée de faire le récolement des invantaires des actes et documents des Archives de la Communauté et d'aditionner aux dits invantaires les actes et documants que la Communauté put avoir depuis la faction des dits invantaires, ce qui auroit esté fait, et remis l'adition et observations à M. le présidant de Fonbon, à M. le trésorier d'Aumelas, et à M. le conseiller Carquet et à M. Bissez, pour examiner le travail qu'ils ont employé, lesquels sont priés de faire leur raport.

Ouy le raport de Messieurs les Commissaires par l'organe de M. le présidant Fonbon ;

Surquoy l'assamblée, après avoir remercié M[rs] les Commissaires, a délibéré de payer aux dits sieurs de Montagne, Farjeon, Chardenoux et Lagarde la somme de mil livres pour les peines et soins qu'ils ont pris pour faire le récollemant des inventaires des actes et documens des Archives de la Communauté et d'avoir aditionné audit invantaires les actes et documans que la Communauté a acquis depuis la faction des dits invantaires, ou pour le récollemant nouveau qui doit estre fait avec Me Satgier, greffier, pour qu'il s'en charge sur les dits invantaires, laquelle somme leur sera payée la moittié présantemant, et l'autre moittiée après que le dit nouveau récollemant sera fait, ce qui sera finy et achevé dans trois mois à compter de ce jourd'huy, le tout après qu'il aura pleu à Monseigneur l'Intendant authauriser la présante délibération.

Archiv. municip. de Montpellier, série BB, Délibérations de 1722 à 1725, fol. 187 r° à 188 r°.

XLI

1725, 12 septembre. – Délibération du Conseil de Ville de Montpellier nommant trois Commissaires,— 1° pour examiner le récolement et le complément d'inventaire des Archives, faits par de Montagne, Fargeon, Lagarde et Chardenoux, ainsi que le second récolement fait par Lagarde et Chardenoux, — 2° pour préparer la prise en charge par le greffier consulaire Satgier, des documents ainsi récolés, — 3° pour donner leur avis au sujet du supplément d'honoraires demandé par Lagarde et Chardenoux.

Nomination de Commissaires pour l'affaire des Archives. — M. de Focard, s[r] de Sapte, premier Consul et Viguier, a proposé que M. de Montagne, lieutenant principal en la sénéchaussée et siège présidial de cette ville, M. Fargeon, advocat, M. Lagarde, procureur en la Cour des Aydes, M. Chardenoux, notaire royal, auroint esté chargés de faire un récolement d'inventaires des actes, papiers, titres et documents contenus dans les Archives de la Communauté jusques en l'année 1693, qui fut fait par feus M. Joffre et Darles, et d'aditionner au dit inventaire les actes, titres, papiers et documents que la Communauté a acquis depuis les dits inventaires, — ce qu'ils auroint fait ;

Ensuitte de quoy il auroit esté délibéré d'accorder ausdits sieurs de Montagne, Fargeon, Lagarde et Chardenoux la somme de mil livres, sçavoir huit cens livres pour l'ouvrage qui estoit fait, et deux cens livres pour un second récolement qu'il estoit nécessaire de faire en présance et avec l'assistance de Me Satgier, greffier consulaire, pour qu'il ce charge de tout les actes, titres, papiers et documents contenus aux inventaires des Archives et de ce qui a été aditionné, — ce qui a esté exécuté par les dits Me Lagarde et Chardenoux, auquel travail ils ont travaillé pendant l'espace de plus de six mois, à deux séances par jours, lesquels sieurs Lagarde et Chardenoux suplient l'assemblée de leur accorder telle gratiffication qu'ils jugeront à propos, en considération du temps qu'ils ont employé à faire le récolement du dit inventaire et adition à icelluy.

Surquoy l'assemblée a prié M. Romieu, bourgeois, M. Laboissière, aussy bourgeois, et M. Vaquier, procureur, d'examiner le récolement qui fut fait par M. de Montagne, lieutenant principal en la Sénéchaussée et siège présidial de cette ville, M. Farjon, avocat, M. Lagarde, procureur en la Cour des Aydes, et M. Chardenoux, notaire royal, des actes, titres, papiers et documents des Archives de la Communauté, avec ce qui a esté aditionné à iceluy, de même que le récolement qui a esté fait en dernier lieu par les dits Mes Lagarde et Chardenoux, pour que Me Satgier, greffier consulaire, ce charge de ce qui est contenu ausdits invantaires et de ce qu'il y a esté aditionné depuis le dit récolement, et de dresser un projet du chargement que le dit Me Satgier doit faire pour la sûretté de la Communauté, — pour, le tout raporté, estre délibéré ce qu'il apartiendra.

Archiv. municip. de Montpellier, série BB, Délibérations de 1725 à 1728, pp. 90 à 92.

XLII

1725, 31 octobre. — Délibération du Conseil de ville de Montpellier rejetant la demande d'un supplément d'honoraires faite par Lagarde et Chardenoux, et accordant une gratification de 150 livres au greffier Satgier pour le second récolement des Archives.

Acordé 150 livres à M. Satgier, greffier, pour l'affaire des Archives. — M. de Focard, s[r] de Sapte, premier Consul et Viguier, a proposé que dans le temps que feu M. Bonnier estoit greffier consulaire et depuis son décès, la Communauté a eu besoin de divers actes pour estre produits dans plusieurs procès que la Communauté c'est trouvée dans la nécessité de soutenir ou nécessaires à la Communauté dans plusieurs ocasions très importantes, ce qui avait cauzé un dérangement, les Archives se trouvant en désordre par des transpositions des dits actes qu'on ne pouvoit presque plus trouver à cauze de ce dérangement, ce qui obligea le Conseil politique de l'année 1723 de prier M. de Montagne, lieutenant principal au Présidial de cette ville, M. Farjeon ayné, avocat, M. Lagarde, procureur en la Cour des Aydes, et Me Chardenoux, notaire royal, de vouloir faire le récolement et rengement des actes, titres et documents des dites Archives et aditionner à l'invantaire les titres, actes et documents survenus depuis la faction du dit inventaire, auquel récolement et adition à icelluy, ils ont travaillé l'espace de plus de quatre mois pour le rendre parfait, — et par délibération du vingt-huit novembre de l'année dernière, il fut accordé aux dits sieurs de Montagne, Farjon, Lagarde et Chardenoux la somme de mil livres, sçavoir deux cens livres pour chacun pour le travail déjà fait, et deux cens pour un second récolement qui devoit estre fait avec Me Satgier, greffier, pour qu'il fit son chargement de tout ce qui est contenu audit inventaire et adition à icelluy;

Et du depuis ayant fait le second récolement avec le dit Satgier, auquel ils ont travaillé plus de trois mois et trouvé un grand nombre des actes et autres papiers qui avoint esté notés estre perdus, comme il paroit à la marge du premier invantaire et récolement, ce qui cet fait avec un grand soin et exactitude, ce que le Conseil a reconnu par l'examen quy en a esté fait par les Commissaires nommés à cet effet, et qui a [été] rapporté; — auquel travail il n'y a assisté que M. Lagarde et Chardenoux, qui auroint demandé une augmentation à cauze de la longueur du travail, ce qui auroit obligé cette assemblée de prier M. Daché, bourgeois, conseiller nay, M. Laboissière, aussy bourgeois, et M. Vaquier, procureur, d'examiner s'il y avoit lieu de leur accorder une augmentation au-dessus des mil livres qui leur ont esté acordés;

Lesquels ayant examiné le second récolement qui a esté fait et ce qui a esté additionné à l'invantaire des Archives depuis le premier, ils auroint trouvé grand nombre d'anottations, qui ont esté mises à la marge, comme beaucoup de pièces avoint esté retrouvées lors du second récolement, ce qui prouve l'exactitude avec laquelle il a esté fait, et que beaucoup des actes et papiers y avoint esté adjoutés dans un bon ordre, — mais qu'il n'y avoit pas lieu de leur accorder aucune augmentation, la somme de mille livres estant suffisante, et qu'à l'esgard du travail que le dit Me Satgier a fait et retrouvé les pièces qu'on croyoit perdues, et pour avoir fait presque en seul ledit récolement pour s'en charger envers la Communauté, quy est un travail très considérable, il s'en remet à ce qu'il plairra à l'Assemblée luy accorder.

Sur quoy l'assemblée, après avoir remercié Messieurs les Commissaires de peines et soins qu'ils se sont donnés, a rejetté la demande faitte par Mes Lagarde et Chardenoux, et, attendu que le travail que Me Satgier, greffier consulaire, a fait est très considérable et dispendieux, a délibéré, sous le bon plaisir de Monseigneur l'Intendant, de luy accorder la somme de cent cinquante livres pour ses peines et soins, et qu'il se chargera au pied de l'adition de l'inventaire de tous les actes, titres et documents qui sont dans les Archives, pour les représenter et remettre toutes et quantes fois que la Ville le trouvera à propos.

Et, en outre, a délibéré qu'il sera fait deux clefs des Archives, l'une desquelles restera au pouvoir de M. le premier Consul, avec une copie du chargement fait par le dit Me Satgier, pour la remetre à son successeur à chaque mutation de Consulat et l'autre entre les mains du dit Me Satgier, greffier.

Archiv. municip. de Montpellier, BB, Délibérations de 1725 à 1728, pp. 146 à 150.

XLIII

1756, 2 octobre. — Délibération du Conseil de Ville de Montpellier, relative à l'agrandissement du local des Archives de la Province.

Donner un local pour les papiers de la Province. — M. Faure, maire, a dit que de tous tems les Archives de la Province ont été plassées dans l'Hôtel-de-Ville, que depuis plusieurs années Messieurs les Sindics Généraux demandent que la Ville leur procure un lieu plus grand pour pouvoir contenir tous les papiers de la Province, qu'il n'est pas possible de pouvoir continuer l'inventaire qui est déjà commancé, si on ne se détermine bientôt.

M. le Maire a ajouté que la Communauté ne sçauroit se refuser à procurer dans l'Hôtel-de-Ville un local tel qu'on le demande, qu'on a jetté les yeux sur deux pièces qui sont occupées par le Greffe et par le bureau de la Claverie, qu'en les cédant il faut de toute nécessité en trouver pour les remplasser, ce qui n'est pas facile dans l'Hôtel de ville qui est très petit, néantmoins comme leur désir est de plaire à Nosseigneurs des Estats, ils ont cherché à pouvoir plasser le Greffe et le bureau de la Claverie, qu'ils n'ont trouvé autre lieu que cellui qui sert de chapelle et de corps de garde, qu'il est certain que ce changement deviendra couteux parce qu'il faudra nécessairement tomber le balcon qui menace ruine et cette chute entrainera infailliblement la démolition du mur de la rue qui va à la Porte de Lattes, que cette dépense dont on ne connoit pas l'objet en occasionnera d'autres indispensables, surtout celle de procurer du jour dans ces deux pièces.

Dans ces circonstances, il propose de nommer des Commissaires qui auront le soin de faire lever un plan de l'Hôtel-de-Ville et d'examiner quel sera l'objet de la dépense à l'occasion de ce changement.

L'assemblée a unanimement délibéré conformément à l'exposé et a chargé le sieur Nogaret, architecte, de lever le plan de l'Hôtel-de-Ville, et a prié M. Duffour, second consul, M. Crassoux, avocat, Aribert, bourgeois, Ricard, notaire et Pellet, marchand, de s'assembler pour examiner qu'elle sera la dépense que ce changement donnera lieu, et d'en dresser un état détaillé pour, le tout raporté à l'assemblée, être délibéré ce qu'il appartiendra.

Archiv. municip. de Montpellier, série BB, Délibérations de 1755-1756, pp. 322-323.

XLIV

1764, 13 mars. — Délibération du Conseil de Ville de Montpellier, relativement aux nouveaux locaux attribués aux Archives de la Province et aux Archives de la Ville.

Réparer le local où doivent être placées les Archives. — M. de Cambacérès, maire, a dit que lorsque la Ville céda à la Province, pour y placer les Archives, le corps de garde et la chapelle, elle s'étoit engagée aussy à agrandir le Bureau des Comptes des États, qu'il est vray que ce local est trop petit pour pouvoir contenir le nombre des Commissaires que les États nomment pour arretter les comptes du Trésorier de la Province et qu'il ne peut s'agrandir qu'en y ajoutant les Archives de la ville, que pour remplir ces différents objets la Communauté a dépensé une somme de....., que la Province en a remboursé déjà à la Ville la somme de 6000 livres, qu'il reste encore deu celle de 5626 livres 8 sols 4 deniers, que lorsque M. le Maire en a demandé le payement, on lui a objecté que la Ville n'avoit pas rempli encore ces entiers engagemens, puisque le Bureau des Comptes est dans le même état, qu'il s'agit présentement de faire travailler aux réparations nécessaires et di joindre le local où sont les Archives de la Ville, que pour terminer cette affaire et faire rendre ce qui est deu par la Province, il convient d'y faire travailler incessamment pour qu'aux États prochains on ne puisse pas se plaindre et qu'on puisse estre rembourcé des avences faittes par la Ville à cette occasion.

M. le Maire a observé qu'étant obligés de céder les Archives de la Ville à la Province, il est indispensable de les placer à une pièce qui est par-dessus, dans laquelle il y a été fait déjà plusieurs réparations, en exécution de la délibération du 17 mars dernier, que ce changement des Archives donnera lieu à des ouvrages indispensables, principalement pour étages, tables et autres choses relatives à cet objet; dans ces circonstances il propose à l'assemblée de délibérer, attendeu que c'est un détail dont on ne sçauroit connoitre l'estimation, leur donner tout pouvoir de faire faire ce changement et les ouvrages nécessaires par économie, sous les yeux du sieur Nogaret, directeur des travaux publics de la Ville, lequel, après que le tout sera finy, les règlera et le montant en sera payé sur une somme de 2.000 livres que l'assemblée vient de délibérer d'emprunter, tant pour les réparations à faire à la maison presbiteralle de la paroisse de St-Denis que pour celles à faire aux nouvelles Archives de la Ville.

Sur quoy l'assemblée a délibéré, conformément à l'exposé fait par M. le Maire et en conséquence, que les ouvrages à faire dans la pièce au second étage de l'Hôtel-de-Ville pour y placer les nouvelles Archives de la Ville seront faits par économie sous les yeux du sieur Nogaret, directeur des ouvrages de la Ville, ou sur l'arretté des comptes qu'il en fera, le payement en sera fait fait aux ouvriers pour la somme de deux mille livres que l'assemblée vient de délibérer d'emprunter tant pour cet objet que pour payer les ouvrages à faire à la paroisse de St-Denis, et Monseigneur l'Intendant sera supplié d'autoriser la présente délibération.

Archiv. municip. de Montpellier, série BB, Délibérations de 1762-1763, pp. 348-349.

XLV

1764, 13 mars. — Délibération du Conseil de Ville de Montpellier chargeant le greffier consulaire Bedos de remettre en ordre les Archives de la Ville.

Arrengement des Archives. — M. de Cambacérès, maire, a dit que l'assemblée vient de délibérer de céder à la Province le local où sont les Archives de la Ville pour être joints à la pièce où Messieurs les Commissaires des États s'assemblent pour arretter les Comptes de la Province, et en même temps a déterminé de placer les dites Archives dans une pièce au second étage de l'Hôtel-de-Ville, qui est en état de recevoir les papiers par les réparations qui y ont été faittes et par celles qu'on y faira ;

Qu'il ne doit pas dissimuler à l'assemblée que les papiers renfermés dans ces Archives sont dans le plus grand désordre, qu'il est très difficile de trouver des titres et papiers dont on a besoin pour la deffence des intérêts de la Ville dans les différentes occasions et qu'il n'est pas douteux que la Communauté n'ait succombé dans des procès qu'elle auroit gaigné, si elle avoit pu connoître ses droits et trouvé dans ces Archives les titres qu'elle auroit peu présenter pour sa deffeuse ; — dans ces circonstances, il propose à l'assemblée de délibérer : 1° de changer les armoires et tous les papiers qui sont dans les Archives actuelles dans la pièce destinée au second étage de l'Hotel-de-Ville destinée à cet uzage, 2° qu'il convient de faire ranger les titres de façon qu'on puisse par le moyen d'un inventaire exact les trouver dans le moment, 3° de faire relier les différents arrêts, ordonnances et jugements poursuivis et obtenus par la Ville jusques à aujourd'huy : enfin étiqueter en gros caractère le tout, pour qu'on puisse voir aisément ce qu'on cherche ; que cest arrengement sera très avantageux dans les suittes, puisqu'on sera asseuré de trouver ce qui aura été inventorié ;

Que pour remplir cet objet, il propose à l'assemblée de nommer le sieur Bedos, greffier de la Ville, dont l'intelligence, l'assiduité et l'exactitude à remplir ces fonctions nous est connu, qu'il est digne de la confiance de la Ville, et il y a lieu d'espérer qu'il remplira cette commission à la satisfaction de tout le monde ; qu'il est certain que ce travail est aussy long que pénible, qu'il ne sçauroit même faire sans y employer des personnes pour écrire sous luy.

Sur quoy l'assemblée, connoissant la nécessité de ranger les Archives et l'aventage qu'il en reviendra à la Communauté par l'ordre qui sera dans ces papiers, a unanimement délibéré conformément à l'exposé fait par M. le Maire, et en conséquence a nommé Me Bedos, greffier de la Communauté, pour l'arrengement desdites Archives en la forme que M. le Maire a indiqué, et Monseigneur l'Intendant sera suplié d'autoriser la présente délibération.

Archiv. municip. de Montpellier, série BB, Délibérations de 1762-1763, pp. 354 à 356.

XLVI

1765, 26 avril. — Délibération du Conseil de Ville de Montpellier adjoignant le sieur Mathieu Verdier au greffier consulaire Bedos, pour la remise en l'ordre et l'inventaire des Archives de la Ville.

Archives. — Ordonnance du 19 may 1765. — M. de Cambacérès, maire, a dit qu'à l'occasion des différents procès qu'avoit la Ville il avoit fallu faire des recherches considérables dans les Archives, que ce travail avoit été aussy pénible que long à cause du dérangement où elles se trouvoient par le transport que l'on avoit été obligé de faire de tous les papiers et titres de la Communauté dans la nouvelle pièce destinée à former des Archives, ce changement ayant été occasionné par les réparations que la Ville avoit été obligée de faire au Bureau des Comptes, le Conseil de Ville délibéra le 13 mars 1764 de charger le sieur Bedos, greffier de la Ville, de l'arrengement desdites Archives, pour remettre les papiers en ordre; qu'après y avoir travaillé un certain temps, il nous auroit représenté que l'expériance qu'il en avoit fait l'avoit déterminé à nous demander un adjoint avec lequel il peut accélérer cette opération très considérable, qui ne pourroit qu'être très longue par la confusion qui se trouve dans les papiers et titres de la Ville, et dont il ne pourroit se charger en seul; que les intérêts de la Communauté exigent que cet ouvrage soit en règle au plutôt; en conséquence, M. le Maire propose à l'assemblée le sieur Verdier, qui connoit déjà les Archives de la Ville par les recherches des titres de la Communauté qu'il a été chargé de faire pour produire dans les différents procès de la Communauté, et principalement dans celluy qu'elle a actuellement pendant au Bureau des Trésoriers de France, à l'occasion des inféodations que le fermier du Domaine prétendoit être en droit de faire, suivant un arrêt du Conseil, auquel il donne une interprétation à son avantage et contraire aux intérêts de la Ville, qui est seule en droit de connoître de cella.

M. le Maire a ajouté que dans le moment présent il propose à l'assemblée de charger le sieur Verdier et Bedos de s'occuper sérieusement de cette affaire, afin de la mettre incessamment dans un ordre exact; qu'il croyoit même nécessaire et pour le bien de la Communauté, qu'ils ne se bornassent seulement à ranger chaque partie et les séparer dans les différents armoires, mais qu'il falloit qu'ils commençassent par faire un récolement exact de tous les titres et papiers qui sont transcrits sur les anciens inventaires, et d'en dresser un nouveau particulier dans lequel seront inventoriés tous les titres et papiers suivant l'ordre qu'ils seroint rangés, et priés encore de faire un registre particulier, pour enfermer dans chaque armoire, qui contiendroit un détail exact de tous les titres qui y seroient renfermés et par matières séparées et dans le registre particulier par lettre alphabétique; que de cette manière on pourra trouver aisément les papiers dont on pourroit avoir besoin.

Sur quoy l'assemblée a unanimement délibéré de donner pour adjoint au sieur Bedos, déjà chargé de l'arrangement des Archives, le sieur Mathieu Verdier, en se conformant à l'ordre indiqué dans l'exposé fait par M. le Maire, et comme il y aura certaines petites réparations à faire tant aux armoires que pour des étages et nécessaire d'acheter des cartons pour renfermer les titres les plus prétieux, et autres petites dépenses, l'assemblée les a autorisés à la faire et de la payer sur l'arretté qui sera fait par M. le Maire et de prendre sur les fonds des dépenses imprévues, après que Monseigneur l'Intendant aura autorisé la présente délibération.

Archiv. municip. de Montpellier, série BB, Délibérations de 1764 à 1766, pp. 108 à 110.

XLVII

1773, 11 mai. — Délibération du Conseil de Ville de Montpellier au sujet du reclassement et de l'inventaire des Archives municipales par Bedos et Verdier.

Archives. — M. de Cambacérès, maire, a dit que le 17 avril dernier, M. de Joubert, sindic général de la Province, lui avoit écrit une lettre à laquelle étoit jointe un exemplaire imprimé d'une ordonnance rendue par Nosseigneurs les Commissaires du Roy et des États, le 11 février de cette année, concernant les Archives des Communautés de la Province, pour en donner connoissance au Conseil de Ville, afin qu'il y fût pris une délibération pour s'y conformer; qu'il eut l'honneur de lui faire réponse le lendemain, et qu'il lui marqua que Messieurs les Administrateurs ayant reconnu depuis longtemps la nécessité de mettre un ordre et un arrengement dans les différents papiers des Archives de la Communauté, elle s'en étoit occupée depuis plusieurs années, qu'il avoit nommé des Commissaires, lorsqu'il avoit la première fois exercé la place de Maire, qui y avoient sans doute travaillé, puisque après qu'il l'eut quittée ils avoint été payés de leur travail; mais que lorsque la Ville fut obligée de céder à la Province le local pour y faire leurs Archives, la Communauté, à ce qui lui a été asseuré, fut obligée de faire changer toutes les Archives d'une pièce qu'elle avoit pris pour cet usage au second étage au-dessus de celles de la Province, où à la vérité le local est très propre pour les y placer; qu'après ce changement, qui fut fait sans doute avec peu de soin, il fut aisé de s'appercevoir du désordre dans lequel se trouvoint les papiers et titres de la Ville; qu'alors, étant encore en place, il fit délibérer le 13 mars 1764 de charger le sieur Bedos, greffier, de les ranger, d'en faire un inventaire, afin de pouvoir les trouver aisément quand il seroit nécessaire.

Le sieur Bedos, après y avoir travaillé pendant quelques temps, nous représenta qu'étant chargé de beaucoup d'autres affaires qui pouvoint le distraire de suivre avec autent d'attention que d'assiduité l'arrangement des Archives, qui pourroit en conséquence durer trop longtemps, nous pria de lui donner un adjoint, sur qui il peut se reposer et accélérer cette opération qui ne pouvoit qu'être longue à cause de la confusion où étoint touts les papiers de la Communauté, occasionné par le changement et transport qui en avoit été fait à la hatte; qu'ayant mis sous les yeux du Conseil de Ville les raisons dudit Bedos, qui parurent fondées et justes, il fut délibéré, le 26 avril 1765, de lui donner le sieur Verdier, qui par toutes les connoissances qu'il a même des Archives fondées sur une longue expérience, parut le plus en état d'aider le sieur Bedos et mériter même sa confiance; que depuis ce temps là le sieur Verdier y a travaillé; que quoique cet arrangement soit long et pénible et qu'il y aye été dérangé des mois entiers, étant occupé à des affaires pour la Province, cependant le travail est bien avancé et que ledit Bedos et ledit Verdier l'ont asseuré qu'ils espéroint l'avoir finy avant la fin de cette année, conformément à ce qui est porté par la délibération qui fut prise alors, dans laquelle est marqué tout l'arrangement auquel ils doivent se conformer; — qu'il propose à l'assemblée d'entendre la lecture de la lettre de M. de Joubert du 17 avril dernier et de l'ordonnance rendue par M. les Commissaires du Roy et des États le 11 février de cette année, pour délibérer sur sa proposition.

L'assemblée, après avoir entendu le sieur Bedos, a délibéré de prier M. les Consuls de veiller à ce que le travail qui reste à faire pour ranger les Archives, soit fait entièrement dans le courant de cette année, et dans le cas qu'on négligeroit d'en donner connoissance à l'assemblée qui délibèrera ce qu'il apartiendra.

Archiv. municip. de Montpellier, série BB, Délibérations de 1773 et 1774, pp. 32 à 34.

XLVIII

1779, 27 août. — Délibération du Conseil de Ville à propos d'une recherche confiée à Verdier et à Bedos.

Demande des sieurs Verdier et Bedos. — M. le chevalier de Girard, premier Consul, maire, a dit que le sieur Verdier, archivaire de la Communauté, et le sieur Jean Bedos, ancien employé dans le Greffe de l'Hôtel-de-Ville, à la partie des Compoix, lui ont remis un mémoire dans lequel ils rapportent, que le sieur Bruguière, trésorier-clavaire, fit signiffier à MM. les Maire et Consuls, le 28 février 1766, un état de vingt-neuf parcelles de tailles dont les possesseurs étoient inconnus, que MM. les Consuls portèrent cet état au Conseil de Ville, lequel, par délibération du 13 mars 1766, nommèrent les dits sieurs Verdier et Bedos, à l'effet de vériffier les dittes parcelles et faire connoitre celles qui étoient jouies et celles qui étoient abandonnées; qu'en conséquence ils firent sur le compoix les recherches et les oppérations nécessaires, et se portèrent sur le local pour faire l'adaption des compoix, dressèrent leur rapport, duquel il résulte que, sur vingt-neuf parcelles, ils en trouvèrent dix-huit jouies par différents propriétaires, dont ils donnèrent le nom des possesseurs, et onze incultes et abandonnées.

Que ce rapport fut examiné par MM. les Commissaires nommés par délibération du Conseil de Ville, chargés de régler les honoraires des dits sieurs Verdier et Bedos, et par leurs arrettés des vingt-cinq juin et neuf juillet 1766, ils déterminèrent qu'il devoit leur être accordé deux cent livres pour leurs vaccations, et que cette somme devoit être payée sçavoir le tiers par la Ville, et les deux tiers par le Clavaire; qu'en conséquence la Ville fut autorisée à payer soixante-six livres treise sols, quatre déniers pour son tiers, et sur la demande qu'on fit à M. Bruguière de payer ce qui le concernoit, il refusa de payer.

Les sieurs Verdier et Bedos prétendent qu'ayant été à conseil à ce sujet, l'avocat qui a été consulté a déterminé qu'il falloit faire assigner M. Bruguière en condamnation, mais que comme M. Bruguière n'avoit pas été appelé lors des opérations, ce dernier obtiendroit sans difficulté sa garantie contre la Ville et la Ville seroit condamnée à payer et aux dépens.

Les sieurs Verdier et Bedos ajoutent encore qu'ils ont cru devoir donner connoissance à la Communauté de l'état des choses, et de lui observer que depuis un tems immémorial la Ville a toujours payé ces sortes de vérifications, comme on peut le voir par la lecture des délibérations de la Ville et des payements faits avant et après cette époque.

M. le premier Consul, maire, a ajouté que d'après ce qui est contenu dans ce mémoire il faut nommer des Commissaires pour examiner l'usage de la Communauté ; en conséquence il propose de nommer M. Espagne, avocat, et Dupré, procureur, pour se joindre au greffier, pour sur leur rapport être pris par cette assemblée telle détermination qu'il appartiendra, qu'il prie en conséquence l'assemblée de délibérer.

Sur quoi, le greffier ayant fait lecture du mémoire présenté par les dits sieurs Verdier et Bedos, d'après le proposé par Monsieur le chevalier de Girard, premier Consul, maire, conformément à l'exposé, sans entendre préjudicier aux droits et exceptions de la Ville.

Archiv. municip. de Montpellier, série BB, Délibérations de 1779 à 1780, pp. 135-136.

XLIX

1790.— Difficultés entre la Ville de Montpellier et les héritiers de l'archiviste Mathieu Verdier.— «Rapport fait par M. Albisson, officier municipal, au Conseil général de la Commune» (9 août).

Messieurs. — Les héritiers du sieur Verdier ayant formé contre la Ville quelques demandes consignées dans leur exploit et requête devant le Sénéchal, je fus chargé par délibération du Conseil municipal de m'occuper des moyens à employer pour mettre fin à ces poursuites, et de faire quelques tentatives de conciliation. Mais d'après les intentions que les dits héritiers m'ont eux-même témoigné, je me suis convaincu qu'ils n'étoient pas même disposés à accepter un arbitrage, et que leur unique désir est que la Ville se détermine à leur faire une offre suffisante pour les rendre taisans.

Dans ces circonstances il s'agit de délibérer 1° si la Ville doit faire une offre quelconque pour se mettre à l'abri de nouveaux dépens à exposer dans ce procès, 2° quelle est en ce cas la somme qui doit être offerte.

Le Conseil ne pouvant se décider là-dessus qu'après avoir connu l'objet des prétentions des héritiers, il est nécessaire de la lui mettre sous les yeux.....

Les sieur et demoiselle Verdier demandeurs ont réuni et fixé leurs conclusions aux suivantes : — 1° ils demandent qu'attendu que leur père a été employé aux Archives de la Ville en qualité d'adjoint à leur arrangement, d'après la délibération du 26 avril 1765, et qu'il en a en outre rempli les fonctions d'Archiviste depuis 1778, elle soit condamnée à payer les appointements de leur père à raison de 700 livres par an et ce à compter depuis 1765 jusqu'à 1788, — 2° la somme de 4000 livres pour dommages et intérêts à raison de la descente qui fut faite chés eux après le décès de leur père pour la recherche des titres qui pourroient s'y trouver (1).

Telles sont les prétentions contre lesquelles la Ville aura à se défendre en justice si elle ne se détermine à faire une offre qui soit acceptée par les héritiers.

Or la question de savoir si la Ville doit offrir un payement aux héritiers du sieur Verdier est nécessairement subordonnée à l'espèce et à l'étendue du travail que le feu sieur Verdier peut avoir fait pour la Ville, et dont les héritiers demandent le salaire en invoquant la délibération dudit jour 26 avril 1765.

Par cette délibération le sieur Verdier père est adjoint au sieur Bedos, ci-devant chargé de l'arrangement des Archives, pour qu'ils s'occupent incessamment à les mettre dans un ordre exact, en faisant un récolement de tous les titres et papiers compris dans les anciens inventaires, à en dresser un nouveau dans lequel seroient inventoriés tous les titres et papiers suivant leur ordre, et à faire encore un registre particulier pour enfermer dans chaque armoire, contenant un détail exact de tous les titres qui y seront enfermés par matière séparée et lettre alphabétique.

D'après cette délibération qui fixe l'obligation des deux mandataires, le sieur Verdier prit les clefs des Archives, et depuis cette époque jusqu'à celle de son décès, il n'a paru de sa part ni de celle du sieur Bedos, aucune espèce d'acte ni de déclaration quelconque pour annoncer à la Communauté qu'ils eussent exécuté leur mandat, et moins encore pour demander d'être salariés.

Il résulte seulement d'une délibération du Conseil de Ville en date du 17 mai 1773, que le travail avoit été commencé, vu que M. Cambacérès, lors Maire, annonçoit à l'Administration que l'arrangement entier des Archives seroit fini dans l'année, d'après l'assurance que lui avoient donné les sieurs Bedos et Verdier.

Mais il ne paroit pas que cette assertion vague ait jamais été suivie d'aucune annonce postérieure de la terminaison du travail; en sorte que le sieur Verdier demeura toujours détenteur des clefs des Archives, en continuant de garder le plus profond silence sur l'arrangement auquel il avoit été chargé de coopérer.

Ce silence suppose de deux choses l'une : ou que le

---

(1) Cf. le procès-verbal de cette descente de justice, — Archiv municip. de Montpellier, *II*, 26.

sieur Verdier n'a jamais achevé de remplir son mandat, ou que son intention a été de garder la clef des Archives pour forcer d'avoir recours à lui, quand il faloit se procurer les titres dont on avoit besoin.

D'après cette alternative, il paroit que ce procès, abstraction faite de toutes les digressions inutiles que renferment les écrits des demandeurs, ne peut être examiné et décidé que sous un seul et unique rapport.

Le sieur Verdier est-il véritablement Archiviste, ou simplement préposé à l'arrangement des Archives conjointement avec le sieur Bedos ?

Au premier cas, il lui seroit dû effectivement un traitement annuel pour gages ou salaire ; — au second cas, il lui seroit dû seulement le payement ou récompense d'un travail borné et limité.

Or, il est bien évident qu'il n'est pas permis d'admettre la première hipothèze, puisqu'il n'est point possible de dénaturer l'espèce du mandat. Le sieur Verdier fut donné pour adjoint au sieur Bedos à l'effet de l'aider à l'arrangement des Archives, mais la délibération ne les nomma ni l'un ni l'autre Archivistes de la Ville ; et ni l'un ni l'autre n'eurent par conséquant le droit de s'arroger cette qualité.

Il faut donc nécessairement partir de la seconde hipothèse et déterminer, en faveur des héritiers du sieur Verdier, le payement quelconque d'un travail circonscrit et limité.

Il faut en même temps convenir qu'il seroit assés difficile d'apprécier ce travail, vu le mauvais état et le désordre des Archives, à l'époque même du décès du sieur Verdier, qui nécessiteront vraisemblablement un nouvel arrangement.

Néanmoins, étant à présumer, d'après ce qui fut énoncé par M. le Maire, lors de la délibération du 17 mai 1773, que le sieur Verdier avoit effectivement coopéré au travail des Archives, et qu'une partie de son temps peut y avoir été employée d'une manière plus ou moins utile, il ne parroit pas que la Ville puisse se dispenser de faire à ses héritiers une offre relative, non à la prétendue qualité d'Archiviste que le sieur Verdier n'a jamais eu, mais bien au genre de vacation afférent à un arrangement d'Archives, travail qu'on ne sauroit présumer avoir excédé le terme d'un ou deux ans tout au plus.

Or, en admettant la supposition d'un travail suivi et assidu pendant deux années consécutives et en fixant le salaire à raison de mille livres par an, sans entrer en considération des profits et bénéfices des recherches et extraits des titres qu'il peut avoir délivrés pendant tout le temps qu'il a resté nanti des clefs, il semble que la Ville excèdera ses obligations et que l'offre d'une somme totale de deux mille livres ne peut qu'être déclarée suffisante à l'effet de mettre la Ville à couvert de toutes autres condamnations : en offrant en même temps les dépens qui peuvent avoir été déjà exposés.

Quant au 2e chef de la requête, concernant les dommages et intérêts prétendus sous prétexte de la descente faite dans la maison du défunt d'autorité de la Cour des Aydes, il seroit d'autant plus inutile de s'en occuper qu'elle est insoutenable sous tous les points de vue ; puisque cette descente tendant à la conservation des titres de la Ville n'était qu'un devoir imposé à la surveillance de l'Administration et consacré par la justice elle-même qui l'a ordonnée, autorisée : qu'elle ne touche ni à la mémoire du défunt ni à la fortune de ses héritiers, qui seroient par conséquent bien en peine de motiver une action en dommages et intérêts, sous prétexte d'un acte de nécessité et de justice que la loi elle-même n'a jamais improuvé. (1)

Archiv. municip. de Montpellier, D. 6.

L

1790. — «Rapport du procès entre la Commune et les héritiers du sieur Verdier, fait au Conseil Général par M. Fargeon, procureur de la Commune de Montpellier.»

Messieurs. — Par délibération du 26me avril 1765, la Ville nomma le sieur Verdier père pour adjoint du sieur Bedos, chargé de l'arrengement des Archives ; après le décès du sieur Verdier, ses enfants et héritiers ont fait assigner la Ville :

1° en payement de 16 100 livres pour les peines et soins que feu leur père s'est donné pour l'arrangement

(1) Délibération du Conseil général et bureau municipal de Montpellier, du 9 août 1790 :

«M. Albisson, au nom du Comité des Impositions, a fait le raport du procès que le sieur abbé Verdier a intenté à la Ville. Le Conseil, sur le raport qui a été approuvé et dont la transcription a été ordonnée dans les registres de la Commune, a arrêté de faire au sieur abbé Verdier un acte d'offre de la somme de deux mille livres en conformité du dit raport » (p. 254).

des dites Archives depuis 1765 jusques en 1788, à raison de sept cent livres année commune ;

2° de quatre mille livres pour leur tenir lieu de dommages et intérêts, à raison du tort et préjudice que leur a causé une descente que la Ville a fait faire chez eux après le décès de leur père ; — revenant les dites deux sommes à celle de 20 100 livres.

Les héritiers du sieur Verdier se fondent sur ce que tout travail mérite un salaire, et comme leur père a consacré son temps et ses soins à l'arrengement des Archives, ils réclament des appointements annuels de sept cents livres, qui soit le traitement le plus médiocre que l'on puisse faire à un commis ;

Et quant aux dommages, ils se fondent sur ce qu'il était inutile de faire d'abord après la mort de son père une descente, qu'ils dénomment scandaleuse, à raison des feaux bruits dont elle a flétri la mémoire de leur père, et c'est en réparation de cette demande qu'ils ont demandé une somme de 4000 livres.

La Ville prétend au contraire que la délibération du 25me avril 1765, qui est celle qui sert de fondement à la réclamation des héritiers du sieur Verdier, n'a point nommé le sieur Verdier adjoint aux Archives. Il en résulte uniquement que la Ville, ayant chargé le sieur Bedos, son greffier, de l'arengement des Archives, lui adjoignit le sieur Verdier pour l'aider dans ce travail, que depuis cette délibération, il n'en a pas été pris d'autre qui ait augmenté ou chargé les fonctions du sieur Verdier, et que par conséquent ses héritiers ne peuvent pas demander des appointements qui ne soient dûs qu'à ces deux qualités.

3° Que le silence du sieur Verdier pendant sa vie justifie celui qui doit être imposé à ses héritiers; que s'il avoit entendu recevoir un traitement de la part de la Ville, il n'auroit pas manqué de le réclamer dans l'intervalle de 1765 à 1788, mais qu'étant amplement dédommagé de ce travail par le produit des extraits et des expéditions qu'il délivroit, il a reconnu lui-même de son vivant que cela formoit une juste compensation.

Quant aux dommages, la Ville prétend que les héritiers du sieur Verdier sont irrecevables à en réclamer, parce que le sieur Verdier s'étant emparé des clefs des Archives depuis plus de vingt ans, ayant transféré chez lui plusieurs titres et papiers sans qu'aucun inventaire garantit l'intégrité du dépôt, il étoit donc prudent et même nécessaire que les Administrateurs de la Ville prissent des précautions pour que les papiers qu'ils avoient chez lui ne s'égarassent point ; que cette prudence a été justifiée par les titres prétieux qui ont été trouvés dans la maison du dit feu sieur Verdier.

En cet état de déffense respective le procès a été distribué ; il a été instruit par les héritiers du sieur Verdier, qui en sollicitoient vivement le jugement.

Depuis la nouvelle organisation de la Municipalité, les héritiers du sieur Verdier ont présenté au Corps Municipal un mémoire pour réclamer du propre mouvement de son équité une demande qu'ils se flatent d'obtenir de la justice, si le procès est jugé.

Le dossier de cette affaire est entre mes mains. J'en ai mis le détail sous les yeux de le Section des Impositions, qui a pensé que quoique, d'après les raisons dont j'ai eu l'honneur de vous faire, Messieurs, l'exposé, la Ville en voye le relaxé des deux demandes formées par les héritiers du sieur Verdier, elle n'étoit pas antierrement à l'abri de toute demande de leur part.

La Commission a pensé que si le feu sieur Verdier n'a été ny adjoint des Archives, ny Archiviste, ils conste du moins de la délibération de 1765 qu'il a été chargé de l'arrengement avec le sieur Bedos. Elle a été frapé de l'effet que peut produire sur l'esprit des juges l'exposé d'une délibération prise par le Conseil de Ville le 11 may 1773, duquel il résulte que ce travail a été commancé et fait en très grande partie.

Elle a craint que le peu de précaution que prirent les Administrateurs de recevoir, après la mort du sieur Verdier, les clefs des Archives, sans avoir préalablement constaté l'état, ni nuire à la Ville en ce que, lorsqu'elle demandera aux héritiers du sieur Verdier de justifier quel est le travail de leur père, ils ne répondent : Ce travail consistoit à mettre les titres et papiers en ordre; ils ont été déplacés et dérangés après la mort de notre père.

La Commission a pensé que quoique la Ville n'eut fixé en 1765 aucun traitement au sieur Verdier, et que celui-cy n'ait formé de son vivant la demande d'aucun salaire, ces circonstances ne pouvoient point détruire cette raison d'équité qui veut que le payement est la suite nécessaire du mandat, que tout travail mérite salaire, et qu'une Communauté ne compense point un traitement qu'elle doit avec le produit évantuel des expéditions et du droit de recherche, surtout lorsque cette compensation n'est pas une condition de contrat, qu'elle n'est pas exprimée dans la délibération.

C'est par ses considérations qu'en écoutant les propositions qui lui ont été faites par les héritiers du sieur Verdier de terminer cette contestation à l'amiable, elle a pensé et a cru devoir proposer au Corps Municipal de nommer un de ses membres pour conférer avec les héritiers du dit sieur Verdier, examiner ensuite s'il leur est dû quelque salaire pour le travail qu'ils prétendent que leur père a fait, et quelque dédomagement pour la mise des scellés et inventaire fait après son décès ; aprécier à quoi cela peut se porter, en faire son rapport au Corps Municipal, qui prendra ensuite le parti qu'il jugera le plus convenable.

Archiv. municip. de Montpellier, D. 6.

LI

1790. — Difficultés entre la Ville de Montpellier et les héritiers de l'archiviste Mathieu Verdier. – «Mémoire du sieur Bedos.»

Messieurs. — La Communauté obligée à changer ses Archives établies au premier étage, et déterminée de les placer au second dans la pièce où elles sont actuellement, fit faire ce changement sans doute par des personnes peu soigneuses; elles dévalisèrent les caisses et armoires et jettèrent tous les papiers au milieu de la salle amoncelés comme un tas de bled. Il est vrai qu'avant cette époque les différents Administrateurs de la Communauté avoient reconnu la nécessité de donner aux Archives un ordre qu'elles n'avoient jamais eu, de rassembler tous les titres et papiers des mêmes affaires, de les diviser par autant de branches que ses affaires seroient susceptibles, de faire marcher les titres et papier par ordre de datte, ce qui n'avoit jamais eu lieu, l'on peut s'en convaincre par les anciens inventaires déposés dans les Archives, ce qui rendoit les recherches difficiles et fautives.

Le Conseil de Ville, assemblé le 13 mars 1764, chargea le sieur Bedos, greffier, de cet arrangement ; cette délibération fut autorisée le 24 du même mois ; le sieur Bedos s'en occupa de suite, et ainsi que l'avoit prévu le Conseil de Ville, il appela auprès de lui son fils pour lui aider.

Le dépouillement de tous les papiers fut long et pénible.

Après une année de travail, considérant celui qu'il avoit fait et le tems qu'il seroit obligé d'y employer pour perfectionner l'ouvrage, il se détermina à demander un adjoint pour accélérer cette opération.

M. de Cambacérés, alors Maire, donna connoissance au Conseil de Ville assemblé le 26 avril 1765, des motifs qui avoient déterminé le sieur Bedos à faire cette demande ; le Conseil délibéra de lui donner le sieur Verdier pour adjoint.

Lorsque le sieur Verdier se présenta pour aider le sieur Bedos, celui-ci lui donna une partie des papiers de diverses affaires à traiter, et lui et son fils continuèrent de s'occuper du restant ; conséquemment, chacun travailloit de son coté, ce qui est justiffié par les inventaires que l'un et l'autre ont faits : ceux des affaires traitées par feu sieur Verdier sont de sa main ou de celle du sieur Rouel, et celles traitées par les sieurs Bedos père et fils sont tous de la main du sieur Bedos fils ; — conséquemment l'ouvrage de l'un et de l'autre est parfaitement distinc et séparé et n'ont rien de commun.

A l'époque où MM. les Commissaires de la Cour des Comptes, Aides et Finances de Montpellier se rendirent à l'Hôtel-de-Ville pour faire l'ouverture de ses Archives, le sieur abbé Verdier, sans connaitre les affaires que le sieur Bedos avoit donné à feu son père à traiter ni celles que le dit sieur Bedos avoit traitées lui-même conjointement avec son fils, réclama tout l'ouvrage fait aux Archives, mais le sieur Bedos s'étant opposé à cette réclamation, il fut ordonné que le travail de l'un et de l'autre seroit mis dans un grand sac, scellé à son ouverture du cachet du sieur abbé Verdier et de celui du sieur Bedos, à fin de vériffier en tems et lieu le travail que chacun avoit fait, ce qui fut de suite exécuté.

Les sieurs Bedos père et fils prient Messieurs les Commissaires de vériffier ou faire vériffier le travail qu'ils ont fait aux Archives, s'en remettant à l'égard du salaire qui leur est justement dû à l'estimation qu'ils en feront.

Les sieurs, Bedos, lors de cette vériffication se proposent de démontrer des objets précieux qui n'avoient jamais été dans les Archives ni inventoriés et que par ses recherches actives s'y trouvent déposés, tels que les droits et privilèges de la Police, qui n'étoient connus en partie que par le receuil de M. Reboul, sans pouvoir déterrer les originaux, conséquemment connoître si les citations de ce receuil étoient justes ou vicieuses, des registres des notaires de 1200 en 1600, etc.

Archiv. municip. de Montpellier, D. 6.

LII

1786. — « Inventaire », rédigé par le bénédictin Dom Pacotte (1), « des Registres des Notaires et Greffiers de la ville de Montpellier, qui sont dans les Archives de la dite ville,... avec les noms de ceux qui ont contracté et le nombre des années ».

GRIMAUD : — un paquet de deux registres contenant les nottes de Grimaud des années 1293, 1301 et 1302.

LAURENS : — un registre de Laurens de l'année 1342.

GILLES : — un paquet de six registres de Gilles des années 1363 à 67.

GRENIER : — un registre de Grenier de l'année 1369.

GILLES : — un paquet de trois regitres de Giles des années 1370 et 1371 ; — autre du même notaire contenant quatre regitres des années 1374, 1375, 1376, 1377 ; — autre de quatre regitres des années 1381, 83, 85 et 86 ; — autre de quatre regitres des années 1387, 88, 90 et 93.

PAULY : — un paquet de six regitres de Pauly des années 1396, 97, 98 et 1400.

DUPIN : — autre de cinq registres de Dupin des années 1402, 1403, 1408, 1409, 1410 ; — autre de cinq registres de Dupin des années 1412, 1417, 1419 et 1420.

JOURDAN : — autre de trois regitres de Jourdan des années 1427, 1434 et 1436.

JASSILLES : — autre de sept registres de Jassilles des années 1441, 44, 46, 47, 48 et 1451 ; — autre de huit regitres des années 1453, 1454, 1455, 1457, 1458.

BERTRANDI : — autre de quatre regitres de Bertrandi des années 1459, 1460, 1461 et 1463 ; — autre de cinq registres des années 1465, 1467, 1468, 1469, 1471 et 1472.

(1) Cf. sur Dom Pacotte : — 1° EUG. THOMAS, *Introduction bibliographique à l'Histoire générale du Languedoc*, dans les *Publications de la Société archéologique de Montpellier*, tome III (1850-1854), pp. 421 à 428, et dans l'*Annuaire de l'Hérault*, 38e année, 1855, pp. 53 à 63 ; — 2° ED. DULAURIER, *Dom Vaissette et son Histoire générale de Languedoc*, en tête de l'*Hist. gén. de Languedoc*, édition Privat, tome 1er (1872), pp. 83*-84*.

ALLEGRAND : — autre de six registres d'Allegrand des années 1458, 1460, 1465, 1466 et 1470.

MALARIPE : — autre de six registres de Mallaripe des années 1473, 74, 76, 77 et 78.

CORDELIER : — autre de sept registres de Cordeliers des années 1481, 83, 84, 85 et 86 ; — autre paquet de quatre regitres des années 1489, 90 et 91.

SALOMON : — autre de quatre regitres de Salomon des années 1491 et 1492 ; — autre de quatre registres du même des années 1493, 94 et partie de 95 ; — autre de trois registres du même de la dtite année 1495 et 96 en entier ; — autre de quatre registres du même des années 1497 et 1498 ; — autre de deux registres du même des années 1499 et 1501.

NAUZAC : — autre de quatre registres de Nauzac des années 1502, 3 et 4.

FULCRANDI : — autre de Fulcrandi de l'année 1506.

DELPUECH : — autre de sept registres de Delpuech des années 1505, 9, 11 et 13.

DUPUY : — un registre de Dupuy de l'année 1512.

AURIAC : — un paquet de quatre registres d'Auriac des années 1514, 15 et 16 ; — autre de cinq regitres du même des années depuis et compris 1519 jusques et inclus 1523.

FABRE : — un registre de Fabre de l'année 1532.

BOSCHOME : — un paquet de trois regitres de Boschome des années 1553, 55 et 57.

VIALA : — un registre de notes de Viala du 28e aoust 1618 au 8e novembre 1622 ; — autre du même du 18 du dit mois de novembre 1622 au 28 décembre 1624 ; un registre de Viala de l'année 1625 ; — autre du même de l'année 1626 ; — autre du même de l'année 1627 ; — autre du même de l'année 1628 ; — autre du même de l'année 1629* et 1630 (*dans ce regitre est une liasse de testamens receus pendant la peste par les Capucins) ; — autre du même de l'année 1631 au 16 décembre 1634 ; — autre du même des années 1636 et 1637 ; — autre du même du 12e janvier 1638 au 5 juin 1640.

MARIE : — un registre de Marie des années 1648, 49, 50 et 51 ; — autre du même des années 1652 et 1653 ; — autre du même des années 1654 et 1655 ; — autre du même de l'année 1656 ; — autre du même de l'année 1657 ; — autre du même de l'année 1659 ; — autre du même de l'année 1660 ; — autre du même de l'année 1661 et 1662 ; — autre du même des années 1663, 64 et 65 ; — autre du même de l'année 1666 ; — autre du même de l'année 1667 ; — autre du même de l'année 1668 ; — autre du même de l'année 1669 ; — autre du même de l'année 1670 ; — autre du même de l'année 1671 ; — autre du même de l'année 1672 et 1673 ; — autre du même du 3ᵉ janvier 1674 au 15ᵉ novembre 1677.

Bonnier : — un registre de Bonnier du 16 février 1678 au dernier de décembre 1682 ; — autre du même des années 1683, 84, 85 et 86 ; — autre du même des années 1687, 88 et 89 ; — autre du même du 1ᵉʳ janvier 1690 au 5 may 1692 ; — autre du même des années de 1692 et 1693 ; — autre du même de 1693 et 1695 ; — autre du même des années 1696 et 1697 ; — autre registre de Bonnier des années 1698 et 99 ; — autre du même des années 1700 et 1701 ; — autre du même des années 1702, 1703 et 1704 ; — autre du même de 1705 et 1708.

Bonnier et Sagier : — autre de Bonnier et Satgier de 1709 à 1718.

Satgier : — autre de Satgier de 1718 à 1723.

Brun et Cassagnes : — autre de Brun et Cassagnes de 1723 à 1753.

Satgier et Cassagnes : — autre de Satgier et Cassagnes de 1724 à 1737.

Bedos : — autre de Bedos de 1754 à 1767.

Archiv. départ. de l'Hérault, série C, fonds des États de Languedoc, Papiers de Dom Pacotte, tome V, fol. 183 rº à 185 vº.

LIII

1879, 28 juin. — Lettre du Maire de Montpellier au Préfet de l'Hérault au sujet du reclassement des Archives municipales par M. L. de la Pijardière.

Monsieur le Préfet. — Au moment où se discute le Budget et où toutes les branches de l'ensemble administratif sont de ma part l'objet d'une attention particulière, je viens de constater l'excellente tenue des Archives de la Ville. Celles-ci étaient restées jusqu'à la fin de l'année dernière presque oubliées dans la Mairie ; il semblait impossible d'assurer dans ce dépôt l'observation des circulaires ministérielles. Décidé à le tirer de cet état, je priai M. l'Archiviste départemental qui, en sa qualité d'inspecteur des Archives communales, connaissait très bien celles de la Ville, d'en accepter la haute surveillance, lui laissant le choix des mesures à prendre pour remettre le service en activité. Le but que je poursuivais est réalisé ; dans peu de mois, le dépôt a été l'objet d'un remaniement complet, à tel point que, depuis lors, aucune des recherches de l'Administration dans ses titres anciens ou nouveaux n'est restée infructueuse. Comme M. l'Archiviste s'est mis à la disposition de la Ville en refusant même une gratification, je crois qu'il est tout au moins de mon devoir de le remercier de son zèle et de sa délicatesse ; c'est dans ce but que j'ai l'honneur de vous adresser cette lettre, vous priant de vouloir bien transmettre à M. l'Archiviste départemental l'expression officielle de mes sentiments de gratitude. Grâce à lui, nos Archives, depuis si longtemps en désarroi, vont être organisées de manière à répondre pleinement aux intérêts du service municipal et à seconder, par la facilité des recherches, les études des esprits sérieux qui désirent mettre en lumière les richesses importantes et ignorées dont nous sommes en possession.

Veuillez, Monsieur le Préfet, agréer l'assurance de ma haute considération.

Laissac.

Archiv. départ. de l'Hérault.

LIV

1880, 13 décembre. — Lettre du Ministre de l'Intérieur au Préfet de l'Hérault, au sujet du reclassement et de l'inventaire des Archives municipales de Montpellier.

Monsieur le Préfet. — ..... La méthode suivie pour le classement des Archives municipales de Montpellier, tout en en reconnaissant les défauts, me paraît devoir être adoptée.

En conséquence, la première partie du catalogue comprendra les papiers rangés par Louvet, dont la classification sera respectée. Les analyses faites par cet érudit, tout en étant améliorées, ne devront être abrogées qu'avec une grande discrétion. Quant aux documents inventoriés par Joffre, Darles et Montaigne, ils seront, ainsi que les pièces postérieures à 1726, distribués et analysés conformément aux instructions de 1857.

Afin de remédier, autant que possible, aux inconvénients de cette division (par dérogation aux règlements) des titres anciens de Montpellier en deux parties distinctes, et pour faciliter la rédaction des tables de l'inventaire, les documents répertoriés par Louvet ne porteront point de lettre sériaire, tandis que les pièces cataloguées d'après le cadre de 1857 recevront naturellement les doubles cotes AA, BB, etc.....

Archiv. départ. de l'Hérault.

TABLE DE L'INTRODUCTION

I. — Les Inventaires antérieurs à 1662 . . . . III à XXX

Premier inventaire des Archives de la Commune Clôture (1264). — Premier inventaire des Archives du Consulat (fin du XIIIe siècle). — Second inventaire des Archives du Consulat (XIVe siècle). — Second inventaire des Archives de la Commune Clôture (1377). — Troisième inventaire des Archives du Consulat (1495). — Inventaires, Récolements et Réintégrations (1508-1657).

II. — L'Inventaire de Louvet en 1662-1663. . . . . XXXI à LXVI

Notes bio-bibliographiques sur l'historiographe-archiviste Pierre Louvet. — Tableau historique de Montpellier, par Louvet. — L'inventaire du fonds dit des GRANDES ARCHIVES ou du GRAND CHARTRIER, par Louvet. — Rubriques de la Table de l'Inventaire de Louvet.

III. — L'Inventaire de Joffre en 1662-1663 . . . . LXVII à LXXIX

L'Inventaire du fonds dit du GREFFE DE LA MAISON CONSULAIRE, par François Joffre. — Sommaires de l'inventaire de Joffre : Greffe et Commune Clôture. — Notes bio-bibliographiques sur le feudiste François Joffre.

IV. — Joffre et les Cartulaires municipaux. . . . . LXXX à LXXXVI

Rubriques de l'inventaire du *Mémorial des Nobles*. — Rubriques de l'inventaire du *Grand Talamus*. — Rubriques de l'inventaire du *Petit Talamus*. — Rubriques de l'inventaire du *Livre noir*.

V. — L'Inventaire de Joffre et de Darles en 1693 . . . . LXXXVII à XCIV

L'inventaire des fonds dits du CABINET DORÉ et du CABINET HAUT, par Joffre et Darles. — Sommaires de l'inventaire de Joffre et de Darles. — Notes bio-bibliographiques sur l'archiviste Guillaume Darles.

VI. — Inventaires et Récolements du XVIIIme siècle. . . . . XCV à CII

Additions à l'inventaire de Joffre et de Darles. — Récolements et complément d'inventaire (1721-1725). — Récolements et ébauche d'un nouvel inventaire (1726-1788). — Rubriques de l'inventaire de Verdier.

VII. — Le reclassement du XIXme siècle . . . . cIII et cIV

Transfert des Archives municipales de Montpellier, de l'Hôtel de Ville à la Tour des Pins (1886) ; — reclassement général du dépôt par M. L. Lacour de la Pijardière.

VIII. — La Tour des Pins . . . . cv à cxIV

Notice archéologique et historique sur la Tour des Pins ; — construction de la partie inférieure du monument dans la première moitié du XIIIme siècle (postérieurement à 1206) ; — construction de la partie supérieure à la fin du XIVme siècle ou au début du XVme (entre 1387 et 1407). — Peintures anciennes et curiosités diverses conservées à la Tour des Pins.

IX. — Pièces justificatives . . . . cxv à cxLIII

Documents bio-bibliographiques sur P. Louvet. — Documents bio-bibliographiques sur Fr. Joffre. — Documents bio-bibliographiques sur G. Darles. — Acquisition de documents par la ville de Montpellier (1715). — Récolements et inventaires du XVIIIme siècle. — Inventaire, par le bénédictin Dom Pacotte, des Registres de Notaires (1293-1767) conservés aux Archives municipales de Montpellier (1786). — Reclassement général des Archives municipales de Montpellier, par M. Lacour de la Pijardière ; — conservation de l'ancien classement pour le fonds dit des Grandes Archives ou du Grand Chartrier.

Fac-similés paléographiques et autres gravures

I à V. Premier inventaire des Archives de la Commune Clôture (1264). . . . . v, VIII, IX, XIII et XVI

VI. Premier inventaire des Archives du Consulat (fin du XIIIme s.). XVII

VII. Second inventaire des Archives du Consulat (XIVme s.). XXI

VIII. Troisième inventaire des Archives du Consulat (1495). XXV

IX. Disposition, aux XVme, XVIme, XVIIme et XVIIIme siècles, des vingt-neuf cassettes et caisses composant les armoires C et G du fonds dit des Grandes Archives (restitution). XXIX

X. Portrait de l'historiographe-archiviste Pierre Louvet (1673). XXXIII

XI. Inventaire du fonds des Grandes Archives, par P. Louvet (1662-1663) LXI

XII. La Tour des Pins, intérieur. — Disposition actuelle des cassettes gothiques du fonds des Grandes Archives LXV

XIII. La Tour des Pins, intérieur. — Salle voûtée du premier étage, dite Salle des Compoix et des Inventaires. CI

XIV. La Tour des Pins, extérieur. — Vue prise de l'Institut de Physique. CVII

XV. La Tour des Pins, extérieur. — Vue prise entre l'Évêché et la Cathédrale. CIX

XVI. Sceau de Jayme Ier, dit le Conquérant, roi d'Aragon, seigneur de Montpellier (1265). CXLIII

I

INVENTAIRE DU GRAND CHARTRIER

RÉDIGÉ PAR PIERRE LOUVET EN 1662-1663

www.ingramcontent.com/pod-product-compliance
Ingram Content Group UK Ltd.
Pitfield, Milton Keynes, MK11 3LW, UK
UKHW021051200726
13857UKWH00003B/883

9 782012 867383